Norbert Golluch
Rolf Kutschera

Das große

Quatsch-Horoskope-Buch

Eichborn.

Die Deutsche Bbliothek - CIP-Einheitsaufnahme:

Golluch, Norbert:
Das große Buch der Quatschhoroskope : da lacht der Aszendent und die Sterne wundern sich / Norbert Golluch. Ill. von Rolf Kutschera.
- Frankfurt am Main : Eichborn, 1993
ISBN 3-8218-3314-9

© Vito von Eichborn GmbH & Co.Verlag KG,
Frankfurt am Main, August 1993.
Umschlag: Norbert Golluch unter Verwendung
einer Zeichnung von Rolf Kutschera.
Satz und Layout: KGB Kölner Grafik Büro.
Druck und Bindung: Fuldaer Verlagsanstalt GmbH.
ISBN 3-8218-3314-9

Verlagsverzeichnis schickt gern:
Eichborn Verlag, Kaiserstr. 66, D-60329 Frankfurt/Main.

Inhalt

Vorwort	4
Der bockbeinige Widder	5
Der phlegmatische Stier	21
Der zwiespältige Zwilling	40
Der verkniffene Krebs	57
Der prahlerische Löwe	80
Die pingelige Jungfrau	100
Die wankelmütige Waage	124
Der hinterhältige Skorpion	147
Der flatterhafte Schütze	169
Der starrsinnige Steinbock	189
Der feuchtfröhliche Wassermann	209
Der schlüpfrige Fisch	234

Vorwort

Horoskope lügen nicht. Weder in der Tageszeitung noch im hinterletzten Käseblatt. Horoskope *können* einfach nicht lügen. Ob in der Regenbogenpresse oder im wissenschaftlichen Fachjournal. Menschen *wollen* an Horoskope glauben, und was die Menschen wollen, das tun sie auch. Selbst wenn man „Quatsch-" vor das Wort „Horoskop" schreibt, kann sich niemand der magischen Wirkung der Sterne entziehen. Das belegen zahlreiche Briefe an uns, die Autoren der Quatsch-Horoskope-Reihe, in denen es heißt: „Nee, ehrlich, Leute: So genau hat noch kein Astrologe unsern Willi charakterisiert! Was haben wir uns bekräuselt. Wirklich spitze!" Heißt es doch in einem anderen Brief: „Wir haben einige Ihrer lustigen Horoskop-Bände verschenkt. Leider haben wir jetzt keine Freunde mehr!" Nun gut. Sei es drum. Wir können nichts dafür.

Wenn nun aber unsere Leser schon die Quatsch-Horoskope für das Nonplusultra unter den Sterndeuteleien halten, dann sollten sie auch die Möglichkeit besitzen, sich alle zwölf Sternzeichen komplett reinzusaugen. Oder mal nachzuschlagen, mit welchen Sauigeleien sie denn nun bei Freund Georg, dem Skorpion, zu rechnen haben werden. Oder welche erotischen Varianten Freundin Melanie zum Seufzen bringen können.

Da haben Sie sie nun in der Hand: zwölf schrille Meisterwerke der astrologisch-satirischen Art, illustriert von Chefastro-Graphiker Rolf Kutschera, getextet von Norbert Golluch, dem Schrecken aller Tierkreiszeichen. Sie wollten es so. Bitte.

Die Autoren

Der bockbeinige Widder
21. März - 20. April

Das Element: Feuer
Das Gestirn: Mars, Pluto
Die Stärken: Initiative, Aktivität, Unternehmungsgeist
Die Schwächen: Fickrigkeit, Ungeduld, Tyrannei, Rücksichtslosigkeit
Das Motto: „Ich bin!"
Die magische Pflanze: Gerste, Hopfen (Bier!), Wermut, Sambal Oelek, Pfeffer, Rettich, Paprika, Knoblauch, Zwiebel, Senf, Tabak
Die magische Farbe: Rot (was sonst?)
Die magische Zahl: die Neun
Der ideale Wochentag: Dienstag
Der Vokal: „e" („Ey, du da...!")

Der Edelstein des Widders muß rot sein. Als Feuerzeichen bevorzugen Widder alles, womit sich die große Schau reißen läßt. Chalzedon und Rubin sind sehr beliebt - je größer, desto besser.
Der ideale Name: Männliche Widder heißen Herbert, Karl, Michael, Hans oder Werner. Weibliche Exemplare nennen sich am besten Anna, Helga oder Doris.
Der Standardtyp: Athletischer Körperbau, große Nase, niedrige Stirn, grobe Knochen und dicke Muskelpakete zeichnen den echten Widder aus - so 'ne Art Rambo also.

Der Charakter des Widders

Widder halten sich für temperamentvoll, begeisterungsfähig, mutig, unternehmungslustig und hilfsbereit. Dem astrologischen Sachkenner bleibt nur ein Kommentar: Hahaha! Oder vorsichtiger ausgedrückt: Horoskope neigen zur Beschönigung. Weiter sollen Widder, wenn wir herkömmlichen Horoskopen Glauben schenken wollen, ungeduldig, aber geradeheraus, tollkühn, tyrannisch, aktiv, unüberlegt, impulsiv, rücksichtslos und oft recht töricht sein, wenn ihnen die nötige Erfahrung fehlt. Große Willenskraft und ein erstaunliches Selbstvertrauen sagt man Widdern nach. Außerdem werden sie als aggressive Führernaturen geschildert. Aggressiv ja, aber Führernatur?

Sagen wir es mal klar und deutlich: Widder sind unglaubliche Hitzköpfe, tendieren zu maßloser Selbstüberschätzung, benehmen sich in aller Regel völlig daneben, sind bockbeinig und starrsinnig, beleidigen jedermann mit ihrer unmaßgeblichen Meinung, sind fickrig wie ein Rehpinscher und explosiv wie eine verrostete Handgranate. Dazu kommt eine schier unglaubliche Dummbeuteligkeit. Vermutlich sollte das Sternzeichen besser **blöder Hammel** heißen.

Genau dieser Widder steht im Zeichen des Anfangs, des unermüdlichen Neubeginns. Widder sprudeln über vor Energie und Begeisterung - bis die Sache zäh wird. Wen wundert es also, daß Widder an alles Neue mit affenartiger Geschwindigkeit herangehen, sobald es aber mühsam wird, die Brocken irgend jemand sonst vor die Füße werfen? Dazu motzen sie auch noch herum, erklären alle anderen für Idioten und fangen den nächsten Schwachsinn an, während die anderen den Schrott wegräumen.

Sehr sympathisch ist auch die Eigenart, erst zu handeln und dann über mögliche Folgen nachzudenken. Besonders im Berufsleben kommt echte Freude auf, wo (die zu allem Überfluß auch noch cholerischen) Widder tätig sind - Widder labern groß herum, während andere die Drecks-

arbeit machen.
Sollte es einem Widder gelingen, einen ausbaufähigen Arbeitsplatz zu bekommen, macht er sich seine Karrierechancen selbst zunichte. Statt diplomatisch und überlegt vorzugehen, sägt der Widder öffentlich am Stuhl des Abteilungsleiters, spuckt dem Personalchef in der Kantine ins Essen, nennt ihn „Knalldepp!" oder belehrt den Chef über die Grundregeln der aggressiven Geschäftsführung aus der Sicht des Untervertriebsassistenten. Ständig rennen Widder mit gesenktem Gehörn gegen irgendwen oder -was an.

Klar, daß diese Sorte Mensch nicht sehr beliebt ist. Widder kriegen ständig was auf die Mütze, doch das erstaunlichste ist, daß sie sich dadurch niemals entmutigen lassen.
Stur wie Panzer, mit ungebrochenem Selbstvertrauen, erstaunlichem Regenerationsvermögen und großer Willenskraft stürzen sie sich in den nächsten Fettnapf.

Der Lebenslauf des Widders
Der Lebenslauf unter dem Sternzeichen des Widders ist meist eine Kette von Pleiten. Wenn Widder nicht aus lauter Nachlässigkeit vergessen, wo's langgeht, stehen sie sich selbst mit ihrem übersteigerten Wunsch nach Ruhm und Anerkennung im Weg: Widder verleihen sich bereits den Doktortitel, wenn sie eben erst das Abgangszeugnis der Grundschule in Händen halten. Klar, daß Widder den Großteil aller Versager und Hochstapler stellen.

Die glücklichen Jahre
liegen zwischen dem 15. und dem 18. Lebensjahr - vermutlich weil sich Widder spätestens danach derartig den Schädel eingerannt haben, daß sie eh nichts mehr merken.

Widder im Beruf
Typische Widder-Berufe sind Berufspolitiker (Leithammel!), Fernsehredakteur, Regisseur, Dirigent, Show-Master, Inhaber einer Werbeagentur oder Verleger.
In Panik geraten Angehörige anderer Sternzeichen, wenn sie erfahren, daß Widder mit Vorliebe Lokführer, Chirurgen, Konstrukteure oder Ingenieure werden - und das bei der kurzen

Motivationsspanne! Was, wenn der geniale Dr. Sauerbruch bei der Operation die Lust verliert und Billard spielen geht? Überhaupt lieben Widder alles, was mit Werkzeugen, Waffen und Metallen zu tun hat - ein Glück noch, wenn Widder wenigsten nur Handwerker werden - Schmied, Dreher, Fräser, Nieter oder Heizer. Meist kommt es schlimmer: Militär und Polizei ziehen Widder magisch an - und das bei mieser charakterlicher Qualifikation! Prost Mahlzeit! Besonders gern mimen Widder übrigens den Vorkämpfer für die ganz große Sache - den Kleinkram erledigen andere.

Charakterlich festere Widder (seltene Einzelstücke!) werden Schauspieler oder Schriftsteller. Als Angestellte sind Widder die ganz großen Blender und versuchen absolut riesig herauszukommen, indem sie viel Wirbel machen. Meist verpufft aber alles mit einem großen Knall - wie Widder-Energie überhaupt zum Verpuffen neigt.

Wenn Widder Karriere machen, dann meist eine kurze und mit dem Kopf durch die Wand. Mehr ist nicht drin. Auf Betriebsausflügen kommen Widdern spontan die schwachsinnigsten Einfälle - sie braten Regenwürmer und Schnecken, veranstalten Planwagen- oder Omnibus-Rennen auf der Autobahn, zetteln Saufwettbewerbe oder Strip-Poker-Runden an. Sie duzen und knutschen sich mit jedermann und wollen am nächsten Tag im Büro von nichts mehr wissen.

Der Widder und das Geld
Mit Geld können Widder wenig anfangen. Es auszugeben, schaffen sie immerhin noch, doch Reichtum bedeutet ihnen ebensowenig wie Luxus oder Bequemlichkeit. Wichtiger sind ihnen Ansehen, Ruhm und Ehre - sie ziehen einen gekauften Doktortitel den dafür hingeblätterten Scheinchen vor. Selbst den abgegriffensten Honoris-Causa-Titel lassen Widder sich noch in der Stunde der Verleihung ins Briefpapier stanzen. Für einen Fernsehauftritt verleugnen Widder ihre Herkunft, verkaufen Frau und Kinder und wechseln die Religion. Klar, daß Widder ständig pleite sind.

Das Automobil des Widders
ist - wie sollte es anders sein? - meist drei Nummern zu groß oder ein schwarzer Dienstwagen mit dem Stern auf der Haube. Gehört es nicht zum öffentlichen Fuhrpark und wird es daher nicht von einem Chauffeur gesteuert, so hat es völlig abgefahrene Reifen, weil Widder an jeder Ampel den großen Rappel kriegen.

Während sie auf Grün warten, spielen sie nervös mit dem Gaspedal und ziehen bei Gelb den wilden Kavaliersstart ab.

Die Schokoladenseiten
des Widders sind ebenso schwer zu finden wie eine Hitzeperiode in der Antarktis. Der einzige wirklich sympathische Zug ist vielleicht ihre Stehaufmännchen-Mentalität. Auch nach den

schwersten Entgleisungen mit Alkohol und Nikotin schwingen sich Widder zu neuen Großtaten auf wie ein Phönix aus dem Aschenbecher.

Die Schattenseiten
Ihre schier unfaßbare Unzuverlässigkeit, gekoppelt mit einer geradezu unglaublichen Blauäugigkeit, läßt gestandene Unternehmer, die einen Widder beschäftigen, vor Wut ihren vergoldeten Mont-Blanc-Füller fressen. Ehepartner geraten in tobenden Wahnsinn, wenn ein Widder seinen Seitensprung als „Belebung des ermüdeten Ehelebens in beiderseitigem Interesse" rechtfertigt. Geschäftspartner eines Widders geben den Löffel ab, wenn der Widder, mit der Kasse durchgegangen, aus Südamerika schreibt: „Es war das beste für uns alle! Die Firma wäre mit Ihnen als Chef sowieso bald pleitegegangen!"

Der große Horror
des Widders ist es, daß die anderen herauskriegen könnten, was er für ein Windbeutel ist. Widder hegen Versagensängste in jeder Form - wer ein solcher Blender ist, muß ständig befürchten, daß ihm jemand auf die Schliche kommt.

Die Gesundheit des Widders
Mit der Gesundheit von Widdern steht es eh schon nicht zum besten. Sie neigen zu Hautausschlägen, Migräne, Nierensteinen und Magenbeschwerden. Nicht, daß sie ihre Gesundheit irgendwie schonen; statt sich gesund zu ernähren, sich vor Kälte und Feuchtigkeit zu schützen und einen soliden Lebenswandel zu führen, unternehmen Widder alles, um sich zu ruinieren. Sie trinken unmäßig viel, essen viel zu scharf gewürzt, rennen im Unterhemd durch Wolkenbrüche, springen für eine dumme 20-Mark-Wette in jeden schlammigen Teich, schlafen nackt in klammen Kellern oder schlagen sich die Nächte in rauchigen Kneipen um die Ohren.

Wenn sie - meist kurz vor dem körperlichen Zusammenbruch - etwas für ihre Gesundheit zu tun beschließen, übertreiben sie - wie immer - maßlos. Sie joggen, bis ihnen die Lungenflügel aus dem Hals hängen oder strampeln auf dem Fahrrad bis zum Kollaps. Was ein Widder auch sportlich anfaßt - es besteht immer die Gefahr, daß er sich den Hals bricht. Freizeitunfälle scheinen Widder über alles zu lieben: Sie semmeln mit dem Kopf vor Schranktüren, fallen Treppen oder Leitern hinunter, stürzen vom Hocker der Hausbar oder treten im Garten auf die Harke. Wenn ein Widder eine Zwiebel schneiden soll, gibt es meistens ein Massaker. Unterstützt durch die große Blutungsneigung von Widdern (reine Schau!) kommt es zu dramatischen Szenen in filmreifer Ausprägung. Nach dem eigentlichen Unfall, und war er auch noch so klein, zieren Widder meist die tollsten Blutergüsse und blaue Flecken - vermutlich nur, weil sie sich, so dekoriert, - beruflich besser auf die faule Haut legen können. Die Krankenkasse zahlt ja...

Erst einmal krank, sind Widder eine Geißel der Menschheit. Sie sind zappelig wie Sextaner mit voller Blase, quasseln dem Arzt in die Diagnose und brechen eigenmächtig Therapien ab. Wen wundert es da noch, daß es endlos dauern kann, bis ein Widder endlich wiederhergestellt ist.

Die Lieblingsspeise des Widders
Widder fressen nicht nur Gras. Sie essen alles. Wirklich alles. Hauptsache, es ist irgendwie scharf gewürzt. Ihre Lieblingsgerichte sind der koreanisch-scharfe Feuertopf und mexikanische Taco „brutale". Wenn Angehörige anderer Sternzeichen Feuer speien und ihnen der Magen verbrennt, schmecken Widder erst etwas. Dementsprechend sind ihre Restaurant-Tips zu genießen - mit größter Vorsicht.

Das Lieblingsgetränk des Widders
Wie bei der festen Nahrung kommt es dem Widder vor allem darauf an, Wirkung zu erzielen. Je hochprozentiger ein Getränk, je exotischer und geschmacksstärker die Zutaten eines Cocktails, desto eher reißen sie den Widder zu Begeisterungsstürmen hin. „Ratzeputz" oder der 125%-STROH-Rum sind ihre Favoriten. Als Grundregel gilt: Widder gehören zu den Feuer-

zeichen. Was ein Widder trinkt, brennt. Entweder, wenn man es mit offenem Feuer in Kontakt bringt - oder im Hals.

Das bevorzugte Lokal
Das Restaurant des Widders würde ein Angehöriger eines anderen Sternzeichens kaum je freiwillig betreten, wenn ihn nicht ein Widder hineingelotst hätte. Es liegt meist im Souterrain, hat fußkalte Steinböden, Tischwäsche aus PVC und eine Kellnerin, die dem Ungeheuer von Loch Ness ähnlich sieht. Die Speisekarte ist vor lauter Fettflecken nicht lesbar. Die Getränke sind warm, abgestanden und schon aus Gründen der Desinfektion hochalkoholisch. Die Küche zeichnet sich dadurch aus, daß der Koch einen riesenhaften Vorrat an Pfeffer, Paprika, Chili, Sambal Oelek oder Tabasco-Soße besitzt - und diese Waffen hemmungslos zur Anwendung bringt. Normale Esser sterben augenblicklich, wenn sie in einem Widder-Restaurant essen.
Widder hingegen verziehen genießerisch den Mund zu

einem Lächeln - endlich haben sie wieder einmal etwas geschmeckt! Widder haben Magenwände aus Guttapercha und eine Speiseröhre aus säurefestem Edelstahl.
Zumindest glauben sie dies. Etwa 1.250.000 Altöl-Kaschemmen, Pommes-Buden, Würzwunder-Imbisse, Fast-Food-Filialen, Kartoffelpuffer-Paläste, Nullkommafünf-Sterne-Restaurants, Tiefkühl-Baracken-Bistros und Mikrowellen-Gourmet-Küchen in Europa werden wirtschaftlich ausschließlich von Widdern in Gang gehalten. Das sagt alles. Ähnlich sieht es bei Bars und Kneipen aus. Eine Widder-Kneipe muß vor allem eines besitzen: harte Drinks mit viel, viel Alkohol. Auf die Qualität kommt es dabei weniger an; Hauptsache, es zieht ordentlich rein in die Birne!

Das Lieblingstier
des Widders ist Nr. 1: der Widder. Klar. Auf den weiteren Plätzen folgen: 2. das Kaninchen (wegen seiner sexuellen Leistungen) und 3. der Sündenbock (den der Widder für seine eigenen Schandtaten nur zu nötig hat).

Die typische Sportart
für Widder ist das Bockspringen. Noch lieber mögen Widder es allerdings, wenn der Bock ein weibliches Schaf ist. Hier laufen Widder zu absoluter Höchstform auf.

Das Lieblingsbuch
Können Widder überhaupt lesen? Spaß beiseite: Haben Widder bei diesem Lebenswandel überhaupt noch Zeit zum Lesen?

Der Lieblingsfilm
Der absolute Hammer-Film aller Widder ist „Casablanca". In welchem Streifen sonst sagt der Leithammel seiner Geliebten einen so unvergleichlich unvergeßlichen Satz: „Ich greif' dir in die Schurwolle, Kleines...!"
Auf Platz 2: „Letzte Ausfahrt Brooklyn" - der Film, der zeigt, wie es Widder treiben...

Die Lieblingsmusik
Popmusik-Liebhaber unter den Widdern schätzen alles, was irgendwie reinfetzt. Ist es Rock, den Widder schätzen, wählen sie Heavy Metal, Speed Metal oder Trash Metal. Im Jazz bevorzugen Widder vor

allem schräge Blasinstrumente. Eine besondere Vorliebe besteht für das Saxophon, vermutlich weil es dem Schrei eines brünstigen Widders so verteufelt ähnlich klingt. Opern-Widder stehen auf Wagner oder Strawinsky. Beim Ballett ziehen Widder-Männer die Folies-Bergère jedem klassischen Werk vor.

Das bevorzugte Reiseziel
der Widder muß ein In-Place sein. Es ist genau der Ort, an den „man" in der jeweiligen Saison fährt.
Beliebt sind auch Ziele mit andauerndem Prestige-Wert: St. Moritz, New York, die Copacabana...
Einen großen Gewinn ziehen Widder aus ihren Reisen nicht. Da sie entweder a) damit beschäftigt sind, einen Urlaubsflirt anzubaggern oder b) sich in Szene zu setzen oder c) die Sturztrunkqualitäten der Hotelbar testen, kriegen sie von Land und Leuten nicht den geringsten Eindruck. Es ist, liebe Widder, also wirklich völlig gleichgültig, wohin Sie fahren. Das erleichtert Ihnen die Auswahl Ihrer Ferienziele doch ungemein, oder?

Die typischen Drogen
sind Coca Cola, Kaffee Cognac oder Kokain - in der genannten Reihenfolge läuft die Drogenkarriere des Widders ab. Nach einer kurzen Phase mit der Einstiegsdroge und einigen Irrwegen (Pommery) erreichen Widder schnell die härteren Hämmer. Wie in allen anderen Lebensbereichen leiden Widder an massivem Leistungsstreß, was Drogen angeht, und sind durchaus froh, wenn sie einmal die Ruhe und Ausgeglichenheit finden, sich nicht die Birne vollknallen zu müssen. Für ihre Umwelt sehen Widder in solchen Phasen allerdings eher bedauernswert aus: wie dumme Schafe eben.
Neben ihrer Neigung zu Aufputschendem sind die meisten Widder ausgiebigen Exkursen in die Welt der Dumpfdroge Alkohol durchaus nicht abgeneigt.

Die typische Ausrede
„Ich bin vor lauter Streß einfach nicht dazu gekommen!" In der Unterstellung, daß Streß die Ursache für ein Versäumnis sei, steckt zugleich die Behauptung, daß Arbeitsüberlastung und besondere Beanspruchung

vorliegen. So etwas schmeichelt Widdern - nur zu gern rücken sie sich in der Rolle des gefragten Genies in Positur. Is' aber nich' - lassen Sie sich nicht blenden - , meistens ist ganz gewöhnliche Faulheit der wahre Grund!

Die Leichen im Keller
Vielleicht irgendeine kleine Alimenten-Geschichte? Der fickrige Widder-Mann vergißt nur zu gern das Kondom und schliddert blitzschnell in die ungewollte Vaterschaft. Manche Widder besitzen ganze Herden von Nachkommen... Oder ist es ein falscher Titel? Das übersteigerte Geltungsbedürfnis von Widdern läßt sie auch vor krummen Touren nicht zurückschrecken. Wer war der Ersatzmann bei der Meisterprüfung? Wer hat an Ihrer Stelle die Klausur geschrieben? War es Konsul Weyer, der unserer Gräfin von Schafsbach-Widderstein den klangvollen Titel verhökert hat?

Die Glanztat
Klar, daß der Erfinder des U-Bootes ein Widder war: Wilhelm Bauer (* 23.3.1822) ging am 18. Dezember 1850 erstmals mit seinem „Eisernen Seehund" auf Tauchstation - wer kann heute noch sagen, warum? Vielleicht mußte er in einer heiklen Vaterschaftsfrage eine Weile von der Bildfläche verschwinden?
Neben der großartigen Erfindung des U-Bootes dürfte als die bedeutendste Kulturleistung eines Widders überhaupt unbestritten Hans W. Geissendörfers „Lindenstraße" gelten. Sie besitzt alle Eigenheiten eines Meisterwerks: Dauer (immerhin 30 Minuten!), Allgemeingültigkeit (s. Einschaltquoten!) und Ausstrahlung (zwar keine künstlerische, aber immerhin regelmäßige!), und nicht zu vergessen: Sie zieht endlose Folgen nach sich...

Die ganz große Niederlage
erlebte der Widder Casanova (* 2.4.1725) im Sommer 1748, als der speziell für ihn entwickelte Prototyp des Reißverschlusses versagte und ihn zu stundenlanger Abstinenz und zu späteren jahrzehntelangen Knöpfübungen zwang. Wie wir heute wissen, erreichte der Reißverschluß erst im 20.

Jahrhundert seinen heutigen technischen Entwicklungsstand, der Casanova sicher die Tränen in die Augen getrieben hätte.
Casanova schaffte es dennoch, sich durch einen extrem ausschweifenden Lebenswandel die Gesundheit zu ruinieren: Er endete als nur noch theoretisch sexualisierender Bibliothekar in Böhmen.

Ähnlich frustriert war der Widder Leonardo da Vinci (* 15.4.1452), der - immer seiner Zeit voraus - im Jahre 1486 eine vollautomatische Küchenmaschine erfand, wie sie die Welt noch nicht gesehen hatte. Kaum war es vollbracht, mußte Leonardo tief enttäuscht feststellen, daß es im ganzen Haus keine einzige Steckdose gab. So eine Pleite!

Der ganz große Hammer
Eine ausgesprochene Knalltüte unter den Militärs war der am 13.4.1784 geborene Widder und spätere General Friedrich von Wrangel, der sich die dümmsten Sprüche leistete. Originalzitat:
„Der Parademarsch besteht nicht nur aus der Sitzsamkeit der Hosen, der Weißheit des Lederzeugs und der Aufrichtigkeit der Gewehre, sondern vor allem in Hinblick auf mir."
Typisch Widder.
Auch die erste „Friedensaktion" zog der kauzige Feldmarschall ab, der sich selbst „Papa Wrangel" nannte: Um seine Haut vor einer tobenden Volksmenge zu retten, die ihm ans Leder wollte, kaufte er geistesgegenwärtig einen Korb Veilchensträuße und verteilte sie „...mit schönen Grüßen von Papa Wrangel" an das aufgebrachte Volk. So unterlief ein opportunistischer Widder eine Revolution - auch wieder typisch!

Der Widder und die Liebe
In der Liebe sind Widder absolute Spitze. Sie gehen hoch wie Sektkorken - und kommen auch genauso schnell wieder runter. Mehr als Liebschaften oder Flirts kriegen sie nur selten auf die Reihe. Bei der körperlichen Liebe sind Widder immer als erste fertig, neigen überhaupt ungemein zum Kaninchensex, erholen sich aber bemerkenswert rasch, so daß sie zu erstaunlichen Leistungen auf der erotischen

Strichliste in der Lage sind. Nach dem Liebesakt treibt es Widder-Mann oder Widder-Frau meist schnell vom Liebeslager hoch: Er zieht die Gesellschaft seiner Stammtischbrüder vor, sie muß die Sache noch im Café mit ihren Freundinnen besprechen...

Der Widder-Mann
Ungeduld, Hektik und innere Unruhe kennzeichnen das Wesen des Widdermannes. Caesars Motto „Ich kam, ich sah und ich siegte!" imponiert ihm ungemein, nur bringt er es leider so nicht fertig. Bei ihm könnte es lauten: „Ich kam, übersah und versiebte!" Statt ruhig abzuwarten, was die Zeitläufte bringen, muß er ständig vorgreifen, herumfummeln, mitmischen, seinen Senf dazugeben. Dabei geht ihm so manches heiße Würstchen durch die Lappen.
Widder-Männer reißen den Tageskalender bis auf das letzte Blatt ab, um nachzusehen, ob Silvester auch dieses Jahr auf den 31. fällt. Sie fummeln mit der Bohrmaschine und dem dicken Hammer am Fernseher herum, während der TV-Notarzt-Wagen bereits unterwegs ist, und ruinieren die Kiste völlig.
Ihre Ungeduld ist zum Auswachsen. Wenn es ihnen unglaublicherweise gelingt, mit den Händen etwas aufzubauen, werfen sie es garantiert vor lauter Rappel mit dem Hintern wieder um.

Überschießende aggressive Triebe (Mars!) kennzeichnen besonders beim Widder-Mann den Charakter - Widder sind Draufgänger. Als echter Mars-Typ köpft der Widder sein Ei mit der Guillotine oder dem Ninja-Schwert, führt jeden Morgen auf dem Weg ins Büro Krieg mit Tausenden von Feinden auf der Stadtautobahn, sieht den Beruf als Zweikampf gegen den Chef und das Leben überhaupt als eine einzige andauernde Schlacht.
In der Erotik sind Widder-Männer die hinterletzten Versager. Zwar geben sie vor, leidenschaftlich und erregt zu sein, entpuppen sich aber schon als Knallfrosch oder Rohrkrepierer, wenn die erste große Show samt sexueller Hochspannung vorüber ist. Ihre libidinöse Fantasie beziehen sie aus „Readers Digest", und

handfeste Hausmannskost halten sie für knisternde Perversion. Alles in allem: nicht empfehlenswert.

Was sie im Bett nicht bringen, versuchen sie auf der Autobahn und Landstraßen nachzuholen. Dort verursachen sie dann die erregenden Konstellationen, die ihnen anderswo abgehen: Sie geraten auf volle Touren, treten das Gas durch bis zum Anschlag, überschlagen sich vor überschießendem Schwung und fahren anderen Verkehrsteilnehmern hinten rein. Einige Fakten:

70% aller Widder-Männer bevorzugen lange, phallusförmige Sportautomobile!
60% aller umgefahrenen Straßenbäume gehen auf das Konto von marodierenden Widder-Chauffeuren!

Erst im Laufe der Jahre, wenn der Widder-Mann altersbedingt langsam zum Hammel wird, entwickeln sich die durchaus vorhandenen geistigen Kräfte. Dann können Widder-Männer überaus sympathische Hammel sein.

Die Widder-Frau
Wenn man irgendeine Frau des Tierkreises als unsympathische Emanze bezeichnen kann, dann die Widderfrau. Selbstsicher und ekelhaft karrieregeil macht sie den Männern aller Sternzeichen in Sachen Erfolg etwas vor und treibt männliche Ge-

gner ohne jedes Mitleid in den Ruin. Sie nennt das Gleichberechtigung.
Ihre weiblichen Eigenschaften sind nur schwach ausgeprägt. Anlehnungsbedürfnis und Anschmiegsamkeit sind ihr Fremdworte. Wenn sie sexuelle Gelüste verspürt, mimt sie für kurze Zeit die rollige Katze, wickelt die Männer um den Finger wie Spaghetti und verspeist sie nach vollbrachter Dienstleistung wie die Spinne ihr Männchen. Besonders nervt sie die Männer dadurch, daß sie beim Sex immer oben liegen will.

Widder-Frauen stecken voller Temperament und Tatendrang - so sagen sie von sich selbst. Ihre Lebensgefährten sehen das anders. Ihnen kommt ihre Widderfrau wie die personifizierte Hektik vor. Widder-Frauen reisen, wechseln, streben, erleben, geben aus, regen an, nerven, bequasseln, löchern und krempeln um - nur mit dem Putzen, Kochen, Braten und Backen ist es nicht weit her. Erst ein überaus männlicher Mann (Skorpion, Steinbock und andere Macho-Männer) kann sie zähmen und zu einer (wie er es sieht) durchaus brauchbaren Hausfrau machen - wenn sie ihn nicht vorher zur Minna macht.

Doch echte Widder-Frauen ziehen das freie Unternehmertum der Sklavenfron für Kinder, Heim und Herd deutlich vor. Strebsam, ehrgeizig und unerschrocken steigen sie ins Geschäftsleben ein und machen ihre männlichen Gegner zur Schnecke (die übrigens kein Tierkreiszeichen ist, aber vielleicht sinnvollerweise eines sein sollte).

Widder-Frauen sind impulsiv wie Flummi-Bälle, erregbar wie Louis de des Funés, leidenschaftlich wie ein Sack voller spanischer Fliegen und wetterwendisch wie ein Alpengipfel. Ihre Höhepunkte erinnert an explodierende Sonnen, ihre Umschlagrate an Männern an das Paketpostamt. Welchen Mann wundert es, daß sie sexuell nur zu gern die Initiative übernehmen. Welchem Mann war nicht schon im vornherein klar, daß sie seinesgleichen nach vollzogenem Liebesrausch fallenlassen würde wie eine heiße Kartoffel, um sich neuem Gemüse zuzuwenden. Trennungen und Scheidungen sind bei Widder-Frauen an der Tagesordnung.

Idealpartner
Geeignete Lebensgefährten für Widder sind Kaninchen, Löwe und Schütze. Es klappt aber auch mit Menschen der Tierkreiszeichen Stier, Zwilling, Wassermann, Fisch und Steinbock. Anders gesagt: Immerhin rund 7/12 der Menschheit sind potentielle Sexualpartner des Widders, was seiner Bock-Mentalität natürlich schwer schmeichelt.

Die typische Anbagger-Szene
Was heißt hier schon typisch? Hektisch ist für den Widder typisch. Widder machen ihre Geschlechtspartner an, daß sich vor erotischem Nachdruck die Balken biegen. Sie stehen unter Hochspannung wie die Sprungfeder in der Matratze und zielen auf den Kern der Sache wie ein Pfeil auf die Scheibe. Wen wundert es, daß sie so manches Mal eine herbe Abfuhr beziehen und alles für die Katz' war. Aber eben das macht Widdern wenig aus - sie fangen augenblicklich an anderer Stelle mit neuen Angrabemaßnahmen an.

Bevorzugte Stellungen
Auf erotische Ratgeber und altasiatische Liebeslehren pfeifen Widder. Missionarsstellung, 69-Doppel-Whopper oder der Häschen-in-der-Grube-Hoppelakt? Derartige Finessen sind ihnen völlig schnurz. Hauptsache, er liegt oben und alles geht zack-zack.

Der phlegmatische Stier
21. April - 20. Mai

Das Element: Erde
Das Gestirn: Venus
Die Stärken: Besitz, Entschlossenheit, Realitätssinn
Die Schwächen: Schwerfälligkeit, Stumpfsinn, Trägheit, Hartnäckigkeit, Sturheit
Das Motto: „Ich habe!"
Die magische Pflanze: Gras, Kartoffeln (mit Soße), Blumenkohl, kleine blaue Blümchen, Veilchen, Rosen, Lilien, Hafer (der Stiere gelegentlich sticht)
Die magische Farbe: Saftgrün (Gras!), Weiß, Hellblau und Sonnengelb; aber kein Rot...
Die magische Zahl: die Sechs - die Venuszahl. Wahrscheinlich sind Stiere deshalb so unheimliche Sechsprotze.

Der Vokal: „a" („...aber nicht doch...")
Der Edelstein: Der edle Stein des Stiers ist der Smaragd - vermutlich, weil er grasgrün ist. Ebenso gut eignen sich Saphir und Turmalin. Warum Stiere Korallen und Perlen mögen, weiß der Himmel. Saphir, Korallen und Perlen üben einen guten (nämlich beruhigenden) Einfluß auf den Stier aus, wenn er mal wieder am Ausrasten ist.
Der ideale Name: Männliche Stiere heißen Johannes, Paul, Sigmund oder Ferdinand. Weibliche Exemplare nennen sich am besten Zenzi, Maria, Olga oder Berta.

Der Standardtyp: Stiere sind gedrungen, geradezu kompakt gebaut. Dazu ziert sie eine breite Stirn und ein großer Kopf auf kurzem, dickem Hals. Wenn Sie sich einen Neandertaler vorstellen, liegen Sie ganz richtig. Stier-Frauen sehen immerhin mit schönen, sanften Augen in die Welt.

Der Charakter des Stieres
Stiere tragen eine beachtliche Liste positiver Eigenschaften mit sich herum - offen, ehrlich, unbekümmert und treu wollen sie sein. Die Fähigkeit, den Alltag zu meistern und entschlossen zuzupacken, wird ihnen ebenfalls zugeschrieben. Über eine an sich gute Eigenschaft verfügen Stiere tatsächlich: über große Ausdauer. Sie sind mit großer Ausdauer naiv und weigern sich ausdauernd, etwas dazuzulernen. Wie auch - lieben Stiere doch Bequemlichkeit, Ruhe und leichte Vergnügungen. Zusammenfassend läßt sich sagen, daß Stiere unglaublich naive Dummbeutel sind.
Ferdinand der Stier ist nicht umsonst ein Stier. Stiere haben in der Hauptsache zwei Gemütszustände: Entweder sitzen sie selbstzufrieden und melancholisch herum und schnuppern an Blumen - oder sie schlagen alles kurz und klein, wenn ihnen etwas gegen den Strich geht.
In der Regel ziehen Stiere allerdings den ersten Gemütszustand vor, denn nichts ist ihnen wichtiger als Bequemlichkeit, Zufriedenheit und die guten Dinge des Lebens. Dabei neigen sie besonders zu Beharrlichkeit und Zuverlässigkeit - oder anders gesagt: Wenn sie einmal mit dem Hintern im Sessel sitzen, sind sie schwer wieder hochzubringen.

Stiere sind praktisch veranlagt und verstehen es, ihren Alltag zu regeln. Sie sind immer und überall mit einem Schraubenzieher oder einer Rohrzange in der Hand anzutreffen und reparieren noch den Abfluß in der Küche, wenn draußen ein Atomkrieg tobt. Derartige Blindheit nennen sie zweckgerichtetes Handeln und rechnen es sich hoch an. Überhaupt tun Stiere, wenn sie überhaupt etwas tun, mit aller Entschlossenheit das Falsche. Sie halten sich eben für geschickt in den kleinen praktischen Dingen des

Alltags und verlieren dabei den großen Zusammenhang meist völlig aus den Augen. An Selbsterkenntnis oder tieferem Lebenssinn ist Stieren wenig gelegen. Hauptsache, die Krippe ist voll und die Zinssätze stimmen.

Das Phlegma des Stieres ist in mancher Hinsicht beachtlich; weniger das Tempo ihrer Gedanken. Wenn Sie Ihren Kindern einmal in Zeitlupe vorführen wollen, wie der Groschen fällt, stellen Sie einem Stier eine einfache Rechenaufgabe, z.B. 2 + 5 x 6. Dann schauen Sie genau auf Ihre Uhr...

Schon nach etwas sechs Minuten zeigen sich erste Anzeichen, daß der Stier einen Lösungsweg gefunden haben könnte...

...und schon nach einer Stunde können Sie mit dem (vermutlich sogar richtigen) Ergebnis rechnen. Wie ein Wunder besonderer Art allerdings wirkt es, daß Stiere Rechenaufgaben mit DM-Angaben in vieltausendfacher Geschwindigkeit lösen können - für (2 DM + 5 DM) x 6,5 % brauchen Stiere keine Zehntelsekunde. Inklusive Zinseszins.

Um das Maß an schlechten Eigenheiten vollzumachen, verfügen Stiere auch noch über einen abgrundtief miesen Kunstgeschmack. Sie nennen die unsäglichen, die Netzhaut peinigenden Orgien in Öl und Essig, welche die Wände ihres Heimes verschönen, „farbenfrohe Bilder". Den unbeteiligten Betrachter trifft augenblicklich der ästhetische Schlag, wenn er den Raum betritt. Was Wunder, daß der Musikgeschmack von Stieren ähnlich ist. Der letzte Schmachtfetzen erfreut das unbedarfte Ohr von Stieren, die Chopin nicht von Avantgarde-Jazz und Avantgarde-Jazz nicht von einer muhenden Kuh unterscheiden können. Wie auch? Ist doch Avantgarde-Jazz oft dem Geräusch einer muhenden Kuh nicht unähnlich und - ist eine muhende Kuh für einen Stier nicht das Schönste auf der Welt?

Der Lebenslauf des Stieres ist vor allem eines - langweilig. Weil er seinen Lebensweg stur wie ein Panzer und flexibel wie ein Betonpoller geht, ist von vornherein klar, wohin er kommen wird. Eine einmal eingeschlagene Richtung behält der Stier bei - komme, was da wolle. Weil auf diese Weise alles bestens geplant ist, passiert auch nichts. Keine überraschenden Wendungen, keine schicksalshaften Ereignisse werfen den Stier aus der Bahn. Er ignoriert sie einfach. Dem Stier gefällt dieser Zustand bestens.

Eine besondere Eigenschaft der Stiere: Wegen ihres besonderen Sicherheitsbedürfnisses denken sie vor allem immer an das eine: ihre Rente. Vor dem Namen der Mutter kennen kleine Stiere die Telefonnummer der Bundesversicherungsanstalt; schon im Kindergarten zahlen sie die ersten Beiträge ein und lassen sich mit sieben Jahren erstmals ihren Rentenanspruch errechnen. Das sagt alles.

Die glücklichen Jahre
des Stieres liegen zwischen dem 31. und 45. Lebensjahr, weil in diesem Lebensabschnitt sein Auto noch nicht allzu groß ist und er es in die Garage fahren kann, ohne links und rechts anzuecken.

Typische Stier-Berufe
sind Diktator, Hausmeister, Börsen- und Immobilienmakler, Bauer, Wirtschafts- und Agrarpolitiker, Koch, Lagerverwalter, Gärtner, Antiquitätenhändler, Kassierer, Versicherungsvertreter, Bergbau-Ingenieur, Apotheker, Lebensmittelhändler, Anlageberater und Fußpfleger - eine Auflistung, die ein weiteres Mal klarmacht, wozu Horoskope gut sind. Weiter richten Stiere als Juristen, Mediziner, Lehrer und Bankkaufmann riesengroßen Schaden an. Weniger schädlich sind sie in den Berufen Koch, Konditor, Bäcker oder Gastronom. Ein Stier-Wirt ist meist sein bester Kunde und ist weder von den Fleischtöpfen noch von den geistigen Getränken wegzubekommen.

Stier-Frauen eröffnen Modesalons, in denen sie die allerletzten Kutten zusammenflicken. Meist stehen sie auf den Farbkombinationen schwarz-weiß (holsteinisch) oder braun-weiß (süddeutsch). Andere Kühe sind in der Kosmetikbranche (Melkfett!) und in der Goldschmiede-Kunst tätig, wo sie an ihren rustikalen Motiven (Hufeisen, Gespannketten, Nasenringe) leicht zu erkennen sind. Auf jeden Fall haben die Damen einen Geschmack wie 'ne Kuh.

Wenn sich Stiere aufs Glatteis begeben wollen, ergreifen sie künstlerische Berufe. In völliger Selbstüberschätzung werden sie mit Vorliebe Sänger oder Sängerinnen (und das bei der Stimme! Blöök!) oder Instrumentalvirtuosen (mit den Hufen!). Andere Stiere werden Schriftsteller (Gnade!) oder Schauspieler (meist in Western als Teil der Herde).

Stier-Karrieren verlaufen meist nach einem 50-Jahresplan und enden erst in hohen Positionen. Mit der Position des Stiers wächst sein Automobil - Stiere beginnen beim Fiat 500 und enden erst beim 7-Meter-Cadillac, wenn sie können.

Der Stier und das Geld
Wegen ihrer großen Willenskraft und Beharrlichkeit, die ihnen Planungen auch über viele Jahre hinweg erlaubt, bringen Stiere es in Gelddingen oft zu beträchtlichem Vermögen. Der Umgang mit dem Bankkonto ist für Stiere die reinste Orgie, Stiere sind in Hochstimmung, wenn sie Kontoauszüge lesen oder ihr Vermögen sichten. Ihr Verhältnis zum Geld ist ein derart erotisches, daß sie sich ihr Guthaben bei der Bank manchmal auszahlen lassen, nur um es wieder einmal in Händen zu halten - und um nachzusehen, ob noch alles da ist. Stiere - besonders mittleren Alters - ziehen die Knete an wie Magneten, weil ihre Dummbeuteligkeit und Naivität ständig mit Vertrauens-würdigkeit in Gelddingen verwechselt wird. Wenn es ein Stier, weiß der Himmel, wie, dennoch nicht schafft, wegen seines gutmütigen Gesichts reich zu werden, kriegt er später immer noch irgendwie den Dreh: meist heiratet er reich. Alle greisenhaften texanischen Ölmilliardäre sind mit Stier-Damen liiert, alle reichen Frankfurter Börsenmaklerinnen halten sich Stier-Hausmänner.
Der finanzielle Rat von Stieren ist Gold wert. Weniger, weil Stiere über fundierte Wirtschaftskenntnisse verfügen. Nein, es ist ihr animalisches Gespür für die dicke Asche, ihre Nase für den ganz großen Reibach.
Dennoch sind Stiere in Gelddingen nicht immer gute Berater: Der Starrsinn und die Dickköpfigkeit der Stiere führen in Krisenzeiten häufig dazu, daß ganze Vermögen von irgendeiner Inflation hinweggerafft werden.

Das Automobil des Stieres
wächst, wie gesagt, mit dem Wohlstand. Es sind nie elegante, schnittige Typen, die Stiere bevorzugen, sondern immer eher das biedere, solide wirkende Vati-mit-Hut-Auto. Als solche sitzen die Stiere dann auch am Steuer. Läßt der Besitzstand es zu, wählen Stiere besonders große Automobile der Marken Volvo und Mercedes, deren Sicherheits-Image ihnen besonders zusagt. Es darf aber auch ein großer Ford oder Opel sein. In einem Punkte möchten wir die Stiere aller-

dings in Schutz nehmen. Es ist ein Gerücht, daß Autos mit Hörnern an der Kühlerhaube immer von Stieren gesteuert werden. Meist sitzen andere Hornochsen am Steuer.

Öko-Stiere hassen Autos und fahren am liebsten mit Opas Antik-Fahrrad zum Bioladen.

Die Schokoladenseiten
in der Person des Stiers liegen vielleicht darin, daß sie neben den genannten negativen Eigenschaften auch über eine gehäufte Portion Dickköpfigkeit verfügen. Zudem haben sie prachtvolle Hörner.

Weiter positiv: Stiere lachen gern und sind mit den einfachsten Witzchen zu erheitern. Die deutsche Flachfilm-Industrie wäre längst pleite, die öffentlich-rechtlichen Rundfunkanstalten wegen fortgesetzter Umweltverschmutzung geschlossen und der Autor dieser Buchreihe wäre vermutlich schon verhungert, wenn es nicht Stiere gäbe, die für jeden noch so dämlichen Witz ein grölendes Gelächter übrig hätten. Auch Mike Krüger, Karl Dall, Hella von Sinnen und Otto leben vom ausgeprägt flachen Sinn für Humor, den Stiere an den Tag legen.

Die Schattenseiten

Obwohl es scheinbar nicht zu ihrer lethargischen Art paßt: Stiere müssen (als Erdzeichen) unentwegt in der Natur und im Freien sein. Da weder Wandern noch Bergsteigen noch irgendeine andere Aktivität ihrem faulen Wesen genehm sind, bevölkern sie in Unscharen jedes, aber auch wirklich jedes Gartenlokal. Es sind fast immer Stiere (gelegentlich auch Wassermänner), die alle Tische im Lokal über Stunden besetzt halten.

Es sind immer Stiere, die den letzten freien Platz besetzen und einem das letzte Stück Apfelkuchen wegfressen. In Gartenlokalen sind Stiere wirklich schlimmer als die lästigste Wespenplage.

Der große Horror des Stiers

a) die Arena...
b) jedwede Form von Veränderung. Selbst Sonne und Mond sind dem Stier suspekt, weil sie einfach nicht stillstehen können.
c) das Finanzamt. Schließlich muß es ja einen guten Grund dafür geben, warum Stiere immer so gut bei Kasse sind...

Die Gesundheit

Gesundheitsgefahren gibt es für Stiere zuhauf. Vor allem ist es ihre unglaubliche Trägheit, die Stiere einem frühen körperlichen Verfall anheimgeben, wenn man sie nicht rechtzeitig in den Hintern tritt. Stiere sind so faul, daß sie lieber das Auto aus der Garage fahren, statt die 25 Meter bis zum Briefkasten am Gartentor zu Fuß zu gehen. Wenn Sie einem Stier gesundheitlich Gutes tun wollen - verstecken Sie seine Wagenschlüssel! Er wird es Ihnen eines Tages danken!

Obwohl von seiner Wesensart her eher zum Grasfresser bestimmt, ziehen Stiere saftige Braten, Koteletts, Schnitzel, Steaks, Rehrücken und Putenschenkel jedem Gemüse vor - und das in Riesenportionen! Was wundert es, daß sie an Gicht und hohem Blutdruck erkranken? Ein sicherer Schutz dagegen: Servieren Sie dem Stier einfach die Hälfte von allem - zur Not auch auf einem kleineren Teller. Das Stück Fleisch sieht in Relation zu seiner Unterlage ebenso groß aus - das genügt dem Stier. Weitergehende Zusammenhänge rafft er nicht.

Wenn man Stieren die Ohren zu sehr vollmuht, neigen sie dort zu Entzündungen. Auch an Rücken und Schultern sind sie empfindlich - vermutlich wegen des Jochs, das ihresgleichen jahrtausendelang tragen mußte.

Daß Stiere im Rachenraum sehr empfindlich sind, wissen sie zumeist. Doch statt sich zu schonen und etwas weniger herumzubrüllen, bekämpfen sie ihre Anfälligkeit lieber mit scharfen Schnäpsen. Da sie diese Getränke meist so scharf wählen, daß jede Bakterie freiwillig abnippelt, hilft diese Roßkur auch meist gegen Halsinfektionen. Ein paar Etagen tiefer allerdings kreischt die Leber verzweifelt auf, die eh schon unter Fettmassen von der letzten Mahlzeit zu ersticken droht. Aber so sind Stiere. Immer müssen sie das Kind mit dem Bade ausschütten.

Ebenso langsam, wie Stiere denken, reagiert ihr Körper auf Umstellungen. Es ist längst wieder Frühling, bis sich der Körper eines Stieres auf die Winterkälte eingestellt hat. Das macht aber nichts, denn bis die Kälte-Signale von den Nervenenden das Gehirn des Stiers erreicht haben, ist es tatsächlich schon wieder Winter.

Anders gesagt: Der Körper von Stieren reagiert mit exakt einem Jahr Verspätung.

Das Lieblingsgetränk
des Stieres ist - das folgende Kapitel wird zeigen warum - der Magenbitter.
Überhaupt ist der Stier ein großer Schnapstrinker. Grundregel hier: möglichst alt, kalt und alkoholisch. Erst wenn der Atem am Glas gefriert und kurz darauf im Magen ein Vulkan explodiert, ist der Stier zufrieden.
Unter den heißen Getränken ist der Grog der Favorit, weil er das schwere Blut des Stieres so richtig schön in Wallung bringt.

Aquavit, alle Sorten Körner, Gin und Absinth gehören zu den kalten Lieblingsgesöffen männlicher und weiblicher Stiere. Auch ein zischendkühles Bier kann ein Stier-Mann nicht stehenlassen.

Die Lieblingsspeise
Stiere essen nicht - als echte Rindviecher fressen sie. Dabei stehen sie auf deftige Hausmannskost, die sie in ungeheuren Mengen vertilgen. Speisen, welche vor lauter Kaloriengehalt die Magenwände ausleiern, die Gallenblase zum sprudelnden Geysir werden lassen, die Leber noch bis in die dritte Generation schädigen und den Darm vor lauter Verdauungsarbeit aufstöhnen lassen, stehen auf der Speisekarte von Stieren ganz oben an. Was nicht in purem Fett schwimmt, kann gar nicht schmecken. Typische Stiergerichte: Eisbein mit Knödeln und Sauerkraut; Sauerbraten vom Pferd - aber keine Rindsrouladen!

Stiere essen übrigens mit einem beachtlichen Phlegma. Sie essen weiter, wenn rund um sie herum eine Massenschlägerei tobt oder das ganze Lokal bei einem Erdbeben in einer Erdspalte versinkt.

Stiere ziehen kleine, intime (Fr)Eßgemeinschaften der ganz großen Tafelrunde vor. Bei solchen Massenveranstaltungen plagt sie dermaßen der Futterneid, daß sie sich a) zuerst völlig überfressen und danach b) vor lauter Ärger darüber Magengeschwüre bekommen.

Das bevorzugte Lokal
Klar, daß es deftige, nach Schlachtfest und Räucherkammer riechende Gasthäuser sind, in denen Stiere sich gegenseitig auf die Hufe treten. In solchen

Lokalen weichen sogar Wassermänner vor den Stieren zurück: Wo so angestrengt abgebissen, gekaut, verschlungen und verdaut wird, ist für den Gesellschaft und Gespräch suchenden Wassermann kein Raum.

Stier-Lieblingslokale sind für den Außenstehenden besonders leicht zu erkennen; schon im Eingang schlägt einem unerträglich intensiver Küchenduft entgegen. Tische und Stühle sind mit einer dünnen, leicht ranzigen Fettschicht überzogen, und die Fliegen sind besonders wohlgenährt...

Das Lieblingstier

des männlichen Stieres ist die Kuh. Das Lieblingstier der Kuh wiederum der Bulle (dabei kommt es auf das Sternzeichen nicht so sehr an). Alle anderen Tierarten, die nicht „Muh!" machen können, sind Stieren unsympathisch, weil einfach zu exotisch. Ihnen würde es durchaus genügen, wenn es auf der Erde nur eine Tierart gäbe. Muh!

Die typischen Sportarten

von Stieren und ihren Kühen sind Ringen, Boxen, Gewichtheben und Catchen - sowohl aktiv als auch als Zuschauer. Dabei kommt ihnen ihre erstaunliche Robustheit und ihr wenig entwickelter Verstand bestens zugute. Weibliche Stiere haben eine deutliche Abneigung gegen den Olympischen Almauftrieb und gegen Melkwettbewerbe.

Das Lieblingsbuch

des Stiers ist sein Scheckbuch - gefolgt vom Hauptbuch seiner Firma. Die folgenden sechs Plätze in der Bestsellerliste des Stiers werden durch Video-Filme (Rambo und Co.) besetzt, dann folgt auf Platz 8 das Branchentelefonbuch.

Der Lieblingsfilm

Die absoluten Hammer-Filme aller männlichen Stiere sind die Zelluloid-Dramen von Russ Meyer. Nirgendwo sonst können sie so schöne große Euter sehen.

Auf Platz 2 (bei den Kühen auf Platz 1) steht „Casablanca". In welchem Streifen sonst sagt der Bulle seiner geliebten Kuh einen so unvergleichlich unvergeßlichen Satz: „Ich schau' dir in die Kuhaugen, Kleines...!"

Die Lieblingsmusik
Hier gibt es für den Stier zwei Möglichkeiten:
a) Musik ist gut, wenn es sülzt. Nur wenn die Schmalzrinne unter der Stereoanlage bis zum Rande vollläuft, kann Musik einen Stier begeistern. Wer oder was dann singt, ist dem Stier egal. Stier-Männer hören mit Vorliebe Peter Maffay oder Heinz Hugo Kunststoff.
b) Musik ist gut, wenn es muht. Ob Pop, Rock, Jazz, Oper oder Operette - Hauptsache, es muht. Alphörner oder Tubas klingen in Stier-Ohren irgendwie heimisch. Auf Ballett stehen Stiere weniger - die Tänzer und Tänzerinnen sind ihnen einfach zu zerbrechlich. Eine fatale Vorliebe zieht Stiere allerdings zur Schlittschuh-Oper: Wenn es der Kuh zu wohl ist, geht sie aufs Eis...

Das bevorzugte Reiseziel
von Stieren sind die Alpenländer. Nirgends ist das Gras so frisch und würzig, und wenn

man Glück hat, trifft man vielleicht sogar Prominente: die lila Milka-Kuh aus der Werbung zum Beispiel.

Die typischen Drogen
haben Stiere jeweils aus der Landwirtschaft ihrer Region übernommen. Was der Bauer trinkt, kübelt auch das Rindvieh im Stall. Westfälische Stiere kippen Doppelkorn, bayerische zwitschern Zwetschgenwasser, norddeutsche Kühe und Bullen nehmen Köhm...

Die typische Ausrede
Wie sollte es anders sein? „Das hab' ich gar nicht bemerkt!" Es gibt dabei allerdings einen bedeutenden Unterschied zu den Ausreden anderer Sternzeichen: Meist ist die Ausrede gar keine - Stiere merken unglaublich wenig!

Die Leiche im Keller
Irgendwo im Leben eines jeden Stieres gibt es das ganz große Versäumnis - eine Entscheidung, die aus Trägheit oder Schwerfälligkeit nicht getroffen wurde, eine riesengroße Superchance, die der Stier durch stures Festhalten an der Norm versiebt hat. Er weiß es genau, und es ist sein wunder Punkt.

Die Glanztat
Ausgerechnet in Sachen Straßenbau hat sich die Stier-Dame Maria von Medici (* 26.4.1573) verewigt. Vermutlich weil ihr die unebenen Waldwege zu unbequem waren, befahl sie ihrem machtvollen Freund und Gönner Concini, durch den Wald bei Paris eine schnurgerade Straße bauen zu lassen - die Champs-Elysées.
Auch sonst war sie eine kluge Frau (unüblich für Stiere) und etwas träge - was wiederum eher zu ihrem Sternzeichen paßt.
Immerhin schaffte sie es, den französischen König Heinrich IV. zu heiraten und war, wie für ihresgleichen üblich, in zahllose Machenschaften und Intrigen verstrickt.

Die ganz große Niederlage
Das fragwürdige Vergnügen, eines der dreihundertvierundfünfzig unehelichen Kinder August des Starken zur Welt zu bringen, hatte die adlige Stier-

Dame Aurora von Königsmarck (* 28.4.1662). Sie war als Bittstellerin an den Hof gekommen, erlag aber wohl ziemlich flott den Bitten des Landesherrn. Als Aurora - aus Gründen des guten Tones - kurz vor der Geburt ihres Sohnes den Fürstensitz Dresden verließ, beging sie den entscheidenden Fehler: Mit dem Neugeborenen zurück, fand sie ihren Platz besetzt - August der Bärenstarke (übrigens ein Krebs...) hatte schon die nächste Mätresse angeschafft. Was weniger beweist, daß es Stier-Damen an Attraktivität fehlt, als daß August der Starke es ziemlich wild getrieben haben muß - den Damen anderer Sternzeichen erging es ebenso.

Der ganz große Hammer
Was von Horoskopen zu halten ist, zeigt das Beispiel des italienischen Ur-Satirikers Pietro Aretino (* 20.4.1492). Absolut ungewöhnlich für einen Stier, verstand er es, alle Großen seiner Zeit mit seinen ätzenden Skandalgeschichten derartig zu nerven, daß sie ihn gut bezahlten, wenn er sie nicht veröffentlichte. Blieb die Knete seiner Gönner aus, schreckte er nicht einmal davor zurück, haarsträubende Gerüchte in die Welt zu setzen, die erstunken und erlogen - aber gut geschrieben - waren. Pietro Aretino ist sozusagen der Erfinder der öffentlichen Meinung, und er soll dabei nicht schlecht gelebt haben. Daß die Eigenschaften der Person Pietro Aretino - Witz, Verstand, Ironie, Häme - nichts mit dem Charakter des Sternzeichens Stier zu tun haben, stört die Astrologen nicht. Sie werden sich wieder mit irgendeinem abgefahrenen Aszendenten aus der Affäre ziehen. Das allerdings ist auch in einem zweiten Falle angeraten, denn ein weiterer hochbegabter Spinner ist ein Stier: Hieronymus von Münchhausen (*11.5.1720)...

Der Stier und die Liebe
Wilde Liebessprünge aus dem Stand sind nicht Sache des Rindviehs - Stiere brauchen schon eine Weile, um in Schwung zu kommen. Aber auch dann ist feurige Leidenschaft nicht ihr Ding. Immerhin bieten sie ihrem Partner Schutz und Geborgenheit -

aber das können auch Vati und Mutti oder eine gute Versicherung. Wenn Sie es gar nicht lassen können, versuchen Sie es ruhig einmal mit einem Stier-Partner.
Hier ein paar vorbereitende Erläuterungen:

Der Stier-Mann
Stier-Männer sehen sich als leidenschaftliche Liebhaber voller Charme, Liebenswürdigkeit und Lebensart. Pustekuchen! Die Wahrheit sieht anders aus. Es bedarf schon mächtiger Hämmer, um einen Stier in Erregung zu versetzen. Die Dame, die sich unverständlicherweise in den Kopf gesetzt hat, einen Stier-Mann zu erobern, muß schwere Geschütze auffahren: großkalibrige Weine (sog. „Unterrockstürmer"), sülzige Liebesarien von der Platte, rotes Laternenlicht und penetrante Parfüms Marke „Intimduft" oder „Tropenkoller". Sonst merkt der Stier nicht, was sie von ihm will und sie balzt sich - ohne jeden Erfolg - einen ab.

Mächtig auf Touren kommt ein Stier allerdings, wenn ihm Nacktes geboten wird: auf atemberaubende Kurven und wabernde Schwellungen steht er ungemein. Die sexuelle Potenz, die er, solchermaßen stimuliert, entwickeln kann, grenzt an Urgewalten.
Was Wunder, daß es geistig minderbemittelte Stier-Männer sind, die gelegentlich ausrasten und dadurch den Großteil aller Triebverbrecher stellen?

Ebenso rastet der Stier-Mann aus, wenn er eifersüchtig wird. Stiere sind Liebhaber, die ihrem Partner auch dann noch treu und brav die Stange halten, wenn der ihnen längst Hörner aufgesetzt hat. Sollten sie dann endlich doch etwas gemerkt haben, gehen Stiere unglaublich eifersüchtig an die Decke und werden zum rasenden Monster.

Na, denn prost Mahlzeit! Auf einen ihrer Ausbrüche angesprochen, antworten Stiere meist, sie seien einfach zu gefühlsbetont und empfindsam. Gefühlsbetont wie ein Berserker. Empfindsam wie eine Dampframme. Wer die Gattin eines Stier-Mannes anbaggert und sich von diesem erwischen läßt, ist entweder lebensmüde, nicht ganz bei Verstand oder ein arbeitsloser Torero.

Aber keine Angst: Meist merken Stiere zuerst gar nichts, lassen sich tage- oder wochenlang mit dem Ring an der Nase herumführen und sich willig noch ein Paar Hörner aufsetzen. <u>Wenn</u> sie dann endlich raffen, daß sie geleimt worden sind, werden sie in ihrer blinden Wut zum Tier. Also Vorsicht! Sorgen Sie dafür, daß Ihr Stier bleibt, wie er ist: kindlich-naiv!

Im übrigen ist der Stier-Mann der ideale Hausgenosse in Ehe und Partnerschaft. Solange er an die Treue seiner Partnerin glaubt, kann diese ihm wie eine Rinderfliege auf der Nase herumtanzen. Ihre alltäglichen Fehler und Absonderlichkeiten bemerkt er gar nicht. Er ist immer da, wenn er gebraucht wird, und wenn er einmal überflüssig sein sollte, läßt sich der Stier-Mann praktisch ohne jede Komplikation irgendwo abstellen - z.B. vor dem Fernseher.

Behalten Sie also Ihren Stier-Mann, der Ihnen irgendwie zugelaufen ist, ruhig eine Weile! Er ist pflegeleicht und bereitet in der häuslichen Tierhaltung kaum Probleme. Bis auf ein zweites (neben der Eifersucht): Irgendwann in der Lebensmitte packt den männlichen Stier manchmal der Horror, er könne etwas versäumt haben, und er beginnt, wie von Sinnen herumzubaggern und das wilde Hähnchen zu markieren. Lassen Sie ihn nur machen - unter Einhaltung der anzuratenden Sicherheitsmaßnahmen, versteht sich. Er wird bald feststellen, daß er ein Stier und kein Hähnchen ist und tatsächlich _nichts_ versäumt hat.

Überhaupt neigt der Stier in der festen Beziehung dazu, auf jeder Weide jede noch so dumme Kuh anzumachen. Auch hier gilt: gewähren lassen! Letztlich kommt er nur sehr selten über den Elektrozaun.

Die Stier-Frau
Sie ist geduldig bis zum Phlegma, erträgt seine Marotten ohne zu klagen und bemerkt manche kleine Eskapade gar nicht. Stier-Frauen sind ebenso pflegeleichte Lebensgefährten wie Stier-Männer - wie diese mit einigen Einschränkungen.

Macke Nr. 1: Was _er_ in Sachen Eifersucht abzieht, versteht _sie_ in Hinsicht auf die partnerschaftliche Auseinandersetzung ausgezeichnet: Ehekrach mit einer Stier-Frau ist absolute Spitzenklasse! Kaum eine Beziehungskrise mit Angehörigen anderer Sternzeichen verläuft derart explosiv. Denn _wenn_ sie erst einmal etwas bemerkt, platzt ihr gleich der Kragen - und zwar richtig.

Macke Nr. 2: Stier-Frauen sehen sich nur zu gern als große Dame oder cooler Vamp. Aber... warum lachen nur alle, wenn sie auf ihren Hufen ins „Ritz" schwebt? Die Zigarette in der Spitze erinnert in Ihrem Gesicht an einen Wurfpfeil in einem Kürbis. Schauen Sie nur ein einziges Mal in den Spiegel, liebe Stier-Frau! Sie sehen aus wie eine Kuh im Abendkleid!

Macke Nr. 3: Stier-Frauen sind über alle Maßen halsstarrig. Was sie sich einmal in den

Kopf gesetzt haben, wird zur unverbrüchlichen Wahrheit, und wehe, wenn er sich erlaubt, gegen ihre Ansicht aufzustehen! Siehe Macke Nr. 1 - ein explosiver Krach reißt Haus und Hof nieder....

Macke Nr. 4: Stier-Frauen sind wählerisch. Während sie selbst aussehen wie Frankensteins Tochter, muß der Mann ihrer Wahl ein wahrer Adonis sein und wie eine gentechnologische Superzüchtung aus den Erbanlagen von David Hasselhoff, Howard Carpendale und Don Johnson anzusehen sein. Wenn der Schönling, den sie sich ausgeguckt hat, aber nicht will, versteht die Stier-Frau die Welt nicht mehr und guckt wie eine blöde Kuh. Viele von ihnen haben von diesem Tier übrigens die schönen, sanften Augen geerbt.

Idealpartner
Da Stiere im Zeichen der Venus stehen, sind sie von Natur aus besonders begabt. Sie haben eine Vorliebe für gute Kleidung und lassen sich vom Aussehen anderer stark beeindrucken. Deshalb fallen Stiere in der Liebe oft auf die dämlichsten Knalltüten herein. Die dümmste Tussi ist gerade gut genug, der birnigste Typ reißt eine Stier-Frau vom Stuhl, wenn nur das Outfit stimmt.

Da Stiere dermaßen auf Ästhetik stehen und einen ausgeprägten Sinn für gute Formen und schöne Dinge haben, befummeln männliche Stiere ständig irgendwelche Frauen.

Weibliche Stiere lieben es, ihre zarten Händchen über schwellende Muskelpakete gleiten zu lassen und lungern deshalb nur zu gern an den Ausgängen von Baufirmen, Kraftstudios und anderen Muskelpalästen herum. Schon wegen dieses ausgeprägten Tastbedürfnisses muß der Idealpartner des Stieres vor allem gut geformt und griffig sein. Das Sternzeichen ist - aus der Sicht des Stiers - völlig wurscht.

Die typische Anbagger-Szene
Ein Mann oder eine Frau sitzt irgendwo in einer Ecke und starrt das Objekt seiner/ihrer Begierde mit traurigem Triefauge und tief vor Liebe aufseufzend an. Weiter geschieht nichts - wenn das Objekt der

Begierde nicht von sich aus etwas unternimmt. Merkwürdigerweise unternehmen aber Angehörige anderer Sternzeichen recht häufig etwas, um einen Stier oder eine Stierin näher kennenzulernen. Warum, weiß kein Mensch...

Bevorzugte Stellungen
Stiere lieben Sex in jeder Körperlage - Hauptsache, sie können hinterher bequem einschlafen.
Der zur Körperfülle neigende Stier-Mann sollte deshalb nie den Platz oben einnehmen. Die ebenso zur Rubensfigur tendierende Stier-Dame ist meist so rund, daß sie nach vollbrachter Tat einfach herunterrollt.

Der zwiespältige Zwilling
21. Mai - 21. Juni

Das Element: Luft
Das Gestirn: Merkur
Die Stärken: Intelligenz, Beweglichkeit, Nonkonformismus
Die Schwächen: Sprunghaftigkeit, Zwiespältigkeit, Geschwätzigkeit
Das Motto: „Ich denke!"
Die magische Pflanze: Trüffel, Hirse, Hanf (!), Möhre, Petersilie, Fenchel
Die magische Farbe: Grau, Gelb, Blau
Die magische Zahl: Fünf
Der ideale Wochentag: Mittwoch
Der Vokal: „i" („...interessant....!")
Der edle Stein: Beryll, Topas, Granat -Hauptsache, irgendwie gefleckt oder gestreift
Der ideale Name: Männliche Zwillinge heißen Eckhard, Fabian, Florian, Sebastian, Oswald, Alexander, Hans-Dieter, Detlef oder Thorsten. Weibliche Exemplare nennen sich am besten Josephine, Desireé, Melanie oder Lilly.
Der Standardtyp: Zwillinge sind dünn bis dürr („zartgliedrig"). Auf einem viel zu langen Hals sitzt ein viel zu länglicher Kopf. Wenn Sie sich Pinocchio mit Magersucht vorstellen, liegen sie gerade richtig.

Der Charakter von Zwillingen

Zwillinge sehen sich selbst in einem rosigen Licht: Rasches Denken und Handeln sei ihre Sache, glauben sie, und halten sich für beweglich, kontaktfreudig und schlagfertig. Wir wissen es besser: Zwillinge sind unglaubliche Quasselstrippen und Traumtänzer, deren Zusagen und Versprechungen keine fünf Pfennig wert sind. Man kann ihnen allerdings nicht abstreiten, daß sie verhandeln können, redegewandt und lernbegierig sind. Nein, sie sind sogar erfinderisch, besitzen große Vorstellungskraft und finden immer neue Lösungsmöglichkeiten, wenn es darum geht, ihre verbindlichen Aussagen von gestern über den Haufen zu werfen, sich aus irgendeinem Schlamassel herauszureden oder ihren eigenen Hals aus der Schlinge zu ziehen. Anders als Wassermänner, die endlos solo vor sich hinbrabbeln, brauchen Zwillinge die Diskussion. Sie nerven ihr Gegenüber bis aufs Blut, halten auch gern durch Scheinargumente oder fragende Einwürfe das (eher einseitige) Gespräch in Gang. Sie kennen den Typ sicher aus Szene-Kneipen. Schlimmer noch ist: Wenn man den Zwilling an eine einmal geäußerte Meinung erinnert, wird er stinksauer. Was kümmert ihn sein Gerede von gestern?

Was ihre Stimmungen angeht, sieht es bei Zwillingen ähnlich aus: Hemmungslos folgen sie der Laune des Augenblicks, verprassen ein Vermögen in Vorfreude auf ein gutes Geschäft und brechen kurz darauf alle bisherigen Abmachungen - einfach so, weil ihnen danach ist. Ja, sie lieben die Abwechslung und besitzen viele Interessensgebiete - so kennzeichnen Zwillinge sich selbst. Daß dabei ein kleiner finanzieller Schaden entstehen kann - so ein, zwei Milliönchen - wen kümmert's? Wer Zwillinge als Geschäftspartner wählt, führt kein langweiliges Leben.
In der Tat nicht: Zwillinge fahren ungeheuer gern emotional Achterbahn. Eben noch himmelhoch jauchzend und überschäumend vor Tatendrang, brechen sie im nächsten Augenblick depressiv zusammen, wenn die Dinge nicht den

gewünschten Lauf nehmen. Dabei ist der Anlaß in der Regel eher nichtig. Ein Zwilling, der ein Strafmandat bekommt, führt sich auf, als wäre soeben der Tag der Apokalypse gekommen.

Zwillinge im Haus sorgen immer für Bewegung - oft körperlich und geistig ruhelos, reden sie sich ein, sie seien die geborenen Salonlöwen und hetzen von Party zu Party, quatschen den übrigen Gästen ein Ohr ab und verschwinden so plötzlich wieder, wie sie gekommen sind. Zu allem Überfluß erklären sie diese Herumzappelei für gesellig, halten ihr hektisches Gequassel für brillante Unterhaltung, ihre fragwürdigen Höflichkeitsübungen für zuvorkommend, schreiben sich gesellschaftliches Feingefühl zu und glauben, sie seien so beliebt, daß niemand sie auf seiner Party entbehren möchte. Pustekuchen. Erst eine Fete ohne Zwillinge ist eine Fete.
Tief in ihrem Innern finden Zwillinge alles öde - am meisten sich selbst. Deshalb sind sie blitzschnell gelangweilt und hetzen sprunghaft von einem Sinnesreiz zum anderen. So können Zwillinge zum Beispiel im Fernsehen nicht ein einziges mal einen Beitrag zu Ende sehen. Alle acht Sekunden greifen sie zur Fernbedienung - ZAPP!, das nächste Programm, dasselbe Desinteresse - ZAPP!, weiter... Vermutlich waren es gelangweilte Zwillinge, die das Kabelfernsehen erfunden haben.

Als Bekannte oder Nachbarn sind Zwillinge zwiespältig und unbeständig; gestern noch die dicksten Freunde, vermuten sie schon morgen Verrat und Intrige. Sie nerven ihre Mitmenschen mit unersättlicher Neugier: 135% aller Spanner und Gardinensteher sind Zwillinge.

Die allergrößte Macke: Zwillinge müssen sich um jeden Preis unterscheiden. Sie halten sich für die Nonkonformisten unter den Sternzeichen, tragen aberwitzige Klamotten, fahren die abseitigsten Automarken, verletzen jedwede noch so sinnvolle Regel, widersetzen sich prinzipiell allen Behörden und Autoritäten, nur um ihre Individualität kundzutun. 90% aller Zwillinge sterben im Straßenverkehr, weil sie über rote Ampeln brettern, um ihr ganz persönliches Verhältnis zur Straßenverkehrsordnung zum Ausdruck zu bringen.

Apropos Verkehr: Wegen ihrer unersättlichen Neugier lieben Zwillinge das Reisen; leider müssen sie, gerade angekommen, feststellen, daß in Italien auch nur eine Sonne scheint, die Menschen auf Hawaii wie alle übrigen nur zwei Beine besitzen und die Erdentage in Nordostsibierien auch nur 24 Stunden lang sind. Keine zehn Minuten, und Zwillinge reisen enttäuscht wieder ab.

Der Lebenslauf der Zwillinge
gestaltet sich vor allem wechselhaft. Sie wechseln im Laufe ihres Lebens alles, und das nicht nur einmal: ihre Wohnung, ihre Identität, ihr letztes Hemd, ihren Beruf, ihre Brille, ihr Auto, ihre Socken, ihre Augenfarbe, ihre Partner, alle Augenblicke ihre Telefonnummer und alle dreißig Sekunden ihre Einstellungen. Schon allein deshalb sind Zwillinge als Politiker der unteren und mittleren Ebene sehr gefragt. Es macht ihnen nicht die geringste Schwierigkeit, ihr Mäntelchen nach welchem Wind auch immer zu hängen.

Die glücklichen Jahre
liegen zwischen dem 29. und dem 38. Lebensjahr. Warum? Vor dem 29. Lebensjahr bemerken Zwillinge vor lauter Sprunghaftigkeit gar nicht, welche Vorteile ihre Veranlagungen mit sich bringen. Nach dem 38. Lebensjahr fallen sie sich mit ihrer Neugier und Unrast zunehmend selbst auf den Wecker.

Zwillinge im Beruf
Es erfüllt die Angehörigen anderer Sternzeichen mit einem gewissen Horror, daß Zwillinge in der Hauptsache zu „intellektuellen" Berufen neigen. Viele Wissenschaftler, Forscher und Ärzte sind Zwillinge. Dabei fällt besonders auf, daß Zwillinge einen bestimmten Bereich der Medizin favorisieren: Sie tendieren mit Vorliebe in die Richtung Psychologie und Psychiatrie - vermutlich, weil sie es selbst am nötigsten haben. Fragen Sie nach - vermutlich gehört auch Ihr

Nervenarzt zu den Zwillingen. Sie brauchen keinen Nervenarzt? Das glauben Sie! Lesen Sie noch ein, zwei Bände dieser Buchreihe, und Sie werden schon sehen...

Wie auch in anderen Bereichen können es die meisten extrovertierten Zwillinge auch beruflich nicht lassen, ihrer Umwelt auf den Wecker zu fallen. Ständig meinen sie, irgend etwas Bedeutendes mitteilen zu müssen. Typische Zwillings-Berufe sind daher auch Schriftsteller, Redakteur, Journalist, Reporter oder Bildreporter, Verlagsdirektor, Auslandskorrespondent, Dolmetscher, Übersetzer, Verlagsangestellter, Kritiker oder Bibliothekar.
Sämtliche Bereiche der Medienwelt - Verlage, Rundfunk und Fernsehen - sind völlig zwillingsverseucht.

Wenn uns Zwillinge nicht mit unnützen Nachrichten oder den Ausgeburten ihrer schwachen Fantasie nerven, nutzen sie das Wort in anderer Weise als Waffe: Als Verkäufer, Reisende oder Vertreter schwatzen sie uns 400 PS starke Stadtautos, 125bändige Enzyklopädien oder feuerfestes Mikrowellengeschirr in Schockfarben auf. Als Rechtsanwälte verdrehen sie den offensichtlichsten Sachverhalt, als Geographen

und Reisebuch-Autoren schicken sie uns in die Wüste, als Schalterbeamte nerven sie uns mit der pingeligen Auslegung von Paragraphen und Bestimmungen. Als hochkreative Mitarbeiter einer Werbeagentur bombardieren sie den gesunden Menschenverstand mit den saudümmsten Slogans, und als Makler ziehen sie uns die letzte Mark aus der Tasche, indem sie uns Bruchbuden als Luxuspaläste aufquatschen. Schließlich: Fachlehrer und Pädagogen aller Schattierungen faseln uns so lange die Ohren voll, bis wir überhaupt nichts mehr begreifen.

So geschädigt, kann es uns nur freuen, daß die Zwillings-Karriere äußerst unsicher und wechselhaft verläuft. Ganz nach oben kommen sie nur selten - glücklicherweise fehlt ihnen der lange Atem -, und sie satteln zu oft um.

Die ganz besondere Eigenschaft von Zwillingen im Berufsleben: Sie sind geschwätzig wie die sprichwörtlichen Waschweiber. Es gibt keinen sichereren Weg, eine Information weltweit zu verbreiten, als sie einem Zwilling unter dem Siegel unbedingter Verschwiegenheit anzuvertrauen. Die großen Presseagenturen benutzen Zwillinge, um die wichtigsten politischen Geheimmeldungen in Sekundenschnelle auf dem ganzen Erdball zu verbreiten. Großkonzerne sparen sich ganze Presseabteilungen, indem sie eine Zwillings-Frau als Telefonistin einstellen. Rundfunkanstalten lassen ihre neuesten Geheimprojekte von Zwillingen unter der Hand bekanntmachen.

Die Führungsqualitäten von Zwillingen streben gegen Null. Sie markieren zwar gern den großen Macker und sagen allen, was sie ihrer Meinung nach zu tun hätten, weigern sich aber mit Geschick, echte Verantwortung zu tragen. Wer einen Zwilling als Chef hat, kann sicher sein, jeden Ärger selbst am Hals zu haben.

Noch ein letzter warnender Hinweis für potentielle Zwillings-Arbeitgeber: Überlegen Sie es sich gründlich, bevor Sie einen Zwilling einstellen. Es wird in ihrem Betrieb keine Geheimnisse mehr geben, und Sie können jede feste, gleitende oder sonstwie geartete Arbeitszeitregelung vergessen. Zwillinge kommen aus Prinzip zu spät, und je mehr man sie zur Pünktlichkeit ermahnt, desto unberechenbarer werden sie. Mehr noch: Sie stacheln die gesamte übrige Belegschaft zur „kreativen" Arbeitszeit an. Vorsicht also!

Zwillinge und das Geld
Zwillinge sind teuer. Ohne jede Rücksicht auf die Kosten wechseln sie ihre Hobbies, verschrotten sündhaft unerschwingliche Kurzwellen-Funkanlagen, wenn sie sich plötzlich für pseudojapanische Bonsai-Kunde begeistern. Sie verscheuern ihre Tausende von DM teure Briefmarkensammlung für 'n Appel und 'n Ei, wenn sie das Geld für den nächsten Tick brauchen, z.B. für ihre neues Mountain-Bike oder ihren Hängegleiter. Eine ins Riesenhafte angeschwollene Freizeit-Industrie lebt davon, daß sich Zwillinge ständig den neuesten Irrwitz zulegen müssen.

Nicht genug mit diesem Konsumrausch: Vergnügungssüchtig, wie Zwillinge nun einmal sind, verprassen sie in einer einzigen Nacht mit leichten Mädchen oder schweren Jungs ein ganzes Vermögen. Zwilling-Männer zahlen vierhundert Märker für eine Flasche Zuckerwasser-Sekt und stopfen den Animierdamen Hunderter gleich im Bündel ins Dekolleté. Zwillings-Damen verzocken beim Glücksspiel in Minuten Hunderttausende, einfach, weil sie die resedagrünen Zehntausender-Chips gerade so schick finden und sie so gut zur Farbe ihres Lidschat-

tens passen. Nein, Zwillinge sind keine Suchtspieler wie Fische - sie sind einfach gedankenlos, dumm und eitel.

Besonders bieder veranlagte Zwillinge schaffen es gelegentlich mit schier übermenschlicher (genauer: überzwillingshafter) Anstrengung, größere Geldbeträge anzusparen. Statt dieses Geld aber in Immobilien anzulegen oder sonstwie sinnvoll zu nutzen, kriegen sie eines Tages den ganz großen Rappel und werfen den Zaster für irgendwelchen Tand mit vollen Händen zum Fenster hinaus. Samt Zins und Zinseszins.

Das Automobil der Zwillinge
Hier gelten die drei Grundregeln des Zwillings-Besitzdenkens:
Hauptsache exotisch.
Hauptsache individuell.
Hauptsache teuer.
Zwillinge mit Geld (sie haben es, wie gesagt, nie sehr lange) erwerben die seltsamsten Autotypen. Am besten finden sie es, wenn ihr Automobil überhaupt nur ein- oder zweimal auf der Welt existiert und Lamborghari, Maserini oder Ferrati heißt. Auch altenglische Vorzeit-Marken wie Jensen oder Rolls Royce haben einen festen Zwillings-Kundenkreis. Der Ärger mit nur einer einzigen Vertragswerkstatt in Asien und Europa stört sie nicht. Wenn irgend etwas kaputt ist, fahren sie die Kiste einfach auf den Schrott.
Weniger betuchte Zwillings-Automobilisten kaufen französische Un-Autos mit Intellektuellen-Image, italienische Rostwunder oder amerikanische Spritsäufer, nur weil der Nachbar (vernünftigerweise) deutsch oder japanisch fährt. Reicht es gar nicht zu exklusiver Kaufentscheidung, wird das Alltagsgefährt dermaßen getunt, überspoilert oder aufgemotzt, daß das Auto darunter gar nicht mehr zu erkennen ist. Ein so verhunztes Auto steigt in den Augen seines Zwillings-Besitzers zum Kunstobjekt auf: Es sind Zwillinge, die auf privaten Automärkten völlig versaubeutelte Sciroccos Baujahr 1979 für DM 120.000.- zum Kauf anbieten.

Die Schokoladenseiten
Zwillinge sind ideal, wenn das Radio kaputt ist. Es ist nie still in dem Zimmer, in dem sich ein

Zwilling aufhält. Allerdings haben Zwillinge gegenüber Transistor-Radios gravierende Nachteile: So lassen sich Zwillinge a) nicht auf Zimmerlautstärke herunterregeln und bringen b) nicht stündlich die Nachrichten.

Die Schattenseiten
Wenn Zwillinge irgendwie den Dreh ins Gedankenschwere oder Okkulte kriegen, werden sie Schriftsteller und verfassen unerträgliche Machwerke von beachtlicher Überlänge. Wenige Zwillinge (Bertha von Suttner, Franz Kafka, Thomas Mann, Oswald Spengler, Alexander Puschkin, Jean-Paul Sartre) haben bereits so viel Tiefsinniges geschrieben, daß die übrigen eigentlich damit aufhören könnten. Leider haben die derzeit lebenden Zwillinge kein Einsehen und nerven ganze Armeen von Verlagslektoren mit ihrem endlosen Geschreibsel. Der Erfolg: Sie provozieren so die Produktion einer Unzahl vorgedruckter Ablehnungsbriefe.

Der große Horror
Irgendwann einmal allein sein zu müssen...

Die Gesundheit
Die größte Gesundheitsgefahr für Zwillinge sind die Zwillinge selbst. Zwillinge vertrauen in Sachen Gesundheit niemandem, schwanken zwischen strengster Schulmedizin und abgeflogener Ökoheilkunde, wechseln während der Behandlung eines simplen Schnupfens dreimal den Arzt und mindestens sechzehnmal die Medikamente. Dabei hätten Zwillinge allen Grund, sich einen guten Hausarzt zu suchen, denn genauer betrachtet sind Zwillinge wandelnde Wracks.
Sie tendieren zu Rückenleiden und Kreislaufstörungen, leiden unter Schlaflosigkeit und Nervenkrankheiten, Erkältungen, grippalen Infekten, Bronchitis, Lungen- und Rippenfellentzündungen.
Wirklich schwer erkranken Zwillinge aber nur, wenn sie aus irgendwelchen Gründen nervlich völlig auf dem Zahnfleisch gehen. Dafür haben sie aber ständig irgendein Wehwehchen, gegen das kein Kraut gewachsen ist.
Dabei könnten sie es mit ihrer Gesundheit so einfach haben. Spaziergänge im Hochgebirge oder im Wald mit viel sauerstoffreicher Luft würden Wunder wirken, nur - welcher Zwilling geht freiwillig in einen Wald? Mit einem ganzen Kegelclub oder dem vollständigen Frauenkollektiv, ja - aber allein? In diese langweilige Einöde? Nichts als Bäume, Sträucher, tumbe Förster und irgendwelche dummen Kaninchen... Niemand, mit dem man reden kann, nirgends gibt's etwas Neues zu kaufen... Nein, Gesundheit hin, Gesundheit her - dann lieber krank.

Das Lieblingsgetränk
Wenn es um heiße Getränke geht, liegt der Kaffee eindeutig vorn. Keine andere Flüssigkeit macht so aufgedreht und redselig wie Kaffee. Soll es kalt und alkoholisch sein, gilt wieder die Regel der unbedingten Individualität: Hauptsache, niemand sonst kennt den hochprozentigen Saft.
Zwillinge trinken explosionsgefährdete asiatische Reisstrohschnäpse und südeuropäische Traubentrester-Essenzen, ohne mit der Wimper zu zucken - und nicht ohne ihre Kennerschaft in umständlichen Worten kundzutun („Der Grappa damals in Riccione war

eine Spur gehaltvoller, hatte aber nicht dieses harsche süditalienische Schalenaroma!")
In großen Mengen gießen sich Zwillinge Wein hinter die Binde, aber auch das nicht, ohne als Experten herumzuquaken. Am besten, man läßt sie machen und gießt mit dem Inhalt seines eigenen Glases die Blumen. Von Weinen haben Zwillinge nämlich nicht die geringste Ahnung. Wie von allen anderen Dingen übrigens auch...

Die Lieblingsspeisen des Zwillings
Eines ist unbedingt zu beachten: Stellen Sie das Essen warm, lieber Gastgeber, lieber Gastwirt! Zwillinge kommen immer zu spät.
Ansonsten funktioniert der Feinschmecker-Verstand der Zwillinge nach drei einfachen Regeln:
a) Alles ist eßbar.
b) Wenn etwas wie eine tote Qualle aussieht, nach „Mülleimer ganz unten" riecht, glitscht und glibbert, grün wabert und schleimig vom Löffel gleitet und undefinierbar gefärbt ist, einem beim ersten Bissen den Atem nimmt und beim Kauen die Geschmacksnerven wegschmirgelt, muß es sich zwangsläufig um eine Delikatesse handeln.
c) Je schneller man etwas essen kann, desto besser.
Zwillinge schrecken kulinarisch weder vor Pflanze noch Tier zurück.
Sie verspeisen Kakteen, Algenbrei und Schnittblumenpürée ebenso wie tote Küchenschaben oder gebratene Tapirhoden.
Die Lieblingsgewürze des Zwillings würden andere Sternzeichen in den Chemiekasten oder bei den Putzmitteln einordnen.
Das lange Sitzen an der gedeckten Tafel ist Sache der Zwillinge nicht. Zwillinge essen mit Überschallgeschwindigkeit, und das, obwohl sie zwischen zwei Bissen lukullische Kommentare ablassen müssen („Hmm! Eine besonders aparte Passage!"). Kaum haben sie den letzten widerlichen Appetithappen durch die Freßleiste geschoben, langweilen sie sich schon wieder, bauen wackelige Gebäude aus Bierdeckeln, kritzeln die Tischwäsche mit Lippenstift voll

und reden unentwegt auf die noch essende Tischgemeinschaft ein. In schlimmen Fällen üben Zwillinge Handstand auf der Tischkante oder fummeln an Kellnern oder Kellnerinnen herum - alles aus Langeweile.

Das bevorzugte Lokal
Ob Restaurant, Kaschemme oder Pommes-Bude - Zwillinge finden immer wieder irgendwelche Etablissements, um ihren perversen Eßgelüsten zu frönen. Mit Vorliebe besuchen sie solche Lokale, in denen ihnen ihre Unsäglichkeiten möglichst teuer kredenzt werden. Was teuer ist, kann nicht schlecht sein. (Irrtum! Es kann einem davon sogar schlecht <u>werden</u>!)
Restaurants, die Zwillinge besuchen, sollten Angehörige anderer Sternzeichen unbedingt meiden, es sei denn, sie strebten nach einer Magenverstimmung oder einem Ekelschock.

Das Lieblingstier
ist die Ente. Kein anderes Tier quakt so endlos und sinnlos herum wie dieses Federvieh - mit Ausnahme des Frosches vielleicht. Der steht denn auch auf Platz 2 der Hitliste.

Zwillinge hassen Fische (nicht das Sternzeichen, sondern die Tiergattung!). Sie sind einfach zu schweigsam und auch mit letztem Einsatz nicht zu überreden, ein Geheimnis preiszugeben.

Die typischen Sportarten
a) 100-Stunden-Dauerquasseln
b) Bäumchen-wechsle-dich
c) 100.000-DM-Schnellverprassen

Das Lieblingsbuch
Vermutlich: „Das doppelte Lottchen" oder „Kastor und Pollux" oder „Dr. Jekyll & Mr. Hyde" oder sonstwas Doppeltes.

Der Lieblingsfilm
Der absolute Hammer-Film aller Zwillinge ist „Casablanca". In welchem Streifen sonst sagt der Held zu seinem Zwillingsbruder einen so unvergleichlich unvergeßlichen Satz: „Du schaust aus wie mir aus dem Gesicht geschnitten, Kleiner...!"

Die Lieblingsmusik
Ob Pop, Rock, Jazz, Klassik, Oper oder Volksmusik - der Hang nach dem Ungewöhnli-

chen, Abseitigen verfolgt Zwillinge bis in ihren Musikgeschmack. Die „Einstürzenden Neubauten" haben fast ausschließlich Zwilling-Fans; wenn irgendwo Motorsägen im Symphoniekonzert aufkreischen, Staubsauger mit Querflöten disharmonieren, das endlos-ätherische Schweigen eines ganzen Orchesters von drei furzenden Wildschweinen zerrissen wird oder affenschrille Stimmen das Gestühl des Konzertsaales zu Sägespänen zerkleinern, sind Zwillinge die einzigen Zuhörer. Schlimmer noch: Sie genießen es. Sie bringen stehend Ovationen, applaudieren sich die Hände wund und geraten unter wilden Zuckungen in Ekstase...

Apropos Zuckungen: Sie können sich sicher mühelos vorstellen, wie ein Ballett auszusehen hat, das Zwillingen gefällt.

Das bevorzugte Reiseziel
Zwillinge bevorzugen alle Reiseziele. Ohne ihre touristische Rastlosigkeit wären 90% aller Reisebüros dieses Planeten längst pleite; ebenso 90% aller Appartementvermieter und Hotelbesitzer. Die abartigen Schuppen an abartigen Orten, in denen sich Zwillinge in ihrer Reisewut unterbringen lassen, würde niemand sonst auch nur als Schweinestall benutzen. Zwillinge haben daran nichts auszusetzen. Sie finden derlei Herbergen originell.

Die typischen Drogen
Alles was aufputscht: Kokain, Koffein, Captagon, Speed, Amphetamine usw. Besonders wichtig: Ob ein Zwilling Drogen genommen hat oder nicht, ist völlig gleichgültig. Er ist *immer* aufgepeitscht und ausgeflippt.

Die typische Ausrede
„Das habe ich so nie gesagt!" Zwillinge gebrauchen diesen Satz, um sich aus dem Gespinst ihrer stündlich wechselnden Ansichten zu befreien - was ihnen allerdings in den seltensten Fällen gelingt.

Die Leiche im Keller
Seien Sie sich sicher: Jeder Zwilling hat irgendwann und irgendwo einmal zuviel gesagt. Er weiß es und vergißt es nie. Selbst mit dunklen Andeutun-

gen können Sie ihn dirigieren und gefügig machen...

Die Glanztat
Es war der Zwilling Nikolaus August Otto (* 10.6.1832), der den nach ihm benannten Otto-Motor erfand und damit die ganze Blechlawine in Bewegung setzte, unter der wir heute zu leiden haben. Auf der Pariser Weltausstellung von 1867 bekam er noch eine Goldmedaille für das Motor-Monstrum - hätte er über die Folgen nachgedacht und seine Erfindung besser wieder vergessen, wäre uns möglicherweise manches erspart geblieben.

Die ganz große Niederlage
erlitt der Zwilling Walter Z. in Lauterbrunnen/Schweiz, als er feststellen mußte, daß das Echo an der Eiger-Nordwand letztlich doch immer das letzte Wort behielt.

Der ganz große Hammer
Ein wahres Wunder an Reiselust war die Zwillingsfrau Elly Beinhorn (* 30.5.1907), die 1931/32 eine 37.000-km-Flugreise durch Europa, Asien, Australien und Südamerika unternahm, über die sie ein Buch schrieb, das - bei der Redegabe von Zwillingen völlig klar - ein echter Seller wurde: „Ein Mädchen fliegt um die Welt".

Klar, daß es auch ein Zwilling war, der den Kühlschrank erfand, weil er seinen Kir Royal schön kühl herunterzwitschern wollte: Carl von Linde (* 11.6.1842) konstruierte das Urmodell der Kühlkiste und verdiente sich eine goldene Nase daran. Er konnte allerdings nicht ahnen, daß er einmal zum Mitbegründer des Ozonlochs werden würde, weil seine behämmerten Nachfahren die mit FCKWs gefüllten Schrott-Kühlschränke einfach so auf den Müll feuern.

Es waren wohl weniger Intelligenz und Nonkonformismus als ausgeprägte Beweglichkeit, Sprunghaftigkeit und Unrast, denen der absolute Hammer-Zwilling August der Starke (* 12.6.1733) seine 352 (oder waren es 354?) außerehelichen Kinder verdankt. Neben seiner Tätigkeit als hyperpotenter Landesvater war er im großen Stil als Kriegsherr und Verschwender am Werke - Eigenschaften, die in mancher Weise zum Charakterbild des Zwilling passen. Daß er auch noch einen Hang ins Despotische hatte, will nicht recht ins Bild des Sternzeichens passen. Aber wen stört das schon?

Zwillinge und die Liebe
Zwillinge sind aufmerksam, zärtlich und hingebungsvoll, somit die idealen Liebhaber, könnte man meinen. Leider sind Zwillinge aber nur aufmerksam, zärtlich und hingebungsvoll, solange sie damit beschäftigt sind, um einen Liebespartner zu werben. Ist nach dem großen Anbaggern die erste heiße Liebesnacht gelaufen, verlieren sie in 90% aller Fälle das Interesse an ihrem neuen Spielzeug. Für sie war alles nur ein unterhaltsames Spiel ohne jeden Tiefgang - auch wenn sie in der vergangenen Nacht bedeutungsschwerstes Süßholz geraspelt haben.

Die restlichen 10% - Zwillinge, die unter günstigen Aszendenten geboren und emotional nicht völlig verflacht sind - mühen sich zwar redlich, eine Beziehung aufzubauen. Manchmal wollen sie sich selbst austricksen, indem sie ihre neueste Liebe blitzartig vor den Standesbeamten oder Pfarrer zerren. Doch auch so entkommen sie ihren wechselhaften Neigungen nicht.
Tief in ihrem Inneren hassen auch diese Zwillinge jede Art von Bindungen und Festlegungen. Sie müssen immer auf mehreren Hochzeiten zugleich tanzen und sind die geborenen Bigamisten (Tri-, Quattro- usw. -gamisten).
Vielleicht sollte man Zwillingen von vornherein zur Vielehe raten. Ein Zwilling-Ehemann mit drei Ehefrauen hat endlich den Zustand erreicht, in dem er sich nicht langweilt. Einer Zwilling-Frau mit vier bis fünf Gatten mangelt es weder an Unterhaltung noch an Publikum für ihre Mode-Vorführungen.

Die Zwillings-Frau
Dezent ausgedrückt: Das Motiv des Suchens durchzieht die jungen Jahre der Zwillings-Frau wie ein roter Faden. Anders gesagt: Sie wechselt die Männer wie andere die Kaffeefilter. Nach einigen hundert Versuchen glaubt sie vielleicht, den Mann fürs Leben gefunden zu haben.

Völlig erschöpft von der Suche, wird sie ihm, zumindest für eine Weile, treu sein. Wenn ihr allerdings ein charmanter älterer Herr mit grauen Schläfen über den Weg läuft, ist ihr wieder alles egal... Immerhin besitzt die Zwillings-Frau das Format, ihrem Partner keine Vorhaltungen zu machen, wenn er einmal fremdes Terrain erkundet hat.

Der Partner einer Zwillings-Frau sollte sich auf einiges gefaßt machen. Eben noch liebes und treusorgendes Hausmütterchen, wird sie im nächsten Augenblick zur überaktiven Betriebsnudel, die die gesamte Verwandtschaft einlädt oder zur ätzenden Giftspritze, die kein gutes Haar an ihm läßt. Wer also Abwechslung mag...

Der Zwillings-Mann
Anders als der Widder, der aus Lust an der Lust zum Rudelbumser wird und durchaus auch zu Dubletten, Bratkartoffel-Verhältnissen oder Dauerliebschaften neigt, ist es beim Zwillings-Mann der augenblicklich schwindende Reiz des Neuen, der ihn in immer neue Abenteuer stürzt. Er nennt sie nicht ohne Untertreibung „Flirts" oder „Quickies".

Der Zwillings-Mann hat, wie man so treffend sagt, einen unruhigen Docht. Wenn er eines nicht kann, so ist das warten. Er setzt Himmel und Hölle in Bewegung, um bei seiner Angebeteten zum Ziel zu kommen. In der Wahl seiner Mittel ist er dabei nicht wählerisch: Um Erfolg zu haben, labert er ihr nächtelang ein Ohr ab, sülzt ganze Tage lang von Liebe, täuscht Verzweiflungsausbrüche und Selbstmord vor oder zieht altetruskische Liebesrituale durch. Einmal zum Ziel gekommen, verraucht die Glut oft in Sekundenschnelle. Der durchschnittliche Zwilling hält es nicht einmal mehr für nötig, den Anschein von Liebe aufrechtzuerhalten, stellt noch

auf dem Liebeslager Vergleiche mit vergangenen Amouren an oder checkt seinen Terminkalender für die Dates und Rendezvous am Nachmittag. Ein ungemein zartfühlendes Nachspiel also.
Sollte er dennoch einmal etwas fühlen und am Aufbau einer längerdauernden Beziehung Interesse zeigen, kommt ein solcher Versuch schnell zu seinem Ende: Der Zwillings-Mann kriegt Krisen einfach nicht geregelt. Als abgrundtiefer Macho wählt er den Weg des geringsten Widerstandes: Statt den Aschenbecher auszuleeren, wirft er gleich das ganze neue Auto weg. Ein so schiefer Vergleich, daß er von einem Zwilling stammen könnte...

Die typische Anbagger-Szene
Irgendwo an einem sonst völlig alltäglichen Ort scheint ein Wesen aus einer anderen Welt einzubrechen: Jemand versprüht tonnenweise Charme, kippt ganze LKW-Ladungen von Komplimenten aus, überschlägt sich vor lauter Zuvorkommenheit, grinst wie ein gedoptes Honigkuchenpferd und tänzelt durch die Eckkneipe wie Nurejew im Delirium. Fazit: Ein Zwilling versucht, einen Liebespartner zu gewinnen...

Bevorzugte Stellungen
Beim Sex müssen für Zwillinge zwei Grundbedingungen erfüllt sein:
a) jede Stellung muß möglich machen, daß man zumindest zeitweilig reden kann
b) jede Stellung muß so exotisch sein, daß man seinen eigenen Fuß nicht von der Hand des Partners unterscheiden kann.

Idealpartner
Sehr gut passen Zwillinge zu Waagen und Wassermännern - das Geschwafel in einer solchen Verbindung ist für Angehöriger anderer Sternzeichen schlichtweg unerträglich. Aber auch Krebse, Widder, Stiere und Löwen gehen Verbindungen mit Zwillingen ein. Von Jungfrauen und Fischen sollten Zwillinge besser die Finger lassen. Steinböcke und Skorpione sind Zwillingen gleichgültig - und umgekehrt.

Der verkniffene Krebs
22. Juni - 22. Juli

Das Element: Wasser
Das Gestirn: Mond
Die Stärken: Häuslichkeit, Empfindsamkeit, Treue
Die Schwächen: Spießigkeit, Wankelmütigkeit, Überempfindlichkeit, Launenhaftigkeit
Das Motto: „Ich fühle!"
Die magische Pflanze: Beamtenpalme, Kürbis, Zucchini, Melone, Gurke, Bohne (Bläh!), Reis
Die magische Farbe: Silbern, Hellgrün, Algengrün
Die magische Zahl: Zwei und Achtzehn (Warum in drei Teufels Namen die Achtzehn???)
Der ideale Wochentag: Montag (vermutlich der blaue)

Der Vokal: „ei" („...**ei** der Daus!"; „...**ei**gentlich wäre ich lieber zu Hause geblieben...")
Der edle Stein: Perlen (die somit vor die Krebse geworfen sind)

Der ideale Name: Männliche Krebse heißen Walter, Willibald, Ernst, Holger oder Gustav. Weibliche Exemplare nennen sich am besten Monika, Gerda, Luise oder Martina.

Der Standardtyp: Dick, rundes Gesicht, weiche Körperformen und auffallend blaß - so wird in der Literatur der typische Krebs beschrieben. Sie liegen mit den Proportionen des Krebses in etwa richtig, wenn Sie sich den Marshmallow-Man aus „Ghostbusters" vorstellen.!

Der Charakter
Der Krebs ist der Spießer und Kleingärtner unter den Tierkreiszeichen. Krebse selbst halten sich für sensibel, fürsorglich, reinlich, ordentlich und häuslich. Sie sehen sich als von der übrigen Menschheit unverstandene Träumer mit großer Fantasie. Eine rationale Betrachtungsweise dieses Sternzeichens kommt zu anderen Schlüssen: Krebse sind in Wirklichkeit vor allem überempfindlich, launenhaft, wankelmütig, besitzergreifend, selbstzufrieden und ichbezogen. Nett, nicht?
Krebse stellen die Beamten unter den Sternzeichen, und zwar solche, denen Ruhe und Ordnung über alles geht. Sie halten verantwortungsbewußt die alten Werte hoch, wählen brav alle vier Jahre einmal ihre Oberkrebse - vermutlich jeweils die konservativste Partei, die sie noch irgendwie verantworten können. Viele Krebse sind glühende Patrioten; solche Exemplare fahren mit einem Kissen in den Nationalfarben auf der hinteren Ablage ihres Autos herum.

Krebse stehen auf Familientradition und -geschichte. Besonders männliche Krebse hängen an ihrem Mütterlein. Auch wenn Bubi bereits 45 ist und längst eine eigene Familie ernährt, muß Mutti ihn gelegentlich auf den Schoß nehmen. Krebs-Männer brauchen das. Überhaupt sind Krebse über alle Maßen gefühlsbetont und außerordentlich empfindsam.

Wie kein zweites Sternzeichen fürchten Krebse den Spott und ziehen sich schon bei leisester Kritik an ihrer Person in das nächstgelegene Schneckenhaus (oder eine Kneipe) zurück. Launisch, verletzbar und scheu, wie sie sich geben, suchen sie Sicherheit in der Einsamkeit. Wenn einer fünfhundert Kilometer von jeder menschlichen Behausung entfernt ganz allein in einer Hütte hockt, ist es aller Wahrscheinlichkeit nach ein schwer beleidigter Krebs oder ein Polarforscher oder beides. Nicht genug mit dem Hang zur Überempfindlichkeit: Krebse halten für ihre Mitmenschen auch noch ein anregendes Wechselbad der Gefühle bereit. Sie neigen ungemein zu dramatischer Gefühlsduseligkeit der melancholischen Art und brechen gerne unvermittelt und unter Tränen zusammen. Dann wieder sind sie liebenswürdig und aufgeschlossen wie ein Werbeberater, kurz darauf abermals melancholisch wie eine Schmalzlocke. Ihr Repertoire an Gefühlen deckt die volle Skala ab: Sie sind kindisch wie die BILD-Zeitung, störrisch wie ein Esel oder introvertiert und zurückhaltend wie ein Schwarzes Loch, albern wie Karnevalisten und tiefgründelnd wie ein Öko auf dem Kosmos-Trip - man weiß nie, woran man ist.

Die Neigung zur Launenhaftigkeit macht Krebse ungemein beliebt. Wenn Sie psychisch ein wenig Achterbahn fahren wollen - verbinden Sie sich freundschaftlich mit einem Krebs. Sie bekommen außerdem eine gehörige Portion Intoleranz gratis dazu. Sagenhaft ist auch die Ängst-

lichkeit der Krebse. Eine ganze Industrie lebt davon: Krebse sind die Hauptabnehmer für High-Tech-Schließanlagen sowie utopische Alarm- und Sicherheitssysteme. Das kostet die um ihre Sicherheit und ihren Besitz besorgten Krebse meist um ein Vielfaches mehr, als wenn sie dreimal völlig ausgeraubt würden.

Dabei sind Krebse keineswegs wehrlos. Ihr dicker Panzer schützt sie gut; Krebse beherrschen wie niemand sonst die Kunst des passiven Widerstandes. 125% aller Beamten, die ihren Dienst streng nach Vorschrift abwickeln, sind Krebse. Groll und Ärger machen Krebse zu grausamen Feinden. Wer ihnen dann zwischen die Scheren kommt....

Im Alltag sind Krebse weniger gefährlich, es sei denn für das Nervenkostüm ihrer Nachbarn. Unentwegt schaben und kramen sie in Haus und Garten herum, benutzen Überschall-Rasenmäher, düsenbetriebene Vertikutiergeräte und gewaltig dimensionierte Häkselmaschinen. Wenn sie gerade einmal keinen Lärm machen, hüllen sie verbotenerweise ihre Umwelt in die dunklen Wolken eines Feuers aus feuchtem Laub. Es sind auch stets Krebse, die den Herbst einläuten, indem sie die alten Sommerreifen ihres Wagens im Garten abfackeln.

Nicht zuletzt mit ihrem Hang zu steifer Etikette und rituellen Umgangsformen treiben sie ihre Umwelt in den Wahnsinn. Ein Krebs wird zum Tier, wenn er nicht akkurat mit Grußformel, Anrede, Titel und vollem Namen angeredet wird: „Einen schönen guten Morgen wünsche ich Ihnen, Herr Studiendirektor Doktor Krebs!", und nicht: „Morgen, Willi!" - widerlich! Auf unangemessene Umgangsformen sowie plumpe Vertraulichkeiten und kumpelhaftes Schulterklopfen reagieren Krebse mit ewiger, inbrünstiger Feindschaft.

Das Element des Krebses ist das Wasser. Das bemerkt man auf Schritt und Tritt. Ständig trifft man den Krebs beim Sprengen seines Rasens, beim Anlegen eines Feuchtbiotops oder Waschen seines Wagens an. Krebse fühlen sich nur wirklich wohl, wenn Pfützen und Rinnsale ihre Füße umplätschern. Es sind immer Krebs-Männer, die von draußen hereinkommen, einen Schwall Wasser hinter sich lassen und die besten Teppichböden und Parketts verderben.

Der Lebenslauf des Krebses
Von früher Kindheit an ziehen Krebse sich zurück. Während andere Kinder sich draußen laut johlend die Fresse polieren oder interessante Doktorspielchen abziehen, sitzt das Krebskind im Keller, zählt die Briketts oder poliert die Rohre der Ölheizung. Das bleibt ein Leben lang so. Wenn sich andere auf rauschenden Festen amüsieren, bei Parties vor Lustgewinn den Überblick verlieren oder im öffentlichen Leben ganz groß herauskommen, hockt der Krebs in seinen eigenen vier Wänden, sieht sich im Familienalbum Fotos von Mami und Papi an, guckt Dias mit denselben Hauptdarstellern oder nudelt unentwegt Schmal- oder Videofilme herunter, die Krebse in verwandtschaftlicher Verwicklung mit anderen Krebsen zeigen. Überhaupt ist das Leben der Krebse eine einzige Familienorgie. Fremde (igitt!) nehmen sie überhaupt nur wahr, wenn es unumgänglich ist (Finanzbeamte, Gerichtsvollzieher, Vorgesetzte) oder um sie zu Verwandten zu machen (potentielle Ehepartner). Wie der Kuß eines Vampirs macht der Kuß eines Krebses einen Fremden zwangsläufig zu einem Verwandten. Vorsicht also - Krebse sind in dieser Hinsicht völlig humorlos und spaßen nie!

Wenn Krebse überhaupt Feste feiern, dann Familienfeste. Jubiläen, Geburtstage, Feiertage, Weihnachten, Ostern und natürlich ganz besonders der Muttertag geraten Krebsen zu wahren Orgien der Blutsverwandtschaft. Tausende von Krebsen reisen an; Hunderte ruinieren unter unentwegtem „Prost!" ihre Lebern mit Bier und Korn; Dutzende lassen ihr Leben, hinweggerafft von zentnerschweren Buttercreme-Torten. Krebse, die solche schweren Prüfungen überleben, steigen in der Hierarchie der Großfamilie zu Rang und Ansehen auf. „Er war schon damals bei der Silberhochzeit in Gmünd dabei! Was wurde da gefeiert!", bemerken anerkennend Jung-Krebse, als gelte es, einen Kriegsveteranen zu ehren.

Apropos Krieg: Etwa 35% seines Lebens verbringt der männliche Krebs im Nachbarschaftsstreit vor Gericht. Krebse streiten sich um eine um zwei Zentimeter unvorschriftsmäßige Grenzüberbauung oder um illegal überhängendes Obstgeäst. Wenn der Nachbarschaftsstreit zur olympischen Disziplin erhoben würde, wären alle Medaillen-Gewinner Krebse.

Die glücklichen Jahre
im Sternzeichen Krebs liegen zwischen dem 31. und 42. Lebensjahr - vermutlich weil in diesem Zeitraum der erste Bausparvertrag ausgezahlt wird.

Krebse im Beruf
Wer den spießigen Krebs kennt, weiß, daß er beruflich nicht viel zu erwarten hat. Das wichtigste für einen Krebs im Beruf ist Sicherheit. Wenn er nur unkündbar ist (Beamte!), läuft er zu subalterner Hochform auf.

Er scharwenzelt um seine Vorgesetzten, verrichtet brav und zuverlässig die dümmsten Jobs und strebt, eifrig auf seinen unterwürfigen Dackelblick zählend, nach baldiger Beförderung zum Unterbezirksleiterassistenten.

Fleißig im eigentlichen Sinne sind Krebse nicht; sie machen sich bei der Arbeit nur ungern (und wenn es gar nicht zu vermeiden ist) die Finger schmutzig. Wenn sie einer harten und anstrengenden Arbeit aus dem Weg gehen können und sich keinen Vorteil für ihre Kriecher-Karriere erhoffen, tun sie es bestimmt. Teamwork und Zusammenarbeit sind für Krebse Fremdworte.

Wen wundert es, daß sich Krebse mit Vorliebe Berufe suchen, in denen sie allein und ohne jede Störung irgendwo in einer Ecke herumkramen können? Mit großem Eifer vergraben sich Krebse in Ausgrabungsstätten, Archiven oder Museen, jeweils unter dem Vorwand, Kunst-, Literatur- oder Musikgeschichte oder gar Archäologie zu betreiben. Kein Wunder, daß der rückwärtsgewandte Krebs am

Alten, Überkommenen hängt und auch beruflich nichts Neues bringt. Klar, daß auch Historiker, Ahnen- und Heimatforscher meist Krebse sind.

Eine andere seltsame Neigung bestimmt die Berufswahl mancher Krebse: Der Drang zum Feuchten, zu irgendwelchen wässerigen Angelegenheiten. Überdurchschnittlich oft sind Krebse mit der Herstellung oder dem Vertrieb von Flüssigkeiten beschäftigt - sie pantschen halt gern herum. Brauereien, Gastwirtschaften, Milchbars und Abfüllstationen für POPSI COLA ziehen Krebse beruflich magisch an. Ihre Liebe zu allem Wäßrigen drücken Krebs-Kellner vor allem dadurch aus, daß sie überdurchschnittlich oft ein volles Tablett sausen lassen. Ein Krebs-Kellner ist erst zufrieden, wenn er von oben bis unten naß ist. Gelingt ihm dies nicht beim Servieren, platscht er beim Gläserspülen, bis ihm das Wasser bis zu den Kniekehlen steht.

Krebse sind es, die unseren Wein verwässern und unseren Schnaps verdünnen. Aus der Art geschlagene Krebse können Sprit und Wasser nicht mehr auseinanderhalten und werden Tankwarte oder Fernfahrer auf einem Heizöl-Tankwagen.

Künstlerisch ambitionierte Krebse engagieren sich in der Musik oder der Literatur - leider sind es viel zu viele. Gerade Krebs-Tondichter komponieren die sülzigsten Hochzeitsmärsche - nicht umsonst ist kein einziger Krebs-Komponist zu länger anhaltendem Ruhm gelangt. Krebs-Schriftsteller verfassen abseitige Familienromane und vermutlich auch etwa 75% aller Fernsehserien.

Krebse, die nicht an künstlerischer Selbstüberschätzung leiden, steigen auf ästhetisch niedrigerem Niveau ein. Sie ziehen es vor, Jahrmarkts-Sensationen zu fabrizieren und ihr Leben als reisende Artisten zu fristen. Der Vollidiot, der aus fünfzig Metern Höhe in einen Putzeimer voller Wasser springt, muß schon wegen seines Faibles für dieses Element ein Krebs (oder Wassermann) sein.

Weniger idiotische bzw. gebildete Krebse ergreifen handfestere Berufe: Exportkaufmann, Hotelier, Gastwirt. Vermutlich sind deshalb so viele Wirte mürrisch und kontaktscheu - weil sie Krebse sind.

Die berufliche Karriere des Krebses nimmt einen für dieses Sternzeichen typischen Verlauf: auf und ab. Das liegt vor allem an den unrealistischen, völlig spinnerten Ideen des jungen Krebses. In der Jugend wollen manche Krebse Astronaut, Mannequin oder Lokomotivführer werden; eben dieselben Traumtänzer werden nach dem 30. Lebensjahr Verlagssekretärin oder Heringsbändiger - weil ihnen die Muffe saust, wenn sie daran denken, daß sie die Fleißpünktchen für die Rente nicht mehr zusammenbringen könnten.

Als Kollegen und Untergebene sind Krebse unausstehlich. Sie sind kleinkrämerisch, pingelig und nachtragend. Erlittene „Ungerechtigkeiten" vergessen Krebse nie. Wehe, wenn jemand einem Krebs auf dem Betriebsausflug ein Biermärkchen stiehlt! Er hat einen Erzfeind fürs Leben. Wehe dem Chef, der einen Krebs ungerechtfertigt tadelt! Der Krebs wird erst ruhen, wenn das gesamte Unternehmen in die Hände des ärgsten Konkurrenten fällt oder Konkurs anmelden muß.

Noch ein wichtiger Tip für alle, die unter einem Krebs-Chef arbeiten: Der Glückstag des Krebses ist der Montag. Da Ihrem Chef dieser Umstand bewußt ist und er betriebswirtschaftlich nur wenig auf dem Kasten hat, wird er alle wichtigen Entscheidungen zu Wochenbeginn treffen wollen. Meiden Sie also den Montag wie die Pest! Am besten, Sie machen blau...

Krebse und das Geld
Wie alles an den Angehörigen dieses Tierkreiszeichens, verdient auch das Bankkonto des Krebse das Prädikat mittelmäßig. Zudem brauchen Krebse lange, bis sie zu ein klein wenig Geld kommen. Wenn sie endlich ein paar Mark auf der hohen Kante haben, geben sie gleich wieder alles für die Anschaffung einer Echt-Altdeutsch-Schrankwand in Spanplatte massiv oder für den Kauf anderer bleibender Werte aus. Ältere Krebse kaufen mit Vorliebe Antiquitäten, die ihnen zu Hause unentwegt im Wege stehen oder alte Bücher, die sie zwar nie lesen, aber nur allzugern im Regal ihrer Schrankwand gleich neben der Säuferklappe verstauben lassen.

So sehr Krebse auf Familie stehen, so geizig sind sie ihren Lieben gegenüber. Ein echter Krebs bastelt lieber aus Gips und Schuhwichse eine fast antike Kaminplatte für Onkel Erwin, als daß er das „echte" Stück in massivem Vollplastik im Baumarkt an der Ecke erwirbt.
Aus welchem Grund auch immer: Geldausgeben ist für Krebse eine echte Qual. Sie werden von Schuldgefühlen geplagt und fragen sich oft wochenlang, ob es denn nun wirklich schon notwendig gewesen sei, eine neue Packung Toilettenpapier anzu-

schaffen. Nur der Aspekt der Werterhaltung entschuldigt das Geldausgeben - 125.000 Firmen, die ekelhafte Fast-Antik-Möbel herstellen, werden ausschließlich von Krebsen als Käufern unterhalten.

Im allgemeinen gilt für Krebse: je größer die Zukunftsangst, desto dicker das Sparbuch. Eine Mark zur anderen legen - das beherrschen Krebse eben noch. Wenn aber Krebse, die ihre Fähigkeiten überschätzen, an der Börse spekulieren, haben sie ein untrügliches Gespür für Mißgriffe und gehen regelmäßig pleite. Kluge Spekulanten stoßen ganze Aktienpakete und komplette Fonds ab, wenn nur ein einziger Krebs eine einzige Aktie zu kaufen beabsichtigt. Konzernchefs erschießen sich oder stürzen sich aus dem Fenster ihres Penthauses, wenn sie erfahren, daß tatsächlich ein Krebs eine Aktie ihres Konzerns erworben hat.

Krebse und ihr Automobil
Krebse fahren alles, was bieder aussieht - mißglückte kistenförmige Limousinen mit Mammut-Kofferraum wie den VW Jetta und den Ford Orion finden Krebse ungemein attraktiv. Außerdem ist es eine Grundbedingung für den Kauf, daß der Wagen zumindest drei Rückwärtsgänge besitzt. Wichtig für Angehörige anderer Sternzeichen: Krebse sind beim Autofahren leicht zu erkennen- sie tragen immer einen Hut.

Die Schokoladenseiten
Schokoladenseiten? Welche denn? Ach ja - auf irgendeiner rauschenden Fete trifft man garantiert keinen einzigen Krebs. Wie schön...

Die Schattenseiten
Macke Nr. 1: Krebse können einfach nichts wegwerfen. Sie bewahren alles auf, ob es sich nun um rostige Nägel, leere Konservendosen oder Teppichbodenreste handelt. Vielleicht kann man es ja irgendwann zu irgend etwas brauchen - oder der antiquarische Wert steigt ins Astronomische.
Macke Nr. 2: Oft wächst sich diese Eigenschaft zu einer massiven und systematischen Sammelwut aus. Krebse sammeln Briefmarken, Bierdeckel, Zündholzschachteln, Probepackungen, Minifläschchen,

Eisenbahnzubehör, Militaria, Glasobjekte, Verhütungsmittel aus der Ming-Dynastie, Münzen und Banknoten, Aktien, antike Korsetts, Ölsardinen in Dosen, utopische Stahldrahtmöbel, Automobile aus der frühen Steinzeit und Faustkeile aus der südlichen Bronx.

Zum Glück halten Krebse ihre Sammlungen für äußerst wertvoll und heben sie tief in finsteren Kellern, Katakomben und Banktresoren auf. Einmal hervorgeholt, würde das von Krebsen angehäufte Sammelgut genügen, ganz Europa unter einer dreißig Meter hohen Schicht von Gerümpel zu begraben.

Macke Nr. 3: Besonders nervend für Angehörige anderer Sternzeichen ist der Umstand, daß Krebse nur zu gerne aus ihrer Kindheit erzählen. Sie vergessen alles um sich herum, blühen in Erinnerungen schwelgend auf und laufen vor Erregung krebsrot an. Daß ihr Geschwafel niemand interessiert, bemerken sie nicht. Ihre Ursache hat diese Neigung zur

Kindheits-Nostalgie in der sentimentalen Ader der Krebse. „Damals war ich noch so herrlich unschuldig und dumm", schwärmen sie zu gern. Heute sind sie nur noch dumm.

Der große Horror
a) kochendes Wasser in den Kochtöpfen eines Restaurants
b) Möwen mit hartem Schnabel, die Krebse auch roh vertilgen

Die Gesundheit des Krebses
Eigentlich ist es verwunderlich, daß es immer noch gesunde Krebse gibt. Angehörige dieses Sternzeichens verfügen nämlich über ein derart langsames Reaktionsvermögen, daß längst alle irgendwelchen Unfällen erlegen sein müßten. Wie schnell Krebse sind, können Sie weiter unten („Die typische Ausrede") nachlesen. Vielleicht liegt die hohe Überlebensquote daran, daß es so viele Krebse gibt: Wenn Krebse Auto fahren, ist der allgemeine Verkehrszustand der Stau.
Krebse, die nicht einem Unfall erliegen, bekommen mit Vorliebe Husten und Bronchitis. Dies läßt sich nur vermeiden, wenn ein Krebs in der kalten Jahreszeit täglich mindestens zwölf Stunden am warmen Ofen sitzt.
Vom ewigen Rückwärtstrott kriegen es Krebse häufig am Meniskus oder sonstwie am Knie - Menschen sind für den Vorwärtsgang gebaut. Auch an Haut- und Nierenleiden haben Krebse viel Spaß. Sie nutzen sie, um einfach im Bett - und damit zu Hause - zu bleiben.

Ärger schlägt Krebsen auf den Magen. Sie leiden unter Sodbrennen, Magenschmerzen und -geschwüren und vertilgen Unmengen von Kräuterschnäpsen und Magenlikören - und zwar so viel, daß ihnen der auslösende Ärger und die ganze Magenverstimmung völlig gleichgültig sind. Je friedlicher der Alltag des Krebses verliefe, desto gesünder seien sie - behaupten Krebse. Die Wirklichkeit sieht anders aus. Der ewige Mief in den eigenen vier Wänden greift die Lungen des Krebses an. Es braucht vier starke Männer, um einen Krebs regelmäßig hinaus in den Garten zu zerren, damit er wieder einmal Frischluft atmet. Erst ein kompletter sauertöpfischer Gebirgsverein (Mitglieder ausschließlich Krebse!) kann einen Krebs zum Wandern in der freien Natur bewegen.

Gleichgültig, woran kranke Krebse leiden: Hauptsymptom ist stets das Selbstmitleid. Krebse klagen und lamentieren so lange über einen Schnupfen, bis sie sich tatsächlich die Pest an den Hals gejammert haben. Die beste Behandlung ist in diesem Falle die Holzhammer-Methode. Ein besinnungsloser Krebs kann nicht jammern und gesundet deshalb meist schnell. Der Dachschaden, den der Krebs vielleicht zurückbehalten könnte, ist nicht weiter wichtig. Den hatte er zuvor auch schon.

Überhaupt sind die sogenannte Roßkur und die Holzhammer-Methode die einzigen Therapieformen, die bei Krebsen wirken. Mißtrauisch, wie Krebse sind, vermuten sie hinter jedem Medikament den Versuch des Arztes, sie zu vergiften, nehmen nur mikro-

skopisch kleine Dosen davon ein oder verfüttern die Pillen probehalber an ihre Haustiere.

Das Lieblingsgetränk
Der Favorit: „Hägermeister", „Wunderzwerg" oder andere scharfe Magenkiller. Krebse nehmen sie liegend, stehend, sitzend, heiß, kalt, aus Gläsern, Flaschen und Dosen zu sich - kurz gesagt: in jeder Lebenslage.

Die Lieblingsspeise
Krebse essen wider jeden Verstand. Sie wissen ganz genau, daß sie einen überempfindlichen Magen haben, vertilgen aber mit Vorliebe alles, was ihnen nicht bekommt. Ihre beiden Freßzustände:

A. Der herzhafte Anfall
In diesem Zustand konsumieren Krebse scharf Gebratenes, übermäßig gesalzene und gewürzte Speisen sowie arktisch kalte oder vulkanisch heiße Gerichte. Anschließend halten sie sich den Wanst, jammern stundenlang herum und schreien nach einem Arzt oder tausend Litern Magenschnaps.

B. Die süße Sünde
Süß gelüstet es entsprechend disponierte Krebse im Wechsel mit herzhaften Freßanfällen. Unmengen Weißbrot und Gebäck, Kekse, Marmelade, braune Nuß-Nougatcreme-Gebirge, Pralinen, Schokolade, Bonbons, Pudding, ganze Zuckerhüte und andere Süßigkeiten werden in den empfindlichen Krebsmagen gestopft, bis den Krebsen der Blutzuckerspiegel aus den Ohren quillt und beim Autofahren als Rückspiegel zu verwenden ist. Dann fallen Krebse ins Zuckerkoma, aus dem sie schon Minuten später wieder erwachen - um nun wieder einem herzhaften Freßanfall zu erliegen.
Weiter stehen Krebse auf wässerige, aber scharf gewürzte Suppen und auf wässeriges Speiseeis. Überhaupt fasziniert sie jede Nahrung, die in großen Mengen Wasser enthält. Am allerliebsten verzehren sie daher vollsynthetischen Nitrat-Kochschinken, der mit großen Mengen Wasser „aufgeblasen" ist.
Die Dinge, die Krebsen am besten bekämen - Vollkornprodukte und frisches Gemüse -,

würgen sie nur gelegentlich und mit deutlichem Widerwillen hinunter.

Das bevorzugte Lokal
von Krebsen sind die eigenen vier Wände. Wenn Krebse einmal ausgehen, dann nur in Etablissements, die ebenso geschmacklos wie ihr eigenes Heim eingerichtet sind und in denen dieselben unsäglichen Speisen und Getränke in derselben brisanten Mischung kredenzt werden wie bei Mutti zu Hause. Wie es dort zugeht, können die Autoren nicht sagen. Sie suchen solche Plätze nicht auf. Igitt!

Das Lieblingstier des Krebses
Das Wappentier aller Krebse ist das Pantoffeltierchen - schon allein deshalb, weil sein Name so ungemein häuslich klingt.
Lieblingstier in puncto Zuneigung ist der Krebs (logo!). Weiter mögen Krebse alle Tiere, die ständig in irgendwelchen Häusern hocken, also Schnecken, Kühe, Schweine (die am liebsten gebraten), Brieftauben und Meerschweinchen.
Hausratten und -mäuse hassen sie, weil sie ihnen den Lebensraum streitig machen.
Außerdem fühlen sich Krebse mit allen Tierarten verbunden, die wie sie selbst rückwärts gehen, also zum Beispiel.... zum Beispiel.... Ach, lassen wir das.
Ungeliebt bei Krebsen sind alle lebhaften Tierarten, die es hinaus in die Fremde treibt - also Zugvögel, Schmetterlinge, Wanderratten und Lemminge. Obwohl sie mit denen wiederum etwas gemeinsam haben. Die Zukunftsperspektive nämlich...

Die typische Sportart für Krebse
Seltsamerweise zieht es Krebse immer wieder zum Wasser hin - deshalb treiben sie sich in ihrer Freizeit an Flüssen und Seen oder am Meer herum, ohne eigentlich zu wissen, warum. Damit die Angehörigen anderer Sternzeichen sie nicht für komplett verrückt halten, geben Krebse vor, das Angeln, Segeln, Schwimmen, Paddeln und Wassertreten über alle Maßen zu lieben. Jeder zweite Surfer ist ein Krebs - die andere Hälfte sind Wassermänner.

Das Lieblingsbuch
des Krebses ist die Sammelmappe der „Gartenlaube" oder der Kleckermann-Katalog. Weniger vollspießige Krebse (gibt es die?) ziehen „Der Wendekreis des Krebses" von Henry Miller vor.

Der Lieblingsfilm
Der absolute Hammer-Film aller Krebse ist „Casablanca". In welchem Streifen sonst sagt der Held seiner Geliebten einen so unvergleichlich unvergeßlichen Satz: „Ich schau' dir in alle Augen, Kleines...!" Und in welchem Film hat der Held so unvergleichlich große Scheren? Die Lieblings-Fernsehserie aller Krebse ist - na? „Die Lindenstraße"!

Die Lieblingsmusik
Auch hier lieben es Krebse häuslich. Junge Vertreter dieses Sternzeichens ziehen elektronisch-utopische Hausmusik am Keyboard vor, während ältere Krebse die riesengroße Konsumentengruppe sind, die Margot und Marita Hellsicht, „Die Egerlinger Wurzenbuam", den echten und einzigen Heino und ihre zahllosen Kollegen finanziell am Leben erhalten. Überhaupt mögen Krebse musikalisch alles, was irgendwie volkstümelt und anheimelnd häuselt.
Jazz ist für Krebse viel zu weltoffen. In der Oper schätzen sie Wagners „Rheingold" besonders, vermutlich weil sie hoffen, daß irgendwann einmal ein riesenhafter Flußkrebs aus den Fluten des Stromes aufsteigen wird. Beim Ballett sind es mit Vorliebe wässerige Sujets, die Krebse lieben, z.B. „Schwanensee".

Eine Krebs-Besonderheit: die ungemein abgeflogene Stereo-Anlage. In den Wohnungen von Krebsen befindet sich eine unglaubliche Sammlung mörderischer Großbeschallungsanlagen im mattschwarzen Rallye-Design, die, würde man den Lautstärkeregler ganz aufzureißen wagen, augenblicklich den Häuserblock in Schutt und Asche legen würden...

Das bevorzugte Reiseziel
Auf der Hand liegt eine besondere Eigenschaft von Krebs-Urlaubern. Sie verreisen nur, wenn am Urlaubsort ein

Ferienhaus oder eine gemütlich (würg!) eingerichtete Ferienwohnung auf sie wartet. Schließlich kann man die exotische Ferne ja nur genießen, wenn man sich wie zu Hause fühlt. Und letztlich und endlich will man ja mit seinesgleichen unter sich sein.
Krebse lieben es affenheiß; sie sind ausgesprochene Sonnenanbeter. Wahrscheinlich haben sie zu viele FUI-Touristikprospekte gelesen. Es sind Krebse, die an allen Stränden dieser Welt in der Sonne verbrennen und anschließend krebsrot durch die Gegend rennen, um kleine Kinder zu erschrecken. Kühle Reiseländer suchen Krebse selten auf; sie mögen Kälte ebensowenig wie den Winter.
Krebse lieben auch auf ihren Reisen das Rückwärtsgewandte und Überkommene; sie nennen historisch oder romantisch, was Angehörige anderer Tierkreiszeichen als alt und vergammelt bezeichnen würden. Tausende und Abertausende von Krebsen schleppen jedes Jahr ihren geplagten Touristenkörper durch Burgruinen, Schlösser, alte Kirchen und Klöster, Paläste und Residenzen - auf der Suche nach... wonach eigentlich? Wenn ihnen davon die Socken qualmen und sie kurz vor dem Zusammenbruch sind, kriechen sie mit letzter Kraft in die freie Natur hinaus, wo sie sich auf Waldwiesen zu erholen trachten. Dabei ziehen sie solche mit einem Bach (Element Wasser!) vor. Neunundneunzig Prozent aller Wanderer, die sich auf Waldwiesen die Kniestrümpfe ausziehen und mit ihren Käsefüßen das frische Wasser vergiften, sind Krebse.

Die typischen Drogen
Die typische Droge des Krebses ist das Bier, schon weil es so wässerig ist. Krebse, die ihr Sternzeichen mit „Hummer" angeben, trinken allerdings ausschließlich Champagner.

Die typische Ausrede
Entschuldigung Nr. 1: „Es ging mir einfach viel zu schnell!" Wenn ein Krebs-Mensch Weinbergschnecken sammeln will, kommt er stets ohne Beute zurück. Seine Entschuldigung: „Ich wollte sie mir gerade schnappen, aber - wutsch! - war sie weg!"
Entschuldigung Nr. 2: „Ich

stand im Stau - und irgendwie ging es plötzlich nur noch rückwärts weiter."

Die Leiche im Keller
Krebse lieben die Doppelmoral: Steuerhinterziehung, Bauen ohne Genehmigung, klammheimliches Überschreiten der Grundstücksgrenzen und Ladendiebstahl sind ihnen ein Greuel. Wer so was tut, frißt auch kleine Kinder. Seltsamerweise sind Steuerhinterziehung, Bauen ohne Genehmigung, klammheimliches Überschreiten der Grundstücksgrenzen und Ladendiebstahl auch gerade die typischen Krebs-Delikte...

Die Glanztat
Als „König des Humbugs" ging der amerikanische Krebs Phineas Taylor Barnum (* 5.7.1810) in die Geschichte ein. Er begründete seinen Reichtum mit der Zurschaustellung einer alten Negerin, die die Amme von George Washington (22.11.1732 - 14.12.1799) gewesen sein soll - und von sich sagte, sie sei 160 Jahre alt. Die Leute waren schon damals nicht ganz richtig im Oberstübchen, glaubten ihm und zahlten reichlich. 1844 brach Phineas Taylor Barnum mit einer haarsträubenden Curiosity-Show der Abnormalitäten über Europa herein... Was lernen wir daraus? So oder ähnlich sehen die Glanztaten von Krebsen aus.

Die ganz große Niederlage
erlebte nicht der Krebs Walter Ulbricht (* 30.6.1893), sondern erst sein Nachfolger, die Jungfrau Erich Honecker (* 25.8.1912), als am 9.11.1989 die Große Mauer fiel (nicht die chinesische, Sie Volltrottel!). Was klar und deutlich demonstriert, daß Krebse es glänzend verstehen, ihre Fehler und Schandtaten relativ unbeteiligten Dritten in die Schuhe zu schieben. Und daß Jungfrauen so dämlich sind, sich alles mögliche in die Schuhe schieben zu lassen.

Der ganz große Hammer
Ein typisches Beispiel für die möglicherweise doch im empfindsamen Krebs schlummernden dunkel-triebhaften Kräfte des Bösen liefert der französische Graf von Barras (* 30.6.1755), dessen brutale Energie und rücksichtslose

Grausamkeit der Revolution zum Sieg und Napoleon zum Aufstieg verhalfen. Allerdings handelte der Graf von Barras nicht uneigennützig - er erwarb mit Hilfe seiner korrupten Freunde ein ungeheures Vermögen, das ihm ein Leben in Saus und Braus ermöglichte. Noch heute kann einem der alte Graf von Barras auf die Nerven gehen - wenn man(n) zum Barras muß.

Krebse und die Liebe
Krebse sind erotisch so ausgesprochen klebrig wie ein Fliegenfänger. Nur zu oft leiden sie gleich nach dem ersten „Guten Tag!" unter unerschütterlicher Zuneigung und Liebe bis in den Tod. Ihre Fantasie geht mit den Krebsen durch; sie vermuten stets sofort die unsterblich große Liebe ihres Lebens und verfolgen die unglücklichen Opfer ihrer Leidenschaft mit großer Ausdauer. Sie belagern deren Wohnung, verfolgen das Objekt ihrer Zuneigung gar auf Auslandsreisen und flippen völlig aus, wenn sie es zu Gesicht bekommen. Sie jammern wie rollige Kater, reißen sich vor Erregung die Kleider vom Leibe und die Haare vom Kopf oder schließen blindlings Dutzende von Bausparverträgen ab, um die Ernsthaftigkeit ihrer Werbung zu doku-

mentieren. Auf den gutgemeinten Rat, nichts zu überstürzen und in Liebesdingen behutsam vorzugehen, hören Krebse ja unter keinen Umständen.

Der Krebs-Mann
Tief im Innern des Krebs-Mannes schlummert ein widerlicher, rücksichtsloser Schürzenjäger, der vor nichts zurückschreckt und ohne Skrupel Dutzende von Herzen brechen würde. Zum Glück ist dieser Wolf im Schafspelz durch einen Käfig massiver Ängste, spießbürgerlicher Hemmungen und übertriebener Gefühle gezähmt. Aus Angst vor AIDS lassen Krebse die besten Gelegenheiten aus. Der reine Horror vor dem öffentlichen Nacht-

leben bringt sie dazu, ihre Gespielinnen per Kontaktanzeige zu suchen. Wenn sich nur eine meldet, wird halt die genommen. Immer noch besser, als in fragwürdigen Kneipen, Tanzschuppen und Nachtlokalen nach Alternativen zu suchen. In ihrem Gefühlsüberschwang nimmt Krebs-Männer zudem schon eine einzige Affäre so in Beschlag, daß sie ihren weiteren Ambitionen nicht mehr nachgehen können. Das Zeug zum Casanova haben sie nicht.

Die armen Frauen, die auf Krebs-Männer hereinfallen, haben einen langen Leidensweg vor sich: Jahre, womöglich Jahrzehnte einer Ehe mit einem Krebs liegen vor ihnen, in denen er seiner Gattin vor allem eines immer wieder sagen wird: Nein, nicht daß er sie unsterblich liebt. Jeden Tag aufs neue wird er ihr sagen, daß sie seiner Mutter in keiner Weise das Wasser reichen kann. Nicht genug: Zudem quält er sie auch noch mit übermäßiger Eifersucht, die aus seinen Minderwertigkeitskomplexen erwächst. Welche Frau hält das länger als zwei Wochen aus?

Die Krebs-Frau
Krebs-Frauen reagieren in der Liebe ebenso unbeherrscht und zügellos wie Krebs-Männer. Sie nennen ihren Liebsten in aller Öffentlichkeit „Schnurzebuckel" oder „Schweineschnüssel" und sind vor Liebe so blind, daß sie ständig irgendwelchen Heiratsschwindlern oder Mitgiftbetrügern aufsitzen. Einmal verheiratet, ersticken sie ihre lieben Männer zuerst mit riesenhaften Dosen von Zuneigung und quälen sie später mit unglaublicher Eifersucht.

Nicht selten aber wechselt die Krebs-Frau blitzschnell aus der Ehefrauen- in die Hausfrauen-Rolle, und spätestens, wenn das erste niedliche Kind zur Welt kommt, ignoriert sie ihren Gatten völlig - oder behandelt ihn bestenfalls wie ein Möbelstück, das gelegentlich einmal abgestaubt werden muß. Mehr Zuwendung hat sie für ihren Ehemann nicht übrig - der Rest ihrer Liebe verraucht in Putzorgien und Bemutterungsanfällen für ihre Kinder. Im übrigen sind Krebs-Frauen vor allem eines: teuer. In jungen Jahren lieben sie Kleider und Accessoires und tragen dafür Unsummen in Geschäfte und Boutiquen. Später verfallen sie dem Einrichtungswahn. Sie sind es, die ihre Männer zur Anschaffung teuerster Möbel und Teppiche bewegen, wobei teuer nicht immer gleich gut sein muß. Der Geschmack von Krebs-Frauen ist berüchtigt: „abgestanden" und „altbacken" können nur zum Teil den Horror umschreiben, den Krebs-Frauen in ihren vier Wänden anrichten.

Nicht genug mit der Einrichtung - das traute Heim will gepflegt sein. Statt sich um das körperliche, geistige und vor allem erotische Wohlbefinden ihres Gatten zu kümmern, verpulvern Krebs-Frauen ihre sexuellen Energien an Staubsauger und Staubtuch; ihre libidinöse Beziehung zum Wischlappen ist weitaus stärker als die zu ihrem Erwin oder Willi. Der Clinch mit Wasch- und Spülmaschine erregt sie deutlich mehr als das traute Liebesspiel in Ehebett oder Liebeslager.

Klar, daß 99,8% der Partner einer Krebs-Frau ständig und wiederholt fremdgehen. Auch die Krebs-Frau kommt übrigens von Mutti (und Vati) zeitlebens nicht los. Nur zu gern vergleicht sie deren Qualitäten mit denen ihres Göttergatten. Klar, daß er schlecht abschneidet. Ebenso klar, daß er stinksauer ist.

Die typische Anbagger-Szene
Der am häufigsten verwendete Anbagger-Trick von Krebs-Männern ist die abgegriffene Nummer mit der Briefmarkensammlung. Neuzeitliche Krebse variieren sie bereits (Sammlung von Werbespots, Kaufhaus-Design o.ä.)

Bevorzugte Stellungen
Krebse treiben es am liebsten im Dunkeln und wenn Mutti nicht in der Nähe ist. Stellungen kennen sie nur eine, alles andere ist pervers. Wenn sie doch mal etwas anderes ausprobieren, laufen sie tagelang mit dem astreinen Gefühl herum, ungeheuer verrucht und verdorben zu sein.
Wenn Mutti einen Krebs beim Sex erwischt, zieht sie ihm die Ohren lang.

Idealpartner
Wenn überhaupt, passen Krebse mit Skorpion und Fisch

zusammen. Durchschnittlichen Ehe- oder Partnerschafts-Horror ergeben Verbindungen mit Löwe, Krebs, Jungfrau oder Stier. Auch mit Zwillings-Partnern ist einiges an erotischem Ramba-Zamba gebacken.

Widder, Steinbock und Waage haben mit Krebsen meist nichts als Ärger. Waagen sind dem spießigen Krebs zu leichtfüßig und windig. Steinböcke denken immer nur an die Kohle, meinen zumindest Krebse. Und der Widder hat dem Krebs einfach zu schlechte Manieren.

Endlos öde gestalten sich Verbindungen von Krebsen mit Schütze und Wassermann. Im Falle des Wassermanns verwundert dies ein wenig, besteht doch der gemeinsame Hang zur Feuchtigkeit. Aber hier erweist sich die gemeinsame Neigung als Hinderungsgrund: Wenn Krebs und Wassermann zusammenleben, läuft zwar erotisch nichts ab, aber alle zwei bis drei Tage irgend etwas aus - die Verbindung mit den meisten Wasserschäden in der Wohnung überhaupt, sagt die Statistik der Versicherungsgesellschaften.

Der verschwenderische Löwe
23. Juli - 23. August

Das Element: Feuer
Das Gestirn: Sonne (was sonst?)
Die Stärken: Lebenskraft, Autorität, Macht, Großzügigkeit
Die Schwächen: Prahlerei, Arroganz, Eitelkeit, Verschwendungssucht, Überempfindlichkeit gegen Kritik
Das Motto: „Ich will!" (was sonst?)
Die magische Pflanze: Eiche, Walnuß, Weide, Olive, Wein, Heckenrose, Lavendel, Weizen (Weißbrot!), Löwenzahn
Die magische Farbe: Gold, Gelb, Rot
Die magische Zahl: Eins (was sonst?)
Der ideale Wochentag: Sonntag (was sonst?)
Der Vokal: „au" (wie **Au**dienz)
Der edle Stein: Rubin
Der ideale Name: Männliche Löwen heißen Leo, Karl, Maximilian, Alexander, Franz, Heinrich oder Napoleon. Weibliche Exemplare nennen sich am besten Elisabeth, Wilhelmine, Herta, Stefanie oder am besten gleich Sissi.
Der Standardtyp: Stark ausgeprägter Oberkörper, aufrechter Gang, großer Kopf, hohe Stirn, energisches Kinn, buschige Augenbrauen - richtig, der Standard-Löwe erinnert ein wenig an Frankensteins Mon-

ster. Nur dessen Haartracht genügt nicht - Löwen tendieren zum beachtlichen Mähnenwuchs.

Der Charakter des Löwen
Der Löwe ist das Tierkreiszeichen mit der monarchistischen Macke. Löwen sehen sich mit den Eigenschaften des geborenen Herrschers - großmütig, stolz, vital, selbstsicher - kurz: Ein echter Löwe ist der King. Klar, daß Löwen sich selbst für die geborene Führernatur halten, für das wandelnde Leitbild sozusagen. Löwen schätzen sich selbst als den Managertyp, als den großen Macker und Macher ein. Ungeheuer gern stehen sie im Scheinwerferlicht, im Mittelpunkt der Aufmerksamkeit. Ihr Sinn für Dramatik, für den ganz großen Auftritt und die vornehme Rolle ist sprichwörtlich.

Wenn ein Löwe die Halbjahrestagung des Kleingärtner-Vereins „Grüne Laube" eröffnet, wird dieses unbedeutende Ereignis zum Festakt - glaubt zumindest der Löwe, der die Festrede hält.
Löwen fahren auf Macht ab, und sie glauben, daß sie ihnen auch zusteht. Überhaupt geht es ihnen stets nur um eines: um sie selbst. Selbstverwirklichung, Selbstachtung, Selbstbejahung, Selbstbewußtsein sind Begriffe, die Löwen wie geschmiert von der Zunge gehen - nur einen Begriff ignorieren sie nur zu gern: Selbstbetrug. Und nur zu gern fallen sie den Angehörigen anderer Sternzeichen mit ihrem Selbstmitleid auf die Nerven.

Ja, die Wirklichkeit im Tierkreiszeichen Löwe sieht anders aus als das hehre Selbstbild des königlichen Leu: Löwen sind vor allem herrschsüchtig, arrogant, großsprecherisch, eitel, prunksüchtig, stur und prahlerisch - zu allem Überfluß auch noch überempfindlich gegen Kritik. Und der Löwe spielt eine Rolle, die ihm ganz und gar nicht gefällt: Er ist der Don Quichotte unter den Tierkreiszeichen.
Darüber hinaus sind Löwen auch noch krankhaft süchtig nach Bestätigung und Zuwendung. Mitglieder dieses Sternzeichens fallen augenblicklich in einen Zustand massiver Unlust, wenn sie nicht alle 25 Minuten irgendjemand lobt,

bewundert oder umschwärmt. Am liebsten haben es Löwen, wenn sie ständig von einem ganzen Chor umgeben sind, der das Hohe Lied ihrer Lobpreisung singt. Wenn es niemand tut, erledigen sie es selbst. Löwen bezeichnen sich als freigebig und großzügig. In der Tat geben sie mit vollen Händen: Zeit, die sie anderen gestohlen haben, Geld, das ihnen nicht gehört und Wissen, das sie nicht selbst erworben haben. Anders gesagt: Löwen sind schwer verschwendungssüchtig und schwafeln jedermann zur unpassendsten Zeit mit Halbwahrheiten die Ohren voll.

Nur zu passend, daß Löwen auch auf Luxus stehen. Wohnung oder Haus einer Löwensippe quillt über von Edelholz-Möbeln, fetten Orient-Teppichen und schweren Brokattapeten. Selbstverständlich, daß der Löwe nur von Silbertellern ißt. Ebenso undenkbar, daß er etwas anderes als massives Silberbesteck an seine Lippen führt. Selbst auf dem Klo bestehen Löwen noch auf einem vergoldeten Thron. Wie Löwen sich das leisten können?

Lesen Sie selbst nach im Kapitel „Löwen und das Geld".

Der Lebenslauf des Löwen
ist meist ein stetiger Weg nach oben (glauben Löwen), und sie arbeiten mit Beständigkeit darauf hin, König zu werden. Meist schaffen sie es auch irgendwie, eine Planstelle in diesem raren Beruf zu ergattern - und wenn es nur eine als König der Landstraße oder König der Schaumschläger ist.

Die glücklichen Jahre
Nach Angaben ernsthafter Astrologen sollen das die Jahre zwischen dem 19. und 26. Lebensjahr sein; wahrscheinlich deshalb, weil Löwen in dieser Lebensphase noch hemmungslos die wirren Herrscherträume von ihrem Königreich träumen können - später desillusioniert sie das Leben.

Löwen im Beruf
Als Angestellte oder Untergebene sind Löwen völlig ungeeignet - wie sie auch als Arbeitgeber oder Vorgesetzte völlig ungeeignet sind. Eigentlich sind Löwen für das ganze Berufsleben völlig ungeeignet. Sie wissen es nur nicht, und

wenn sie es begriffen haben, behalten sie es für sich. Dennoch ergreifen Löwen immer wieder Berufe - vor allem solche mit bestimmten Vorsilben:

Ober-...

Leitender...

Führender...

Chef-...

Groß-...

Leitender Direktor oder Manager, Chefarzt, führender Offizier, Großkaufmann, Parteivorsitzender, Regisseur - alles Berufe, in denen Qualifikation eher hinderlich wäre, Repräsentation aber alles ist. Klar, daß Löwen auch Juweliere und Kunsthändler werden.

Während also männliche Löwen Tätigkeiten im Berufsfeld der Knalltüten und Angeber bevorzugen, sehen Löwinnen ihr berufliches Terrain mehr

gewerkschaftlich orientiert. Sie wählen Berufe in der IG Luxus und Verschwendung. Sie handeln mit Seidenwaren und Diamanten, Schmuck und Goldwaren, ruinieren arme Ehemänner als Innenarchitektinnen, betreiben Friseurläden, Hutsalons, Parfumerien, Boutiquen, Bordelle und Massagesalons der höchsten Preiskategorie oder Produktionsfirmen im Fernseh- und Filmbereich, die für die hinterletzten Flachfilme Millionen verprassen. Als Zahnärztinnen und Schönheitschirurginnen erreichen sie Honorarklassen, die vermuten lassen, daß das Sternbild Löwe direkt an das des Vampirs angrenzt.

Unter Löwe-Karrieren leiden vor allem andere Tierkreiszeichen. In maßloser Selbstüberschätzung werfen Löwen alle übrigen Konkurrenten aus dem Rennen. Qualifikation spielt bei ihrem meist unaufhaltsamen Aufstieg kaum eine Rolle - Löwen haben beste Beziehungen und können das Maul zu unerträglich lautem Gebrüll aufreißen. Das genügt, um nach oben zu kommen. Leider.

Löwen bewähren sich in verantwortungsvollen Posten - so glauben sie zumindest. Tatsächlich sind Löwen genau die Typen, die immer wieder „weggelobt" werden - einfach weil die anderen Mitarbeiter in der Abteilung die prahlerischen Knallköpfe nicht mehr an der Mütze haben können und sie ihnen maßlos auf die Nüsse gehen. So kommt es, daß Löwen immer irgendwie nach oben gelangen: in den Manager-Etagen der Großkonzerne wimmelt es von Löwen - es werden dort mehr Löwen durchgefüttert als im Raubtierhaus des Zoologischen Gartens. Dort verdienen Löwen wenigstens einen Teil ihres Lebensunterhaltes, indem sie sich begaffen lassen. Als Manager richten Löwen fast immer nur Schaden an.

Nicht genug damit, daß Löwen sich für führungsbegabt halten. Sie glauben von sich auch noch, sie seien kreativ. Löwen haben das unstillbare Verlangen, Neues zu schaffen, Maßstäbe zu setzen, Großes zu tun - kriegen aber nichts geregelt oder rechnen sich den letzten Schwachsinn (z.B. neue Gesetze) als Großtat an. Überhaupt Gesetze: Löwen halten sich für gerecht; tatsächlich sind sie sehr rechthaberisch und werden äußerst ungeduldig und starrköpfig, wenn sie sich im Recht glauben.

Löwen neigen zu Unduldsamkeit, Trägheit, Triebhaftigkeit und Unbeständigkeit, wenn sie einen, wie sie meinen, zu schlechten Posten haben. Der Nachtwächter, der die ganze Nacht über schläft, weil er sich für ein verkanntes Genie hält, ist mit Sicherheit ein Löwe.

Einmal an der Spitze, werden Löwen oft unerträglich. Löwe-Chefs verprassen Tausende und Abertausende für ihre repräsentative Büroeinrichtung, hocken hinter riesenhaft geschmacklosen Mahagonischreibtischen, halten vergoldete Füllfederhalter in der Pranke, ohne auch nur ein Wort mehr als ihre Unterschrift schreiben zu können und brüllen den ganzen Tag herum. Eben wie Löwen. Die Sekretärin eines Löwe-Chefs ist noch kitschiger gekleidet als der vergoldete Deckenlüster teuer war, und die Formen der Dame sind noch überbordender als die fast echte Barockbar mit dem beleuchteten mittelalterlichen Globus, in dem der Löwe seine Zigarren aufbewahrt. Der Nadelstreifen-Anzug des Löwe-Chefs sieht so zuhältermäßig aus, daß selbst ein Zuhälter sich für einen grünen Jungen hielte, und der Firmenwagen gleicht der Prachtkarosse von Dagobert Duck im Wohlstands-Zweikampf mit seinem Milliardärskonkurrenten Klaas Klever.

Löwen und das Geld
Klar, daß Geld für Löwen keine Rolle spielt. Sie haben es, aus welch finsteren Quellen auch immer. Überdurchschnittlich viele Löwen sind Grundstücks- und Wohnungsmakler und ziehen den Angehörigen anderer Sternzeichen das Geld gleich bündelweise aus der Tasche. Als Unternehmer verstehen sie es glänzend, andere für sich arbeiten zu lassen und dick abzukassieren. Obwohl Löwen diesen ekelhaft guten Sinn fürs Geldverdienen haben - reich werden sie selten. Dem steht ihre Verschwendungssucht massiv im Weg. Durchschnittliche Löwen besitzen ein prächtiges Bankkonto voller prächtiger roter Zahlen - kein anderes Sternzeichen kann so majestätische Schulden machen wie ein Löwe. Auch wenn ihm das Wasser bis zum Halse steht, läßt er es sich dennoch nicht nehmen, den Angestellten seiner Bank hin und wieder großmütig ein, zwei Hunderter als Trinkgeld zuzuwerfen. Der Finanzlage von Löwen nicht eben zuträglich ist ihr unstillbarer Trieb zu schenken, den man eigentlich nur noch als Geschenk-Wut bezeichnen kann. Auch wenn Löwen am Hungertuch nagen, beglücken sie ihre Freunde und Verwandten mit überaus großmütigen Gaben. Hier ein Diamant-Collier, dort ein Sportwagen und für die liebe Tante Else einen Pelz - was macht es, daß alles mit ungedeckten Schecks bezahlt ist? Gemeinerweise gelingt es Löwen oft im letzten Augenblick, aus einem finanziellen Dilemma zu entkommen. Wenn andere längst zur Waffe greifen, um dem Offenbarungseid zu entkommen oder nach Australien auszuwandern erwägen, gewinnen Löwen einfach in der Lotterie - und meist ist es gleich ein Hauptge-

winn. Schulden? Na, ja, die paar Mark...

Löwen und ihr Automobil
Klar, daß die Verschwendungssucht und das Prestigedenken der königlichen Großkatzen bei ihrem Blechgefährt nicht haltmachen. Lieber gehen Löwen zu Fuß, als daß sie ein nicht „standesgemäßes" Automobil besteigen würden. Klar also, daß das Automobil des Löwen vorn einen Stern hat - und hinten eine Zahl, die entweder größer als 280 oder überhaupt abmontiert ist.

Die Schokoladenseiten
Sehr sympathisch: Löwe-Mütter werden zu reißenden Bestien, wenn jemand ihre Kinder bedroht. Weniger nett: Sie werden es auch, wenn sie nur glauben, daß jemand ihre Kinder bedrohen will...

Die Schattenseiten
treten zu Tage, wenn Löwen zu Königen der Wichtigtuerei werden. Solche Löwen ruinieren Existenzen, blockieren Projekte oder halten den Fortgang eines Vorhabens auf, nur weil sie sich für den Mittel-

punkt der Welt halten. Sich mit derart aufgeblasenen Wichtigtuern anzulegen, z.B. gar vor Gericht, wäre völlig falsch. Nein, gehen Sie die Angelegenheit von der anderen Seite aus an. Vorn haben Löwen Pranken und Zähne, aber hinten... Nein, Sie sollen ihnen nicht gleich in den A... kriechen, aber mit ein wenig Schmeichelei oder Lobhudelei kommen Sie schnell zum Ziel. Wenn Sie dann die leider überaus wichtige Unterschrift des Löwen haben, können Sie ihm getrost unverblümt ins Gesicht sagen, daß Sie ihn für einen aufgeblasenen Ochsenfrosch halten.

Der große Horror
a) die Arena, Gladiatoren...
b) als König abdanken zu müssen....
c) Großwildjäger....

Die Gesundheit
Gesundheitsgefahren gibt es für Löwen zuhauf. Entweder, es rutscht ihnen die zu groß geratene Krone über die Ohren oder sie leiden an Kreislauferkrankungen, Kehlkopfbeschwerden, Halsentzündungen oder Heiserkeit (vom vielen Brüllen!). Löwen, die besonders gern faul in der Ecke liegen (also fast alle), erwischt es an Wirbelsäule, Schultern und Rücken. Erotisch besonders aktive Löwen plagt es im Genitalbereich und an den Pfoten, die sie sich vermutlich ständig irgendwo verbrennen.
Da Löwen ständig auf großherzig machen, leiden sie schnell (wen wundert's?) an Herzbeschwerden.

Leidende Löwen sind unleidlich. Sie wollen allein sein und reagieren auf Störungen mit Gebrüll, oder, wenn ihre Kräfte dazu nicht mehr ausreichen, mit Knurren. Heißblütig, wie sie sind, glühen sie besonders schnell in besonders hohem Fieber auf, das aber genauso fix wieder abnimmt.

Kranke Löwen neigen dazu, ohne den Arzt auszukommen. Königlich wie sie denken, lassen sie sich nur von ihrem Leibarzt behandeln und verzichten auf Hilfe, wenn dieser nicht in der Nähe ist. Statt aber auf bewährte Hausmittel wie feuchte Umschläge oder Kräuter wie Kamille, Pfefferminz, Eichenrinde, Ringelblumen-

blütenblätter-Tee oder Salbeiblätter zurückzugreifen, tendieren sie eher zu Roßkuren - mit entsprechendem Ausgang. Löwen mit Erkältungen trinken Grogs in einer derartigen Menge und Stärke, daß sie Minuten später an Alkoholvergiftung verscheiden. Es ist schon viel gewonnen, wenn man einen Löwen von einer Selbsttherapie abhält, solange kein Arzt in der Nähe ist.
Zu diesen körperlichen Gesundheitsrisiken des Löwen kommt noch seine schnell gekränkte Eitelkeit: Autofahrende Löwen werden zum Berserker, wenn sie ein anderer schneidet oder abdrängt. Immerhin behalten Löwen im Straßenverkehr meist recht - und sie lassen es sich hinterher auf den Grabstein meißeln.

Das Lieblingsgetränk
Klar, daß Löwenbräu unter Löwen sehr gefragt ist. Aber Löwen kübeln es meist heimlich oder wenn sie unter sich sind - im Lions Club zum Beispiel. In der Öffentlichkeit wählen sie standesgemäßere Getränke als Bier. Entweder, sie trinken Champagner oder sie entscheiden sich für Champagner. Als Alternative bietet sich nur noch Champagner an. Da ihre Geschmacksnerven nur schwach ausgeprägt sind, trinken Löwen ihn lauwarm, heiß, kalt oder tiefgekühlt. Besonders schlimme Löwe-Banausen können nicht einmal handwarmen WALDI-Sekt und Champagner auseinanderhalten. Nur keine Mühe, wenn Sie Löwen zu Gast haben! Das richtige Etikett auf der Flasche genügt - völlig gleichgültig, welches Kribbelwasser darin sprudelt. Woraus der Weinkenner und Chauvi unter anderem Sternzeichen richtig schließt, daß Löwe-Frauen auch mit dem hinterletzten Unterrock-Stürmer beizukommen ist.

Die Lieblingsspeise
Löwen essen nicht, Löwen wünschen zu speisen. Kochrezepte, Gewürze, Zutaten und Zubereitung sind Löwen völlig gleichgültig, wenn nur das Ambiente stimmt. Kerzenschimmer, goldene Leuchter (aus Messing oder Plastik), weiße Tischwäsche, silbernes Besteck, Blumen, Tischmusik, interessante Gäste, am besten mit Ordensschnallen (oder

sonstigen Schnallen) oder in großer Robe - und echte Löwen schieben sich mit Wohlgefallen alles in den Rachen, was man ihnen vorsetzt. Sie würden sogar ekelhafte, glibberige Alt-Hamburger als Delikatesse verschlingen. Wehe aber, der schöne Schein wird nicht gewahrt. Dann beginnen sie augenblicklich, am Essen (?) herumzumäkeln.

Das bevorzugte Lokal
Außen: hui! Innen: pfui! Das Restaurant, das Löwen bevorzugen, sieht nach was aus. Feinschmecker trifft man dort nicht - nicht einen einzigen.

Zwar ist das Essen in einem Löwen-Lokal („Zum Goldenen Löwen") meist nicht besser als in der letzten Kaschemme oder in der hinterletzten Pommes-Bude, aber die Einrichtung macht auf höfisch-gediegen. Überall Stuck (im Zweifelsfalle Styropor), Gold (Messing) oder Kristall (Plexiglas). Daß der Kellner bis gestern als Wärter im Affenhaus serviert hat oder daß die Speisen direkt aus dem Fast-Food-Tempel nebenan geholt werden, bemerkt der Löwe nicht. Das gleiche gilt für Hotels: Die Zimmer interessieren nicht sonderlich. Hauptsache, der rote Teppich am

Eingang ist ausgerollt, der Gast wird mit „Majestät!" begrüßt und der Portier hat goldene Knöpfe an der Jacke.
Apropos golden: Wirte und Hoteliers derartiger Etablissements verdienen sich eine goldene Nase an Löwen.

Das Lieblingstier
ist der Löwe. Sehr wohl, Majestät, verständlich, Euer Majestät weiß zu wählen.
Auf Platz 2 folgen die staatenbildenden Insekten mit einer Königin. Dem männlichen Löwen wären Ameisen und Bienen noch sympathischer, wenn sie einen König hätten. Wenig beliebt bei Löwen sind antiautoritäre Tierarten wie Spatzen oder Schmetterlinge. Die ersteren sind einfach zu frech. Die letzteren flattern einfach zuviel herum und stellen eine nicht zu übersehende Konkurrenz in puncto Bewundertwerden dar.

Die typische Sportart
des Löwen ist Brüllen. Sowohl im 200-Meter-Anbrüllen als auch im 42-Stunden-Marathon-Brüllen sind Löwen unschlagbar. Einige seltene Exemplare dieses Sternzeichens betreiben auch aktivere Sportarten, z.B. das traditionell-aristokratische Polo oder den Yachtsport. Bei ärmeren Löwen dieses Schlages reicht es immer für das Schiffchen in der Badewanne.

Das Lieblingsbuch
Was das aktuelle Sachbuch angeht, ist Lothar Löwe ein begehrter Autor. Weiter sind Werke von Theo Tiger, Leo Leopard und Paul Puma sehr beliebt.
Gern greifen Löwen auch zur monarchistisch-historischen Literatur: „Friedrich der Große - erster Diener seines Staates" heißen die Titel, die Löwen favorisieren, weil sie sich selbst gern in entsprechender Rolle sähen. Löwinnen wählen neben einschlägigen Buchpublikationen auch Produkte der Regenbogenpresse wie das „Goldene Blatt", um sich über ihresgleichen - wie sie glauben - die Monarchen dieser Welt zu informieren.

Der Lieblingsfilm
Der absolute Hammer-Film aller Löwen wäre „Der Löwe von Eschnapur", wenn es nicht doch noch zu der tragischen Fehlbesetzung der Hauptrolle

durch einen Tiger gekommen wäre. So nimmt diesen Platz „Serengeti darf nicht sterben" ein, obwohl die Löwen darin nach Meinung von Sachkennern aus Löwenkreisen völlig unterrepräsentiert sind.

Platz 2 besetzt der Filmklassiker „Casablanca". In welchem Streifen sonst sagt der Held seiner Geliebten einen so unvergleichlich majestätischen Satz: „Ich kraul dir deine Ohren, Kleines...!"

Auf Platz 3 folgt: „Daktari" mit dem unvergleichlichen Löwendarsteller „Clarence", dem Löwen mit dem Silberblick. Kleine Löwen sehen am liebsten „Löwenzahn" mit dem lustigen Peter Löwenmaul als Leselöwen.

Die Lieblingsmusik
Ob Pop, Rock, Jazz, Klassik oder Oper - Hauptsache, die Dekoration stimmt. Der Löwe liebt den gesellschaftlichen Rahmen für seine großen Auftritte - wer sich auf der Bühne einen abstrampelt, ist ihm letztlich egal. Am liebsten hat er es noch, wenn die Musik irgendwie nach Löwengebrüll klingt. Löwen besuchen daher besonders gern Konzerte von Peter Maffay, Ivan Rebroff und „Motörhead". Letzten Endes sind Konzerte und sonstige Veranstaltungen für Löwen stets nur ein Anlaß, ihre königliche Garderobe vorzuführen.

Das bevorzugte Reiseziel
Löwen zieht es - wie viele andere Sternzeichen - in die Heimat. Reisen in die Savanne Kenias, in die Serengeti oder in die Berge Abessiniens beglücken Löwen ungemein. Wenn's finanziell nicht reicht, tut es auch Balkonien oder das nächste Sonnenstudio. Hauptsache, am Urlaubsort ist es heiß, bequem und schön trocken.

Die typischen Drogen
Vom Konsum alltäglicher Drogen sieht der Löwe ab. Seine liebsten Aufputschmittel sind Verschwendungssucht und Größenwahn. „Ich selbst bin die Droge!" ruft der Löwe der alles verschlingenden Langeweile entgegen und verpaßt sich sofort eine Überdosis Ich-Besoffenheit, daß ihm die Ohren davon klingeln, der miese Egoist...

Die typische Ausrede
„Leider war ich verhindert... Sie verstehen... gesellschaftliche Verpflichtungen!"

Die Leiche im Keller
Zweifel an der Person des Löwen dürften sich im Regelfall auf das königliche Geblüt beziehen. Schnell entpuppt sich der königliche Leu als gewöhnlicher räudiger Straßenkater mit einer gehörigen Portion Größenwahn im Pelz.

Die Glanztat
Daß man mit Bewegung ziemlich was in Bewegung setzen kann, fand der Pfarrerssohn und Löwe Friedrich Ludwig Jahn (* 11.8.1778) heraus. Er eröffnete in der Hasenheide bei Berlin den ersten Turnplatz und brachte dort die deutsche Jugend auf Trab.
Typisch Löwe, daß er sich einen Rauschebart wachsen ließ und sich für seine Glanztat gleich den Titel „Turnvater Jahn" verlieh. Immerhin war der flotte Friedrich der Urvater aller Jogger, Trimm-dich-Propheten, Aerobic-Tussis und Body-Builder. Vernünftige Menschen halten es eher mit dem Schützen Winston Churchill (* 30.11.1874), der auf die Frage, wie er sein hohes Alter erreicht habe, antwortete: „No sports!"

Die ganz große Niederlage
erlebte der Löwe Wim Wenders (* 14.8.1945), als er 1983 bei den Recherchen zu einem neuen Spielfilm herausfand, daß Paris keineswegs wie vermutet in Frankreich, sondern in Texas liegt. Von sich selbst überzeugt, wie Löwen nun einmal sind, rückte er seine intellektuelle Brille zurecht und schrieb das Drehbuch völlig um.

Der ganz große Hammer
Die erste Frau, die allein ein Luftfahrzeug führte, war die französische Löwin Raymonde de Laroche (*22.8.1884), die am 22. Oktober 1909 in die Luft ging und die Wahnsinnsstrecke von 300 Metern durchmaß. Damit ging sie in die Luftfahrtgeschichte ein. Vermutlich liegt hier der Grund, warum manche Löwinnen noch heute allzu gern in die Luft gehen...
Überhaupt scheint es Löwinnen nach oben zu ziehen: Eleonora Noll-Hasenclever (* 4.8.1880)

kraxelte in ihrer Bergsteigerinnen-Karriere auf sage und schreibe einundzwanzig Viertausender und war somit die Reinholdine Messner der Jahrhundertwende.

Löwen in der Liebe
Löwen lieben den großen Auftritt. Die Bühne ihrer Liebeswerbung ist deshalb die elegante große Welt: Löwen besuchen Galas und rauschende Feste, Bälle, Empfänge, Galerieeröffnungen und Theaterpremieren, um den Mann oder die Frau fürs Leben zu finden - oder aber, um ihre majestätischen Gelüste für ein Weilchen zu stillen. Wer einen Löwe-Partner in irgendeiner alltäglichen Gaststätte oder womöglich gar in der Menschenmenge auf einem Volksfest sucht, kann von vornherein aufgeben. Igitt, Volk! Wenn schon, dann findet sich der Löwe im Festkomitee, als Schützenkönig auf der Tribüne oder als Pfingstochse an der Spitze des Festzuges. So sind Löwen - immer im Rampenlicht. Suchen Sie also an den richtigen Stellen...

Die Löwe-Frau
Eine Löwe-Frau für sich zu gewinnen, ist eigentlich eine ganz einfache Sache. Zumindest, was die emotionale Seite angeht. Sie wird seiner Werbung mit Sicherheit nachgeben, wenn der Bewerber eine genügende Menge von Schmeicheleien von sich gibt und seine ernsten Absichten mit Geschenken unterstreicht. Und da liegt der Haken: Mit ein paar Rosen oder Konfekt ist eine Löwin nicht zu gewinnen. Ohne den Gang zum Juwelier kommt der Freier zu nichts, und mit Schmuck wird er nur erfolgreich sein, wenn reichlich Gold verarbeitet ist und die Brillanten verheißungsfroh blinken. Die meisten Männer sind längst pleite, wenn sie einer Löwin endlich die Hand küssen dürfen, und sie werden sich über beide Ohren verschulden müssen, bis sie die Großkatze ihres Herzens auf das gemeinsame Lager gelockt haben.

So verlockend solche schwer erreichbaren Lüste auch scheinen - schon bald zeigen sich die Schattenseiten in der Liebe zur Löwe-Frau. Freundlich ausgedrückt: Löwe-Frauen neigen zur Dominanz. Das bedeutet in klarem Deutsch: Kaum ist der erste Liebesrausch vorbei, unterjocht die Löwin ihren Partner mit gnadenloser, krallenbewehrter Pranke. Sie bestimmt autoritär über ihn und

zeigt augenblicklich Krallen und Zähne, wenn ihr Partner sie nicht als Königin behandelt. Oder sie sagt ihm so klar die Meinung, daß ihm die Muffe saust - nichts ist schlimmer als die Gardinenpredigt aufgebrachter Löwe-Frauen.

Wenn ein ausgesprochener Schlaffi an eine Löwe-Partnerin gerät, ist es in der Regel sie, die ihm Feuer unter dem Hintern macht. Umgekehrt reagiert sie auf Aktivitätsbolzen und Macher mit passivem Widerstand, wenn ihr irgend etwas quergeht.

Kommt es zum Streit zwischen der Löwe-Frau und ihrem Partner, geht es in 73% aller Fälle um ihre Friseur-Rechnungen oder ihre Ausgaben für Kleider und Kosmetika. Löwe-Frauen erreichen in dieser Hinsicht astronomische Summen. In den restlichen 27% der Streitfälle geht es um Eifersucht. Diese Auseinandersetzungen enden damit, daß die Löwin ihrem Geliebten das Gesicht zerkratzt.

Da Löwinnen (wie Löwen auch) ständig Erfolge verbuchen müssen, sind sie als Nur-Hauskatzen unausgelastet und ständig schlecht gelaunt. Erst im Beruf laufen sie zur Hochform auf. Einziger Vorteil einer

Verbindung mit einer Löwe-Dame: Männer, die mit Löwinnen verheiratet sind, können getrost auf Hausmann umsatteln. Bei ihrem Mundwerk und ihrer Begabung, was den Verkauf der eigenen Qualitäten betrifft, wird er nicht verhungern. Eine Löwin ernährt ihren Mann.

Der Löwe-Mann
fühlt sich stark zum anderen Geschlecht hingezogen. Sein Menschenbild zeigt den Mann als dominierenden Macho, der ein Prachtweib nach dem anderen aufreißt und vernascht, als Pascha und Salon-Löwen, dem sie alle zu Pfoten liegen. Ziemlich prächtig sehen sie schon aus, die Prachtweiber, die der Löwe-Mann bevorzugt. Aufgedonnerte Frisuren, am besten wasserstoffbombenblonde Perücken regen ihn ungemein an. Gesichter, unter Pfunden schweinchenfarbener Schminke zugespachtelt, mit pampelmusengroßen, blutroten Kirschmündern und Kohlenaugen mit spinnenbeinigen Wimpern darin, bringen seine Fantasie in Schwung. Schwer moschusduftende Parfums kurbeln seine Hormone an, schwellende, schwere Busen, wogende Hüften und üppige Schenkel treiben seinen Blutdruck auf 180, und irgendwann brennt die letzte Sicherung durch, wenn SIE auch noch Strapse und Stilettos trägt. Natürliche Frauen nennen Löwe-Männer „ungepflegt" oder sie sprechen gar von „vernachlässigtem Äußerem".

In der Beziehung wird der Löwe-Mann schnell zum dauernden Ärgernis: Ständig braucht er Liebesbeweise. Wenn sie ihn nicht laut turtelnd mit Küßchen und Postkartenlächeln weckt, vermutet er gleich, ihre Liebe sei erloschen. Alle zwei bis drei Tage erwartet er gar ein größeres Geschenk; bleibt dies aus, reagiert er schmollend mit Liebesentzug und mieser Laune.

Zudem ist er auch noch eifersüchtig wie... ja, wie ein Löwe, der seinen Harem bewacht: Er bringt es zwar nicht zu Eifersuchts-Eruptionen wie der Stier, neigt aber dazu, schon einen kleinen Anlaß wie einen Blick oder ein Gespräch zu endlosen Vorwürfen auszunutzen. Apropos ausnutzen: Manche Löwe-Männer scheinen sexuell einen Platz im Buch der Rekorde anzustreben und plagen ihre Partnerinnen mit Dauerbrunst und ständigen Grabbelangeboten. Da hilft nur eines: Hauen Sie ihm was auf die Pfoten, die fürwitzigen!

Wieder andere Löwen neigen zur Übertreibung, was die Anbetung ihrer großen Liebe angeht. Erst einmal aufs Podest gehoben, finden viele Frauen Gefallen daran, und mit der Zeit steigen die Ansprüche. Dann ist wieder der Löwe der Dumme, der nur zur Sache kommen kann, nachdem er ein, zwei Stündchen Bewunderung abgeleistet hat.

Es liegt auf der Hand, daß ein Mann mit dem oben beschriebenen, so oder so kaputten Frauenbild nicht viel von der ebenbürtigen, emanzipierten Frau hält, der elende Chauvi. Die Rechnung dafür kriegt er später: Wenn die Sorte Frau, die er bevorzugt, erst einmal gerafft hat, wie man ihn um den Finger wickeln kann, ist er hoffnungslos verloren. Allzu vertrauensvoll, wie er ist, wenn man ihm schmeichelt, läßt er sich ohne Gegenwehr das Fell über die Ohren ziehen - und das nicht nur erotisch, sondern auch finanziell... Hat sie ihn erst einmal so richtig ausgelutscht, läßt sie ihn fallen wie eine leere Coladose oder - schlimmer noch - reicht ihn inklusive Gebrauchsanweisung an eine Freundin weiter.
Der trottelhafte Löwe-Mann trauert einer entlaufenen Liebe oft lange nach, statt auf seine Wirkung auf Frauen zu setzen. So seltsam es klingt: Die meisten Damen können einen Löwe-Mann einfach nicht übersehen.

Die typische Anbagger-Szene
Der Partner liegt vor dem Löwen auf den Knien und küßt ihm die Füße. Der Löwe sieht erhobenen Hauptes in die Ferne, Staatsgeschäft im Blick. Der Partner zerschmilzt vor Bewunderung zu Füßen des Löwen zu einer Pfütze.

Bevorzugte Stellungen
Jede - Hauptsache, der Löwe liegt oben. Unterwürfigkeit liegt der Natur des Löwen fern. Allenfalls in einer Phase jovialer Großzügigkeit ließe sich ein echter Löwe zu einer anderen als majestätischen Stellung

herab - wenn es dem Lustgewinn förderlich ist.
Im übrigen ist es ein Gerücht, daß Löwen beim Verkehr stets ihre Krone tragen. Es genügt, wenn sie in Griffnähe abgelegt werden kann.

Idealpartner
Schütze und Widder passen ideal zu Löwen - warum, werden wir noch herausfinden müssen. Ganz gut mit Löwen über die Runden kommen Jungfrau, Waage, Zwilling und Krebs. Mit dem Skorpion kriegt sich ein Löwe schnell in die Haare, weil der den Löwen durchschaut und dessen nächste große Gebrüll-Nummer genau vorausberechnen kann. Wassermänner sind dem Löwen zu windige Gesellen - viel zu leichtsinnig und leichtlebig - und sie stehen viel zu gerne selbst im Mittelpunkt. Ziemlich langweilig werden Verbindungen von Löwen mit Fischen und Steinböcken.

Die pingelige Jungfrau
24. August - 23. September

Das Element: Erde
Das Gestirn: Merkur
Die Stärken: Unterscheidungsvermögen, Ordnungssinn, Dienstleistung
Die Schwächen: Nörgelei, Pedanterie, Überheblichkeit, Besserwisserei
Das Motto: „Ich analysiere!"
Die magische Pflanze: der künstliche Weihnachtsbaum; außerdem: Petersilie, Kümmel, Dill, Majoran, Sagrotan, Hirse
Die magische Farbe: Blau
Die magische Zahl: Fünf
Die ideale Wochentag: Mittwoch
Der Vokal: „i" („...**igittigitt!**")

Der edle Stein: Rauchtopas (weshalb denn nicht besser ein Nichtraucher-Topas?), Beryll, Jaspis
Der ideale Name: Männliche Jungfrauen heißen Michael, Heinz-Herbert oder Uwe. Weibliche Exemplare nennen sich am besten Johanna, Greta oder Sieglinde.

Der Standardtyp: Schlank, hängende Schultern, viel zu lange Arme, ovales Gesicht, kleines Kinn, Haarausfall, hektische Gestik und brennender Blick - richtig, Jungfrauen erinnern in ihrem Aussehen an den irren Professor aus dem „Tanz der Vampire".

Der Charakter der Jungfrau
Gewissenhaft, kritisch, sorgfältig, verschwiegen, zuverlässig, hilfsbereit, verständnisvoll - die Liste der guten Eigenschaften, die Jungfrauen sich selbst zuschreiben, ist lang. Angehörige anderer Tierkreiszeichen merken wenig davon. Sie sehen diesen Tierkreis anders: Jungfrauen stellen das Kontingent der Malocher und Fachidioten unter jedem Sternenhimmel. Arbeit geht Jungfrauen über alles, ist ihnen das Salz des Lebens. Ständig sind sie auf der Suche nach Wissen, um die (mageren) Kräfte ihres Verstandes zu stärken. Jungfrauen glauben, intelligent und praktisch veranlagt zu sein, wissen aber damit nichts Rechtes anzufangen und stellen deshalb oft den größten Schwachsinn an. Wenn jemand irgendwo die Haare auf dem Kopf eines Schimpansen zählt, das Wachstum einer Schlangengurke über vierzehn Monate fotografisch dokumentiert oder die haltlosesten Wahlprognosen aufgrund der Befragung dreier repräsentativer Bundesbürger abgibt, ist dieser Jemand mit Sicherheit Jungfrau.
Nicht zu Unrecht mißtrauen viele Jungfrauen den eigentümlichen Fähigkeiten und Veranlagungen ihres überakribischen Intellekts, streben nach höherer Vergeistigung und fallen dabei oft den obskursten Kulten in die Hände. Wenn ein Computerwissenschaftler in seiner Freizeit Flugstunden bei Yogi Wami Gaga Oloba Hundi nimmt oder satanistische Séancen in seinem Partykeller abhält, ist er mit Sicherheit Jungfrau.

Andererseits schaffen Jungfrauen gern Ordnung im Chaos, wobei Chaos alles das ist, was ihrer kleingeistigen Vorstellung von Ordnung nicht entspricht; sie unterziehen die Welt einer mikroskopisch genauen Analyse, was sie oft Wochen und Monate unglaublicher Ineffektivität kostet. Sollten Jungfrauen in die Politik geraten, berufen sie mit Vorliebe Untersuchungsausschüsse zu absoluten Randthemen ein, die jahrhundertelang tagen, nur um festzustellen, daß die vorgegebene Problemstellung unangebracht war. Jungfrauen sind so peinlich sorgfältig, penibel, verbissen bis ins Detail, daß sie den Gesamtzusammenhang völlig aus den Augen verlieren und zu nervenden Haarspaltern und Korinthenkackern werden. Ihre Nörgelsucht, Überheblichkeit und Besserwisserei kann sprichwörtlich sein.

In der Einschätzung ihrer Mitmenschen sind Jungfrauen ein leuchtendes Beispiel an Intoleranz. Sie begreifen z. B. überhaupt nicht, wenn jemand nicht wie ein Geisteskranker malocht - in ihren Augen ist ein solcher Mensch ein fauler Penner.
Apropos Toleranz: Auffallend viele Jungfrauen-Typen sind aggressive Nichtraucher und prophetisch-bekennerische Vegetarier.

Der Lebenslauf der Jungfrau
Jungfrauen leben von Geburt an in jeder Hinsicht auf Diät. Vorsicht ist das Grundmotiv ihrer Lebensführung. Schon Jungfrau-Kinder spielen Fußball aus Angst vor Verletzungen nur in der Ritterrüstung und legen den Schulweg nur mit zwei Bodyguards zurück - es finden sich immer ein paar doofe, aber starke Klassenkameraden für diesen Job. Einmal erwachsen, ändert sich diese Grundeinstellung keineswegs. Nichts geschieht ungeplant - Unternehmungen und Verabredungen werden über Monate hinweg vorbereitet, Risiken soweit wie irgend möglich ausgeschlossen. Wenn eine Jungfrau abends in die Kneipe gehen will, sichtet sie bereits am Morgen den Stadtplan, den Wetterbericht und die Kriminalstatistik der letzten drei Jahrzehnte.

Das zweite Grundmotiv in der Lebensführung der Jungfrau ist Hygiene. Es sind Jungfrauen, die im Haushalt unentwegt putzen, staubsaugen, wischen und polieren, bis der Teppichboden kein einziges Haar und die Schrankwand kein Blättchen Lack mehr besitzt. Nicht genug: Millionen von Jungfrauen verspritzen und versprühen alljährlich Tausende von Kubikmetern SAGRATON oder anderer Desinfektionsmittel, so daß jede Mikrobe im Umkreis von Lichtjahren lieber freiwillig die Koffer packt und emigriert. Jedenfalls für den Augenblick.

Die glücklichen Jahre
der Jungfrau liegen zwischen dem 60. und dem 64. Lebensjahr - alten Jungfern geht es

offensichtlich besser als jungen Jungfrauen.

Jungfrauen im Beruf
Ihre nervende Gründlichkeit prädestiniert Jungfrauen zu zahlreichen Berufen, deren Namen normale Menschen in der Öffentlichkeit nur hinter vorgehaltener Hand erwähnen. Jungfrauen werden mit Vorliebe Finanzbeamte, Buch- und Steuerprüfer, Bankbeamte in der Kreditabteilung, Versicherungsdetektive und Gerichtsvollzieher.

Jungfrauen mit akademischem Abschluß ergreifen mit Vorliebe aufgeblasene Pädagogen-Berufe: Lehrer, Professor, Studienrat, Schulrat. Niemand nervt seine Schüler oder Studenten so gründlich und akribisch wie ein Jungfrau-Pädagoge. Als Kindergärtnerinnen ruinieren Jungfrauen das Seelenleben ihrer Mitmenschen schon von klein auf.
Auch als Gelehrte, ätzende Kritiker oder nervensägende Herausgeber überflüssiger Buchreihen fallen Jungfrauen

$$W(elt) = \div PVC^2 + 3\,ADAC \times 24\,GAGA(FCKW)^3$$

über ihre Mitmenschen her. Sie verstehen es bestens, andere bis aufs Blut zu nerven und sie zur Arbeit anzutreiben, während sie selbst den großen Überblick zu haben glauben. Es sind Jungfrauen, die als Atomphysiker die Fachwelt mit immer neuen Weltformeln etwa folgender Qualität überraschen:

$$W(elt) = \div PVC^2 + 3\ ADAC \times 24\ GAGA\ (FCKW)^3$$

So traurig dieses Machwerk ist; es genügt, um die „Fachwelt" zu verblenden. Wegen solch fragwürdiger Erfolge neigen Jungfrauen zu unglaublicher Selbstüberschätzung: Sie verwechseln ihren eigenen kleinen, haarspaltenden Verstand mit göttlicher Weisheit - und werden Rektor einer Universität oder Parteivorsitzender.

Besser als im akademischen Bereich sind Jungfrauen in dienstleistenden Berufen aufgehoben - sie sollten Taxifahrer, Hotelboy oder Mister-Minit-Schlüsselfachmann werden. Auch als Uhrmacher oder Feinmechaniker richten sie weniger Schaden an. Wie für Jungfrauen geschaffen, sind alle Computerberufe - Programmierer, EDV-Kaufmann, System-Berater oder Software-Spezialist. In der dusseligen Grübelglotze haben sie endlich jemanden gefunden, der so denkt wie sie selbst - über alle Maßen genau, ohne jedes Gefühl und oft in Schleifen.

Apropos Computer: Für ihre Mitmenschen im Arbeitsleben besonders unerträglich ist die Technik-Macke von Jungfrauen. Alles, was mechanisch, elektrisch oder besser noch elektronisch betrieben wird, zieht Jungfrauen magisch an. Stets muß das neueste Gerät, der neueste Computer, die neueste Maschine an ihrem Arbeitsplatz verfügbar sein. Sonst treten Jungfrauen - besonders Jungfrau-Männer - in den Streik. „Mit derartigem Schrott arbeitet ich nicht!" verkünden sie mit verächtlichem Blick auf das Vorjahres-Modell und machen ihre Ankündigung auch wahr.
Wenn sie dann ihren Willen durchgesetzt haben und z.B. der neue Computer endlich geliefert ist, versinken Jungfrauen in zumindest drei- bis vierwöchige technische Meditation,

erkunden den letzten Winkel der Speicherchips, lernen das Handbuch auswendig und schlafen auf den Schaltplänen ihres geliebten Gerätes. Ihre laufende Arbeit muß in diesem Zeitraum selbstverständlich von jemand anders erledigt werden. Schließlich kämpfen Jungfrauen für die Sache des Fortschritts - wer wird es da wagen, sie mit Alltäglichkeiten aufzuhalten? Selbst wenn die Firma pleite ginge (vermutlich wegen der Jungfrau) und der neue Computer mit der übrigen Konkursmasse verkauft würde - Jungfrauen bleiben selbst dann an der Tastatur kleben.

Der oben beschriebene Zustand technischer Faszination (bzw. Umnachtung) hält oft sogar Wochen, Monate oder Jahre an. Es soll schon vorgekommen sein, daß ein neues Modell auf dem Markt erschien, während die Jungfrau noch mit der Erkundung des alten beschäftigt war...

Für die Arbeitgeber noch ein Wort zur alltäglichen Präsenz von Jungfrauen im Betrieb: Gesundheitlich sind Jungfrauen scheinbar ziemlich anfällig. Immer wenn es Ärger im Büro gibt oder sie ihren Willen nicht durchsetzen können (neuer

Computer usw.), kriegen sie Dünnschiß, Magenschleimhautentzündung, Migräne oder Fußpilz und melden sich krank. Anders gesagt: Jungfrauen machen mit Vorliebe blau. Und das wochenlang. Andererseits hindert dieser Umstand sie nicht daran, als leitende Angestellte in der Personalabteilung - ein typischer Jungfrau-Beruf - ihre Untergebenen mit haarspalterischer Neugier zu überwachen oder gar zu bespitzeln. Echt nette Menschen, diese Jungfrauen!

Die Jungfrau-Karriere
Klar, daß derart netten Menschen beruflich nichts in den Schoß fällt. Wer will schon dafür sorgen, daß ein solcher Korinthenkacker... pardon, ein derart qualifizierter Mitarbeiter ganz nach oben kommt? Sollte eine Jungfrau irgendwann einmal versehentlich einen Freund in der Firma gefunden haben, wird sie ihn garantiert schnell wieder los. Jungfrau-Typen sind so bescheuert, ihren eigenen Lobbyisten vor den Augen des Chefs ihre Fehler aufs Butterbrot zu schmieren - das hält die stärkste Lobby nicht aus.

Was Jungfrauen erreichen, verdanken sie sich selbst - wen wundert es, daß es meist nur eine Minimal-Karriere ist?

Jungfrauen und das Geld
Keineswegs locker sitzt das Geld, wenn eine Jungfrau es für jemand anders als für sich selbst ausgeben soll. Im Gegenteil: Jungfrauen sind so geizig, daß die Schotten gegen sie Verschwender sind. Andererseits lieben Jungfrauen das gute Essen, schätzen Bequemlichkeit und gute Kleidung. Sie dinieren also nur in feinsten Häusern, kaufen ausschließlich im besten Haus am Platz und die teuersten Markenartikel. Teuer muß auch gut sein. Dabei reden sie sich unentwegt ein, Sonderangebote und nie wiederkehrende Gelegenheiten zu nutzen.

Der Geschmack läßt allerdings merklich zu wünschen übrig. Sie tragen jahrelang fiese braune Strickjacken zur ätzenden Borkenstock-Fußschweiß-Sandale oder karierte Blusen in Paranoia-Braun zu großgeblümten Röcken in Sittenstrolch-Grün.
Zwar halten Jungfrauen sich für äußerst sparsam und haushäl-

terisch, aber es findet sich immer eine Gelegenheit für eine kleine Ausnahme nach dem voll behämmerten Motto: „Man gönnt sich ja sonst nichts!" Faktum ist: Jungfrauen werfen ihr Geld mit vollen Händen aus dem Fenster. Wen wundert es, daß Jungfrauen ständig pleite sind und ihr Konto ausdauernd abgrundtief überzogen ist? Hin und wieder kriegen sie in der Tat schwere Sparanfälle und versuchen ihre Finanzen mit obskuren Briefumschlags-Systemen oder Computerprogrammen in den Griff zu bekommen, doch das hält nie lange vor. Da jeder noch so dumme Werbespruch in ihren Ohren wie Schwanengesang klingt, sitzt ihnen schon kurz darauf die Knete wieder mächtig locker.

Jungfrauen und ihr Automobil

Auch hier mischt sich auf äußerst sympathische Weise die nüchterne Rationalität mit Ordnungsfimmel und Pingeligkeit. Allgemein gilt der erste Merksatz aller Jungfrauen beim Autokauf: „Deutsch Auto vill gutt!". Daß unterdessen gewaltige Aktienanteile „deutscher" Automobilfirmen fest in amerikanischer, arabischer oder gar japanischer Hand sind, stört die Jungfrau in diesem Vorurteil nicht. Japanische Autos sind schlecht verarbeitet und haben einen schlechten Wiederverkaufswert, rationalisiert die Jungfrau ihre Nationalgefühle. Amerikanische Autos sind Spritschlucker. Basta. Französische Autos sträuben sich wegen ihrer abenteuerlichen Konstruktion gegen jede Reparatur, und italienische Autos sind Rostlauben. Punktum.
Allerdings fallen bestimmte deutsche Fabrikate aus anderen Gründen für die Jungfrau flach: Zu teuer, zu angeberisch, zu schnell, zu sparsam, zu schmutzig. Letztendlich bleibt nur ein einziges Fahrzeug für Jungfrauen übrig: der VW Golf. Landwirtschaftlich motivierte Jungfrauen wählen gar die Dieselvariante. Echt öde.

Wer jetzt glaubt, alle Jungfrauen rasten im Golf oder Golf Diesel durch die Lande, hat sich geschnitten. Wie in allen anderen Dingen auch, wissen Jungfrauen in automobilen Fragen voll Bescheid - handeln allerdings ganz anders. Wenn

Ihnen irgendwo ein Vollspießer mit Kassenbrille, Anzug von der Stange und Zombie-Blick in einem 300-PS-Thunderbird-Cabrio auffällt, halten Sie ihn an und stellen Sie ihm ein paar Fragen zu seinem Auto. Er wird Ihnen sagen, daß er zum Sternzeichen Jungfrau gehört und Ihnen sicher absolut schlüssig belegen können, daß er das einzig optimale Fahrzeug fährt.

Die Schokoladenseiten
Welche Schokoladenseiten? Ach ja: Jungfrauen arbeiten so viel und so lange, daß sie über weite Zeiträume des Tages nicht in der Öffentlichkeit anzutreffen sind. Und das ist doch wenigstens was, oder?

Die Schattenseiten
Die unglaubliche Besserwisserei der Jungfrauen kann Angehörige anderer Sternzeichen bis aufs Blut nerven. Jungfrauen schaffen es einfach nicht, das Maul zu halten, geben zu allem und jedem ihre unmaßgebliche Meinung ab und widersprechen schließlich

noch auf dem Sterbebett dem Arzt, der ihren Totenschein ausstellt. 56% aller Schloßgeister sind hingerichtete Jungfrauen, die sich weigern, tot zu sein und es wieder mal besser wissen.

Der große Horror
Horror Nr. 1: Einen Sack voller Flöhe hüten. Jungfrauen kriegen den kompletten Rappel, wenn ihnen der Überblick oder gleich der gesamte Durchblick verlorengeht. Alles, was sie nicht analysieren, steuern oder in Form von Diagrammen darstellen können, macht sie panisch.
Horror Nr. 2: Improvisation. Jungfrauen leben ihr Leben nach einem 500-Jahres-Plan, der Tages-, Wochen- und Jahresablauf bis ins Detail bestimmt. Wenn eine Straßenbahn Verspätung hat oder die Milch überkocht, fällt ein Planungsgebäude für Jahrhunderte ein wie ein Kartenhaus. Wenn Sie Jungfrauen nerven wollen, sorgen Sie dafür, daß sie aus dem Tritt geraten. Die Folgen ergötzen Angehörige anderer Sternzeichen - wenn sie eine gewisse Lust an der Katastrophe verspüren.

Jungfrauen und ihre Gesundheit
Jungfrauen sind Großverbraucher von Desinfektionsmitteln. Jede Jungfrau hat in ihrem Leben mindestens 10.000.000.000.000 Mikroben, 75.000.000.000.000 Bakterien, 25.000.000.000 Viren und 265.000.000.000 andere Krankheitserreger auf teuflische Weise hinterrücks um die Ecke gebracht. Mikroben, Viren, Bakterien und alle anderen Krankheitserreger haben deshalb einen derartigen Haß auf Jungfrauen, daß sie ihnen an den unerwartetsten Stellen auflauern und sie - sozusagen mit abgeschaltetem Immunsystem - kalt erwischen. Klar, daß Jungfrauen unter einer längeren Liste von Krankheiten leiden, die sonst kein vernünftiger Mensch bekommt: Magenschleimhautentzündung, Kopfschmerzen, Migräne, Verdauungsbeschwerden an Blinddarm, Zwölffingerdarm und Dünndarm inklusive schwerster Blähungen, Lungenkrankheiten aller Schattierungen, Gelbsucht, Störungen der Milz und der Bauchspeicheldrüse sowie eine ganze Latte von nervösen Störungen.

Gegen jedes Wehwehchen gehen manche Jungfrauen mit der chemischen Keule an. Statt vernünftig zu leben, sich abzuhärten oder mit den Erregern Frieden zu schließen, knallen sich Jungfrauen Unmengen härtester Medikamente in den schlaffen Body, und zwar nach dem Motto: eine Schaufel mehr wirkt sicher besser. Irrtum - sie ruinieren sich die schwache Gesundheit nur zusätzlich. Andere Jungfrauen sind zwar wehleidig bis zum Geht-nicht-mehr und werden zu fiesen Jammerlappen, weigern sich aber starrköpfig, ihre Medikamente zu nehmen, wollen nichts essen und verbreiten das gemeine „Ihr alle habt mich krank gemacht!"-Gefühl. Es gelingt ihnen, einen simplen Schnupfen zum Lungenkrebs und einen flotten Heinrich zur Cholera hochzujammern. Eine solche kranke Jungfrau in Pflege zu haben, ist eine der härtesten Prüfungen, die einem widerfahren kann.

Das Lieblingsgetränk
Das alkoholische Lieblingsgetränk der Jungfrauen ist der Martini mit Olive (genau das richtige für so blöde Pflaumen). Allerdings nicht irgendein Martini mit irgendeiner Olive.

Hier das Jungfrauen-Martini-mit-Oliven-Rezept:

Ein edles Kristallglas wird kurz mit zerstoßenem Eis ausgeschwenkt und mit einer Limonenscheibe ausgerieben; dann wird eine frische, grüne, südgriechische Olive hineingelegt und diese langsam mit Martini übergossen, bis sie ganz bedeckt ist. So ruht sie genau 32 Sekunden. Dann gießt man sehr langsam genau 1 cl eiskalten Gin hinzu, und zwar so, daß die bisher im Glas befindliche Flüssigkeit nicht mehr als nötig aufgewirbelt wird. Nach 45 Sekunden wird mit einem Glaslöffel umgerührt und dann mit Martini aufgefüllt.

Kein ungewöhnliches Rezept? Irrtum. Die Jungfrau schmeckt es heraus, wenn das Glas mit einer Zitronen- statt einer Limonenscheibe ausgerieben wurde und übergibt sich augenblicklich. Iiiih, so eine ekelerregende Tunke kann doch eine Jungfrau nicht trinken! Daß der ekelhafte Nörgler die Zitronenschalen im Abfall gesehen hat und nur deshalb Bescheid wußte, findet man meist erst später heraus. Auch jedes andere Detail hat weltbewegende Bedeutung: Wehe, die Olive hat vor der Zugabe des Gin 33 statt 32 Sekunden geruht! Wehe, es wurde ein Löffel aus Metall zum Umrühren verwendet! Die feine Zunge jeder Jungfrau vermeldet jeden Fehler augenblicklich und kreidet ihn gnadenlos an.

Wie weit her es mit der feinen Zunge der Jungfrau tatsächlich ist, beweist der folgende Test. Machen Sie alles genau falsch. Lassen Sie Spülmittel im Glas. Gießen Sie WALDI-Wermut, die Flasche zu 99 Pfennig, hinein, werfen Sie irgendeine grüne Matscholive aus der Dose dazu, und füllen Sie mit Wodka statt Gin auf. Rühren Sie mit der Zahnbürste der Jungfrau um. Beseitigen Sie akribisch alle Spuren, die dem kriminalistischen Spürsinn der Jungfrau von der „unsachgemäßen" Bereitung des Getränkes berichten könnten. Servieren Sie schließlich den Teufelsdrink mit den zuckersüßen Worten: „Schatz, dein Martini! Genau nach deinem Rezept!" Die Jungfrau wird die Soße mit allen Anzeichen des Wohlbehagens kübeln und erfreut bemerken: „Ja, so ist es richtig! Von Martinis verstehe nur _ich_ etwas!"

Bier- und weintrinkende Jungfrauen nerven Gastwirte mit überaus genauen Thermometern, halten ihnen jedes von der Norm abweichende Zehntelgrad vor und werden zum Schrecken jeder gemütlichen Gastlichkeit - bis ihnen ein tatkräftiger Mundschenk was vor die Omme klopft und sie vor die Tür setzt: Lokalverbot. Der einzig richtige Weg, im Gaststätten- und Hotelgewerbe mit Jungfrauen umzugehen.

An harte Alkoholika trauen sich Jungfrauen nicht heran. Wenn doch, kippen sie sofort aus den Socken, fangen sich einen ausgewachsenen Leberschaden oder flippen im Delirium munter durch die Gegend.

Wirklich gut bekommen Jungfrauen nur lauwarme Kräutertees, stille Mineralwässerchen und naturbelassene Obstsäfte - allerdings nur die milden Sorten. Nach dem Genuß von Rhabarbersaft fallen Jungfrauen bereits die Zähne aus dem

111

Gesicht. Auch zu heiße oder eiskalte Getränke sollten Jungfrauen meiden. Ist die Hitze zu groß, brennt ihnen leicht die Sicherung durch. Bei zuviel Eis erstarrt die empfindliche Magenwand, und es beginnt im Bauch der Jungfrau zu klötern - und zwar so laut, daß es ganze Abendgesellschaften in den Wahnsinn treibt.

Die Lieblingsspeise
Jungfrauen schätzen die englische Küche über alles. Das sagt alles über ihren Geschmack: Wie kein anderes Sternzeichen mißachten Jungfrauen die Freuden der Küche. Mageres, am besten gekochtes Fleisch, Kartoffeln, Kompott, Reis, Hirsebrei, Rohkost, Müsli und Haferflocken-Pamps sind ganz nach ihrem Geschmack - mit leckeren Braten, fetten Soßen und göttlichen Süßspeisen kann man sie sogar verärgern. Jungfrau-Kochrezepte verzichten, mit Ausnahme von winzigen Mengen Salz, auf alle Gewürze - und so schmeckt es dann auch.
Hier ein typisches Jungfrau-Rezept:

<u>Blumenkohl im Schlafrock</u>

1 Kopf Blumenkohl;
2 Eßlöffel Mehl;
etwas Wasser;
eine winzige Prise Salz.

Die Zubereitung: Wässern Sie einen Kopf Blumenkohl so lange, bis er jeglichen Geschmack verloren hat. Dann zerkochen Sie ihn in viel Wasser bis zur Unkenntlichkeit. Überstreuen Sie den so entstandenen Brei mit dem Mehl und überbacken Sie schließlich in einer scheuerfesten Form 20 Sekunden im ungeheizten Backofen. Würzen Sie mit etwas Salz - guten Appetit!

Würg!

Das bevorzugte Lokal
Jungfrauen essen am liebsten allein. Wenn man sie ließe, sperrten sie sich zu jeder Mahlzeit in den Wandschrank. In Firmen oder Betrieben nehmen angestellte Jungfrauen ihr Mittagessen gern in ihrem Samsonite ein. Das ist auch der Grund, warum dieser Koffer bei Jungfrauen immer so groß ausfällt. Muß eine Jungfrau ein Restaurant besuchen, wird dies in der Regel kurz darauf geschlossen, weil der Wirt, der Oberkellner und der Koch irrsinnig geworden sind. Jungfrauen ereifern sich über vorgeblich unsaubere Tischdecken, schlappe Dekopflanzen in der Vase auf ihrem Tisch, querulieren über Besteck und Geschirr, meckern an der Form des Bohnengemüses und am Jahrgang des Mineralwassers herum. Am liebsten würden sie das zu schlachtende Rind persönlich vorgeführt bekommen, bevor sie sich zu einem Steak entscheiden. Jungfrauen beschweren sich über die fettigen Haare des Kellners und das maliziöse Grinsen des Geschäftsführers.

Sollte das Personal eines Speiselokals eine Jungfrau-Mahlzeit überlebt haben, versetzt der widerwärtige Gast ihm bei der Schlußabrechnung den Todesstoß. Jungfrauen ziehen zur Überprüfung des Rechnungsendbetrages einen amtlich vereidigten Buchprüfer sowie ihren Steuerberater hinzu oder lassen sich telefonisch mit dem Großrechner der Universität verbinden. Findet die Summe endlich Gnade vor den Augen der Jungfrau, folgt der letzte und größte Schock: das Trinkgeld. Kellner reißen sich die Haare aus, weibliches Bedienungspersonal frißt die Schürze oder zerkratzt sich das Gesicht, wenn eine Jungfrau Trinkgeld gibt. Beträge zwischen ein und drei Pfennig wechseln den Besitzer - das hält kein Angestellter im Gastronomiegewerbe aus. Sarkastische Gemüter antworten augenblicklich mit einer Gegenspende für den Gast.

In Kaschemmen oder Pommes-Buden sind Jungfrauen übrigens nicht anzutreffen - sie erlitten dort entweder sofort den Hygiene-Schock oder bezögen wegen ihrer Meckerei ein Tracht Prügel. Ein sicherer Ort also, um ungestört von Jungfrauen zu essen oder zu trinken.

Das Lieblingstier
Eine weitere große Jungfrau-Macke: Jungfrauen quellen schier über vor Tierliebe - vermutlich, weil die armen Viecher sich nicht recht gegen die Maßregelungen und Rechthabereien der Jungfrauen wehren können. Jungfrauen halten Katzen, Hunde, Kurz-, Mittel- und Langwellensittiche, Kanarienvögel, Schlangen, Halb- und Vollaffen, Reptilien, Hamster, Meer-, Fluß- und Teichschweinchen sowie Kaninchen - keine Tierart ist vor ihrem Zugriff sicher.

Einmal in der Hand von Jungfrauen, ergeht es den armen Kreaturen schlecht. Sie werden gewaschen, ausgeschüttelt, geföhnt, getrimmt, beschnitten, parfümiert, kastriert, dressiert und gestutzt, bis sie dem jungfräulichen Idealbild eines keimfreien, geruchsneutralen und wohlerzogenen Haustieres entsprechen. Völlig verzweifelte Vögel hocken in Käfigen mit geharktem Vogelsand, apathische Hunde sitzen in Körben mit Inventarliste und Hausordnung - es ist unvorstellbar schlimm. Eigentlich sollte der Tierschutzverein Jungfrauen jedwede Tierhaltung untersagen.

Das allerdings auch aus einem zweiten Grund: Nicht genug damit, daß Jungfrauen ihre Lieblinge bis aufs Blut maßregeln und schikanieren. Sie nerven zusätzlich auch noch ihre menschliche Umgebung mit immer neuen Geschichten

aus dem Bereich der Puschelbärchen-Idiotie. „Hach, ist er nicht niedlich?" ist ein typischer Jungfrauen-Satz, der meist eine zweieinhalbstündige Erzählung abschließt. Z.B. berichten Jungfrauen haarklein bis ins letzte Detail, wie ihr Bessi-Schnuckihündchen gestern zum ersten Mal ganz allein im Garten ein Häufchen in das Rosenbeet gesetzt hat (das miese Ferkel!). Ein ungemein erregender Gesprächsstoff, oder? „Hach, ist er nicht niedlich?"
Bei aller Tierliebe hassen Jungfrauen Tierarten wie Flöhe, Ameisen, Wanzen, Kellerasseln und Küchenschaben. Sie sind ihnen nicht nur zu unhygienisch, sondern lassen sich zudem nicht waschen, frisieren, ondulieren, kastrieren, dressieren und entziehen sich - was viel schlimmer ist - auch sonst jeglicher Kontrolle eines menschlichen Halters. Ließen sich Küchenschaben als Armee kommandieren, wären sie vermutlich das absolute Lieblingstier der Jungfrauen.

Die typische Sportart
1. Minigolf - auch „Haarspalter-Golf" genannt
2. Stadt, Land, Fluß - das widerliche Klassenbesten-Spiel
3. Trivial Pursuit - das Spiel für widerliche Rechthaber

Das Lieblingsbuch
der pingeligen Jungfrau kann und darf nur das Kursbuch der Bundesbahn sein. Hier liegt alles klar geregelt und auf die Minute pünktlich fest, hier greift eins ins andere, und weitschweifige Interpreten müssen kläglich scheitern. Außerdem erhält das Kursbuch für Jungfrauen die Illusion aufrecht, der Zug sei noch nicht abgefahren - in diesem Sternbild ein schicksalsschwerer Irrtum.
Platz 2: das Branchentelefonbuch - auch alles hübsch eingekastelt und alphabetisch geordnet, ganz dem Weltbild der Jungfrau entsprechend. Auf den Gelben Seiten ist die Welt noch in Ordnung.
Auch sehr gefragt: Dichtungen über die Jungfrau von Orleans, egal ob von Voltaire, Schiller, Shaw oder sonstwem.

Der Lieblingsfilm
Der absolute Hammer-Film aller Jungfrauen ist „Die Jungfrauenquelle" mit Ingrid Berg-

hoff als Jungfrau Wuchtgelind. Platz 2: „Casablanca". In welchem Streifen sonst sagt der Held seiner Geliebten einen so unvergleichlich analysierenden Satz: „Ich durchschau' dich bis auf die Systemebene, mein kleiner Chip...!"

Die Lieblingsmusik
Keine Ahnung, ob der Autor von „Gödel, Escher, Bach" Jungfrau war. Aber er hat den Angehörigen dieses Sternzeichens aus der Seele gesprochen, als er Bachs Musik mit Gödels Mathematik auf ein Stufe setzte. Ob Pop, Rock, Jazz, Oper - Jungfrauen hören stets nur Musik, bei der Ton auf Ton folgt und alles vom Komponisten klar festgeschrieben ist. Improvisation oder Gefühlsausdruck in der Musik ist ihnen im Grunde ein Horror. Die Musik von Dire Straits oder Wolfgang Amadeus Mozart kriegen sie gerade noch auf die Reihe - das war's dann aber auch. Eigentlich verstehen Jungfrauen überhaupt nichts von Musik. Gespräche über Komponisten ergeben sich dann, wenn Sie einer Jungfrau das Plattenregal gründlich durcheinanderbringen: Sie regt sich stundenlang auf, wie es möglich war, daß eine Bach-Aufnahme unter W wie Wagner geraten ist.

Das bevorzugte Reiseziel
des Jungfrau-Menschen liegt irgendwo zwischen dem Nordkap und Feuerland. Es ist nämlich noch nicht gefunden - Jungfrauen haben an jedem Reiseziel, das sie bisher angesteuert haben, schwerwiegende Mängel zu beklagen. Mal ist es nicht ruhig, mal nicht sauber genug. Jungfrau-Touristen bestehen auf Grabesstille in ihrem Appartemento und setzen immer voraus, daß man vom Fußboden essen kann. Außerdem muß der Gesichtsausdruck des Kellners der gesellschaftlichen Norm des Abendlandes entsprechen; exotische, nach Alkohol oder Knoblauch oder sonstwas riechende Einheimische in Schrottautos verschandeln das Bild der Landschaft und sind unerwünscht.
Ebenso darf das Essen weder zu deutsch noch zu exotisch sein. Der Sand am Strand muß strahlend weiß und klinisch rein sein; etwaige Gebirge dürfen weder zu hoch noch zu steil sein und sollten keinesfalls zu

Lawinen neigen. Außerdem - und diese Bedingung darf in ihrer Bedeutung nicht unterschätzt werden - sollte die Sonne am Urlaubsort einer Jungfrau pünktlich, rasch, ästhetisch befriedigend und im astronomisch genau festgelegten Winkel im Meer versinken. Sie können sich sicher vorstellen, wie viele Urlaubsorte diese Bedingungen erfüllen.

Die typischen Drogen
Ob Jungfrauen Drogen nehmen, kann nicht mit letzter Sicherheit gesagt werden. Denn die eigentliche Droge der Jungfrau heißt Zurückhaltung. Nur nicht auffallen! Schon um nicht aus der Rolle zu kippen, trinken Jungfrauen Alkohol nur in homöopathischen Mengen. Natürliche Drogen wie Opium oder Haschisch verursachen bei

Jungfrauen Ekel. Wer weiß, was man da für ein undefinierbares Zeugs raucht? Vermutlich gibt es jedoch unter den in der chemischen Industrie tätigen Jungfrauen etliche, die sich ihre eigenen Designer-Drogen zurechtschneidern. Ein solche Jungfrauen-Droge sollte in der Formel genau analysiert sowie chemisch rein sein - und völlig ohne Nebenwirkungen und Wirkungen eingenommen werden können.

Die typische Ausrede
Das Arbeitstier Jungfrau hat immer nur das eine im Sinn. Wenn Angehörige anderer Sternzeichen in Liebesfreuden schwelgen oder sich ordentlich einen auf die Lampe gießen, hört man von Jungfrauen nur: „Ich muß morgen früh raus!"

Die Leiche im Keller
Kaum zu glauben, auch Jungfrauen sind Menschen. Irgendwann in ferner Vergangenheit hat jede Jungfrau mal an wichtiger Stelle einen Flüchtigkeitsfehler gemacht, einen winzigen Mißgriff getan oder in einer ihrer haarspalterischen Rechnungen ein Komma vergessen. Daraufhin ist ein Computer-Großsystem zusammengebrochen, ein Raumschiff explodiert, eine Großstadt war dreiunddreißig Stunden ohne Strom, ein Chemiewerk produzierte versehentlich Gummibärchen-Pampe statt Napalm oder ein Atomkraftwerk ist in die Luft geflogen. Keiner konnte herausfinden, wer schuld an dieser Katastrophe war. Aber eine Jungfrau trägt ein schwarzes Mal auf ihrer sonst so superweißen Weste.

Die Glanztat
Kein einziger Käfer wäre über die Straßen der Welt gelaufen und zahllose ätzende Käfer-Spielfilmproduktionen und viele beengte Autobahnkilometer auf dem Rücksitz wären uns erspart geblieben, wenn nicht die Jungfrau Ferdinand Porsche am 3.9.1875 das Licht der Welt erblickt hätte. Nach einigen jugendlichen Irrwegen in die Welt der Elektromobile und einem Streifzug durch die Automobilwerke Europas reifte in ihm die geniale Idee zu einem brötchenförmigen Personenwagen mit beachtlichen Heckschleudereigenschaften und einem lächerlich kleinen Kofferraum, der zunächst zu

militärischen Zwecken mißbraucht wurde (der Wagen, nicht der Kofferraum). In den fünfziger Jahren war der Käfer die Antriebskraft des Wirtschaftswunders und Ferdi setzte noch eins obendrauf: Er quetschte den Käfer auf seinem Reißbrett ein wenig platt, motzte den Motor gehörig auf und verkaufte die so entstandene Blechflunder als Sportwagen - mit dem noch heute die Motor-Machos durch die Gegend kacheln.

Die ganz große Niederlage
Für die absolute Dichterfürstin hielt sich die ebenso beispiellos schöne wie maßlos überhebliche Jungfrau Louise Colet (*15.9.1876), die so ziemlich ganz Paris inklusive der Académie Française um ihre hübschen Finger wickelte. Mehrfach erhielt sie den Literaturpreis der Akademie und erkor sich zum Dank etliche der Herren als Geliebte. Sie setzte ihre Schönheit so rücksichtslos ein, daß sie jedes ihrer Ziele erreichte. 1842 starb sie in dem Bewußtsein, als Dichterin von Weltgeltung in die Geschichte einzugehen. Typisch Jungfrau - war wohl nix...

Der ganz große Hammer
Daß Horoskope so gut wie gar nichts taugen, beweist die wahre Superfrau, die Jungfrau Amelie Beese-Boutard (*18.9.1886), die weder an Nörgelei, Pedanterie, Überheblichkeit oder Besserwisserei litt noch wegen Fachidiotie niederzumachen wäre. Ganz im Gegenteil: Amelie war ein Sangeswunder, spielte etliche Musikinstrumente, schuf Zeichnungen und Plastiken, konnte in der Öffentlichkeit Reden halten und war Deutschlands erste Motorfliegerin, die eine Flugschule führte und sogar einen Frauen-Dauerflug-Weltrekord aufstellte - immerhin 2 Stunden und fast zehn Minuten. Und dieses Wunderweib an Flexibilität war also eine kleinliche, pedantische Jungfrau! Was lernt uns dies? Werfen Sie dieses Buch und Ihren gesamten übrigen Horoskop-Quatsch weg, und tun Sie was Vernünftiges! Singen, ein gutes Buch lesen zum Beispiel. Oder machen Sie den Flugschein...

Die Jungfrau und die Liebe
Liebesabenteuer sind Jungfrauen gleichgültig - sie bleiben oft aus freien Stücken allein, weil

kein Partner ihre peniblen Perfektionsvorstellungen erfüllen kann. Wenn Jungfrau-Frauen heiraten, haben sie meist die Hosen an, überrumpeln ihren Gatten mit wilden Aktivitäten, werden zu Putzteufeln, stellen ständig die Möbel um, organisieren den Haushalt bis ins kleinste Detail, terrorisieren die Nachbarn mit Treppenhaus-Putzplänen, beschäftigen Heerscharen von Handwerkern, die umschichtig einen Raum nach dem anderen immer wieder renovieren. Von Liebe überhaupt keine Spur - außer von Eigenliebe. Klar auch, daß Jungfrauen auf die üblichen Liebesbezeugungen und Werbungen (Blumenstrauß, Lächeln, Liebesgedichte, Kußhändchen u.ä.) nicht reagieren, es sei denn, sie zeigen dem Freier einen Vogel. Jungfrauen geht es um harte Fakten: ein Grundstück vor der Stadt, ein Prämiensparbuch oder ein dickes Auto finden sie ungemein erotisch. Entsprechend verlaufen auch Liebesnächte mit Jungfrauen: Während er sich erotisch redlich abmüht, liest die Jungfrau „Capital". Während sie in seinen Armen einem Liebesabenteuer entgegenfiebert, läßt der Jungfrau-Mann sie einfach fallen, um die neuesten Börsenkurse zu studieren.

Die Jungfrau-Frau
Eiskalt und völlig verstandesgesteuert betrachtet die Jungfrau-Frau ihr männliches Opfer. Und nicht umsonst ist die Jungfrau in vielen Fällen noch Jungfrau. Ihren pedantischen Ansprüchen, ihrem akribischen Ordnungssinn kann es keiner recht machen. Erst wenn er einen sechzehnseitigen Fragebogen in dreifacher Ausfertigung einschließlich Geburtsurkunde, polizeilichem Führungszeugnis und Schufa-Auskunft abgegeben hat, kommt er überhaupt ins (computergesteuerte) Auswahlverfahren. Aber es kommt, wie es kommen muß: Nicht ein einziger Mann hat bisher ihren Test bestanden...

Wenn die Punktzahl eines Bewerbers (weiß der Himmel, warum er sich beworben hat!) in Sachen Liebe aber endlich einmal gereicht hat und er bei ihr Gnade findet, treten andere Hemmnisse in den Weg einer gesunden Sexualität: Gerade, wenn er ihr eine Liebeserklärung machen will, besteht sie darauf, ihm z.B. einen Knopf an die Jacke zu nähen oder ihm die Fingernägel zu schneiden.

Ist auch diese Hürde überwunden, türmt sich vor etwaig sexuell gefärbten Taten ein Gebirge der Eiseskälte auf: Nur ein Casanova reinsten Wassers versteht es, die tiefgekühlte Leidenschaft einer Jungfrau-Frau zu wecken. In den meisten Fällen hat ein solcher Casanova Besseres zu tun und findet leichtere Beute - die Jungfrau bleibt Jungfrau...

Da Jungfrau-Frauen alles mit dem Verstand regeln müssen und allem Natürlichen irgendwie mißtrauen, besitzen sie auch kein rechtes Zutrauen zu ihrem eigenen Körpergeruch. Also greifen sie zum Flakon - es sind Jungfrauen, die sich alljährlich wieder Tausende von Litern des schwülstigsten Parfüms über den Astralleib gießen. Denn leider fehlt ihnen hier jeglicher Geschmack und jedes Gespür. Statt herbe, frische Duftnoten zu wählen, greifen sie zu bedrohlich süßen Sorten, die schon beim ersten Riechen Karies verursachen oder zu anderen Geruchshämmern der tropisch-muffigen Richtung. Wenn plötzlich und unvermittelt alle Zimmerpflanzen verdorren oder draußen ganze Bienenvölker tot vom Himmel fallen, ist eine parfümierte Jungfrau-Frau in der Nähe.

Der Jungfrau-Mann
Der absolute Anti-Casanova - nicht nur, daß er völlig ungeschickt und ohne jeden Charme ist. Nein, auch interessiert sich keine Frau für ihn. Wenn er ein Kompliment machen will, klingt es wie die Wasserstandsmeldungen. Seine Blumensträuße sehen ebenso aus wie seine Socken und seine Krawatte: schlecht zusammengestellt und zu heiß gewaschen.
Er ist eifersüchtig wie ein Pascha, völlig ohne jede Illusion und ohne jede erotische Fantasie, absolut pünktlich und für manche Mutti der ideale Schwiegersohn - nur für die Töchter ist er nichts. Im Grunde hat der Jungfrau-Mann zudem Angst vor jeder Frau und hält sie für eine widerwärtige, alles verschlingende Sex-Bestie. Entsprechend lange dauert es

auch, bis er seine Unsicherheit überwunden hat und einen Antrag wagt. Er nennt diese nutzlose Zögerlichkeit „Zurückhaltung". Zwischen erstem Blickkontakt und einem zaghaften Antrag verstreicht etwa ein Jahrtausend.

Der Frauen-Typ, auf den Jungfrau-Männer stehen, stammt aus der frühen Steinzeit der Geschlechterbeziehungen. Gestylte, modisch gekleidete Damen, die möglicherweise in den letzten drei Wochen sogar einmal beim Friseur waren, verursachen ihm Abscheu und Magenkrämpfe. Nein, er fährt voll auf den Typ Mutti ab; das graue Mäuschen im Kittel, nach Kernseife und Klemmsex schlimmster Sorte riechende Kümmerweibchen der fünfziger Jahre stellt sein Idealbild dar - das ihn sexuell allerdings auch kaum auf Touren bringen kann. Zusammengefaßt: Jungfrau-Männer sind erotisch die letzten Hinterwäldler, und in Sachen Sex regiert absolut tote Hose.

Die typische Anbagger-Szene
a) infantil: Der Jungfrau-Mann nähert sich an der Hand seiner Mutter auf dem Spielplatz der Angebeteten und bietet ihr seinen Lutscher an. Sie lehnt angewidert ab und geht mit einem Widder im Sandkasten spielen.

b) erwachsen: Der Jungfrau-Mann nähert sich an der Hand seiner Mutter im Opernhaus der Angebeteten und bietet ihr sein Opernglas an. Sie lehnt angewidert ab und geht mit einem Widder zum *night-clubbing*.

Bevorzugte Stellungen
Den Geschlechtsakt, sollte es je dazu kommen, vollziehen Jungfrauen streng nach Gebrauchsanweisung. Allerdings verwenden sie eine solche älteren Jahrganges oder ein aus dem Japanischen übersetztes Exemplar. Entsprechend fällt der Koitus dann auch aus. Lust, so glauben Jungfrauen, ist das Juckgefühl bei Fußpilz, und Leidenschaft empfinden Atomphysiker am Zyklotron.

Idealpartner
für Jungfrauen ist, wie bereits gesagt, ein Kaninchen oder Meerschweinchen. Sollte sich menschlicher Kontakt nicht vermeiden lassen, kündigen sich im Verhältnis zum tumben Stier und zum redlichen Stein-

bock die geringsten Katastrophen an. Mit Waage, Skorpion, Löwe und Krebs gestaltet sich das Zusammenleben halbwegs erträglich, weil die Jungfrau meist aushäusig angestellt arbeitet. An Fischen bemäkeln Jungfrauen die Launenhaftigkeit und den Alkoholkonsum, Schütze und Wassermann sind für sie zu abenteuerlustig und lebendig. Wassermänner quatschen außerdem zuviel; wenn schon einer reden muß, dann die Jungfrau selbst. Widder werden den Teufel tun und freiwillig eine Jungfrau heiraten. Auf einen Partner, leidenschaftlich wie ein Bügelbrett, können sie verzichten.

Die wankelmütige Waage
24. September - 23. Oktober

Das Element: Luft
Das Gestirn: Venus
Die Stärken: Harmonie, Kameradschaft, Gleichgewicht, Charme
Die Schwächen: Unentschlossenheit, Ungeduld, Ermüdung, mangelnde Tiefe
Das Motto: „Ich gleiche aus!"
Die magische Pflanze: Immergrün, Kartoffel, Rose, Pflaume, Himbeere, Erdbeere, Pfirsich (die vier letzteren mit Vorliebe als Marmelade), Hafer (Müsli!)
Die magische Farbe: Grün, Weiß, Lichtblau, Rosa
Die magische Zahl: die Venuszahl Sechs
Der ideale Wochentag: Freitag
Der Vokal: „a" („Ach, wirklich?")
Der edle Stein: der Aquamarin
Der ideale Name: Männliche Waagen heißen Norbert, Eugen, Oskar oder Georg. Weibliche Exemplare nennen sich am besten Esther, Brigitte, Rita oder Eleonora.

Der Standardtyp: Schlank, feingliedrig, gut geformt, harmonische Gesichtszüge, große, schöne Augen mit langen, sanften Wimpern, weiches Haar, zarte Haut - richtig, Waagen erinnern in ihrem Aussehen an die Schaufensterpuppen aus dem billigen Kaufhaus an der Ecke.

Der Charakter der Waage
Waagen sehen sich als redegewandt, kultiviert, charmant und kompromißbereit. Sie wollen über einen ausgeprägten Sinn für Ästhetik verfügen. Zudem halten sie sich für gegenwartsbezogen und unternehmungslustig. Soweit das schönfärberische Selbstbild der Waage. In Wirklichkeit sind Waagen anders:
• Die eloquente Waage?
Waagen sind in Wahrheit unheimliche Quasselstrippen, die am eigenen Wortschwall ersticken. Alles wollen sie bereden, analysieren, mit These und Antithese ergründen und schließlich unter einer ihrer Quark-Hypothesen verschütten.
• Kultur?
Waagen stehen total auf Äußerlichkeiten. Klamotten, Aufmachung, *Outfit, Design* oder Make-up sind für sie alles. 125% aller Yuppies gehören dem Sternzeichen Waage an.
• Charme?
Was viele für Charme halten, ist nichts als eine Mischung aus geschäftsmäßigem Pflichtlächeln - so eine Art mimischer Verkaufslackierung - und durch gute Manieren getarnte Unsicherheit.

• Kompromißbereitschaft?
Unentschlossen und zögerlich drücken Waagen sich vor jeder Entscheidung und gehen immer den bequemeren Weg. So sind alle Personen, die an der Fußgängerampel das Knöpfchen drücken und auf Grün warten, statt über die Straße zu hechten, mit Sicherheit Waagen, die dieses und jedes andere Risiko scheuen.
Zu dieser feigen Tour und den bereits weiter oben benannten „liebenswerten" Eigenschaften kommt eine weitere, besonders faule hinzu: Waagen führen das einmal Begonnene nicht gern zu Ende - besonders dann nicht, wenn sie es allein tun müssen. Schon deshalb eignen sie sich nicht zu ernsthaften Unternehmungen. Ein Haus, das ausschließlich von Waage-Handwerkern gebaut würde, wäre erst am St. Nimmerleinstag fertig.
Um die obigen Erkenntnisse noch einmal auf einen kurzen Nenner zu bringen: Waagen sind die letzten Hänger.

Klar, Waagen verfügen für den unbedarften Betrachter über eine gewisse Portion Charme und Anmut, gepaart mit dem

übersteigerten Wunsch nach Anerkennung und Beliebtheit: Die bescheuerten Typen, die in jeder Kneipe und in jedem Café herumhängen und jeden Neuankömmling mit einem Margarine-Reklame-Lächeln in Empfang nehmen, sind mit Sicherheit Waagen. Hinter diesem ekelhaften Kontaktanzeigen-Gesicht mit seinem Zwangsgrinsen verbergen Waagen ihre gesamte Unsicherheit und ihre widerwärtig-verbindliche Natur. Eigentlich müßten sie für diese Grimasse der Freundlichkeit einen Waffenschein besitzen, so gefährlich ist sie.

Gefährlich schon deshalb, weil Waagen ein ausgeprägtes Bedürfnis nach Partnerschaft und Ehe verspüren und sie mit diesem verschleiernden Lächeln versuchen, Opfer zu ködern. Und wehe dem, den eine Waage in ihre Ehe- bzw. Beziehungskrallen bekommt! Doch dazu später mehr.

Weiter sagen Waagen von sich, daß der Sinn für Gerechtigkeit, der unentwegte Wunsch nach *Fair play*, für sie von vorrangiger Bedeutung sei. Das ist in der Tat so - nur entsteht als Folge nicht etwa eine gerechtere Welt. Es sind Waagen, die auf einer Treibjagd die Rehe, Hasen, Rebhühner und Fasanen

anderes Sternzeichen schafft es, die Einsitzzeiten von Waagen auch nur annähernd zu erreichen. Entsprechend sieht auch die literarische Ausstattung einer Waage-Toilette aus. Wo sich ein Widder oder ein Wassermann mit Mickymaus- oder Asterix-Heften begnügt, deponieren Waagen mit Vorliebe James Joyce' „Ulysses", „Zettels Traum" von Arno Schmidt oder die 48bändige Luxusausgabe des Großen Brockhaus.

mit Schußwaffen ausstatten, damit sie zurückschießen können. Intellektbetont, wie Waagen nun einmal sind, finden sie nachher auch noch irgendeine gutklingende Begründung für dieses saudumme Verhalten, wenn die Jagdgesellschaft sich die Schrotkörner aus den Kehrseiten operiert.

Stets auf der Suche nach Wissen, neuen Ideen und geistiger Anregung werden Waagen zur Geißel ihrer Mitmenschen. Sie besetzen nicht nur die Lesesäle der Universitätsbibliotheken über jede Gebühr lang, sondern auch den heimischen Abort. Es sind nicht nur Waagen, die auf der Toilette lesen, aber kein

Trotz aller angestrengten Lektüre werden Waagen allerdings ihr großes Grundproblem nicht los: die mangelnde Tiefe. Nie werden Waagen den wahren Sinn des Lebens ergründen, und vermutlich werden sie - stets auf der Suche nach dem Urgrund allen Seins - auch die Angehörigen der anderen Sternzeichen so nerven, daß auch diese erfolglos bleiben. Waagen sind also schuld, wenn unser aller irdische Existenz ohne jede Sinndimension auskommen muß.

Vielleicht ist gerade wegen dieser ewig offenen Sinnfrage das Interesse von Waagen an Psychologie und den zwischen-

menschlichen Beziehungen in besonderem Maße ausgeprägt. 99% aller Abonnenten von „Psychopathie heute" sind Waagen. Wenn irgendwo einer seine Putzfrau analysiert oder sonstwie wild und ohne jeden Verstand in der Gegend herumpsychologisiert, ist es mit Sicherheit eine Waage. Bei all ihrer Beschäftigung mit der menschlichen Psyche lernen Waagen jedoch nichts.
Das zeigt schon der folgende Wesenszug dieses Sternzeichens:

Waagen lieben die Rolle als Friedensstifter. Die Gefahr, in die sie dabei häufig geraten: In vielen Fällen ist es die „friedensstiftende" Waage, die alle Aggressionen auf die eigene Person lenkt und als Folge davon von den eben noch verfeindeten Parteien was vor die Nüsse kriegt.
Die Waage selbst macht sich nur selten aggressiv Luft. Doch wenn dies geschieht, dann gründlich. Beim großen Auftritt der Waage bleibt nichts ungesagt. Ehen werden bis ins kleinste intime Detail der Öffentlichkeit preisgegeben, und die Mitmenschen der Waage sind dankbar dafür. Eine öffentliche Waage-Kriseneruption ist allemal unterhaltender als jede Folge der „Eichenstraße". Doch der Zorn der Waage verraucht schnell, und zurück bleibt ein niedergeschlagener Mensch voller nagender Selbstzweifel - das eigentliche Ich aller Waagen. Hab' ich zuviel gesagt?, fragt sich die Waage und beschließt, den Ärger kommender Tage erst einmal wieder in sich hineinzufressen - bis zum nächsten großen öffentlichen Ausbruch.

Der Lebenslauf der Waage
Waagen zweifeln ein Leben lang. Zögerlich und unentschlossen wie kein anderes Sternzeichen geht die Waage das Leben an. Mit der Entscheidung allein gelassen, würde manches Waage-Baby bereits an der Mutterbrust verhungern, weil es sich nicht entscheiden könnte, welchen der aparten Milchbehälter es zuerst leeren soll. In diesem Sinne geht es auf dem Lebensweg der Waage weiter: voller Zweifel und Unschlüssigkeiten. Im Kindergarten wissen die kleinen Waagen lange Jahre nicht, ob sie nun lieber in die Hose

machen oder die Kindergärtnerin bitten sollen, sie abzutöpfen. In der Grundschule fragen sie sich, ob lernen oder Blödsinn machen der Sinn des Lebens ist. Später in weiterführenden Schulformen schwanken Waagen hilflos unentschieden zwischen Unterrichtsstoff, Liebeslust, Drogenkonsum und Dauerschlaf. Noch bevor sie für sich selbst eine sinnvolle Wahl getroffen haben, besitzen sie bereits das Zeugnis der Mittleren Reife oder das Abitur.

Auch das Berufs- und Liebesleben von Waagen schwankt in beständigen Unsicherheiten. Ist dieser Job meine Berufung? Soll ich nun diese Dame oder besser diesen Herrn heiraten? Selbst im hohen Alter stehen Waagen noch vor großen Entscheidungen, die zu treffen ihnen äußerst schwerfällt: Was kommt danach? Der römisch-katholische Moralistenhimmel? Das evangelisch-lutherische Gemeindekollektiv? Oder das schwarze Nichts der Ungläubigen? Winnetous ewige Jagdgründe? Das lichte Nirwana oder derselbe Trip der Firma „Soul-Travels" noch ein zweites oder gar drittes Mal?

Die glücklichen Jahre
Besonders gut in Form ist die Waage zwischen dem 30. und dem 37. Lebensjahr. In jüngeren Jahren verdient sie nicht genug, um ihren verschwenderischen Lebenswandel finanzieren zu können. Und ab 38 meidet sie ihr Spiegelbild - es genügt womöglich ihren eigenen ästhetischen Anforderungen nicht mehr.

Waagen im Beruf
Waagen wählen ihre Berufe zwar nicht mit Überlegung, aber sie verlassen sich auf ihre beachtlich treffgenaue Intuition: Juristische Ämter, Berufe in Werbung, PR, Kunst, Musik - überhaupt alle beruflichen Tätigkeitsfelder, in denen eh nur herumgeschwafelt wird - ziehen Waagen magisch an. Wie praktisch, in diesen Bereichen fällt auch die mangelnde Entschlußkraft der Waage nicht so sehr auf. Wen wundert es z.B. noch, daß Prozesse vor unseren Gerichten sich so unendlich in die Länge ziehen - eine Unzahl von Rechtsanwälten, Richtern und Staatsanwälten sind Waagen. Auch die Berufe Tänzer, Schauspieler, Zeichner, Plakatmaler, Porträt-

maler, Fotograf und Schriftsteller stehen unter Waage-Einfluß. Logisch, daß auch Kunstexperten, Literaturkritiker und sonstige kulturellen Schwafelköpfe häufig Waagen sind. Diese passiv-interpretierenden Waagen sorgen nämlich mit ihrem abgehobenen Gewäsch dafür, daß die übrige Welt nicht bemerkt, welch unglaublichen Schwachsinn die anderen, künstlerisch aktiven Waagen verzapfen. Als Kunsthistoriker schließlich treiben Waagen die Preise von (Waage-)Kunstwerken in astronomische Höhen. Alles in allem: Ein ekelhafter Klüngel!

Ein weiterer Berufszweig der Waage: Luxus und Überfluß. Waagen betreiben Friseurgeschäfte, Parfümerien, Mode- und Pelzboutiquen und Schönheitssalons. Hier schwatzen sie, beredt, wie sie sind, ihren hilflosen Kunden jede Menge überflüssigen Ramsch zu Überpreisen auf.
Als Innenarchitekten, Dekorationsmaler, Modedesigner, Seidenmaler, oder Edelfloristen streichen sie dann auch noch ein, was ihre vorab genannten Berufskollegen der Nicht-Waage-Menschheit noch nicht aus der Tasche ziehen konnten. Mit einer Managerkarriere in einem größeren Betrieb oder Konzern wird es trotz aller

verbalen Kompetenz nichts, denn das Durchsetzungsvermögen von Waage-Menschen ist nur schwach ausgeprägt. Zudem verstehen es Waagen nur zu gut, jeder harten Arbeit aus dem Weg zu gehen. Wie soll es da gelingen, in Konkurrenz zu anderen beruflich aufzusteigen oder gar eine Selbständigkeit aufzubauen?

Wenn Waagen ganz nach oben kommen, dann nur durch den bereits beschriebenen Waage-Klüngel: Beziehungen, Intrigen, Leichen im Keller... Zudem ist der unerträgliche Ehrgeiz von Waagen ein zuverlässiger Motor, der Waagen zwar nicht zur Arbeit, aber doch zu einer beachtlichen Intrigantentätigkeit antreibt. Waagen sind nämlich schier versessen auf Titel, Orden und Ehrenzeichen. Vermutlich sind es auch Waagen, die sich beim schönen Konsul Geier die falschen Adelstitel gleich zuhauf kaufen.

Womit wir beim Geld angekommen wären.

Die Waage und das Geld
Mit Geld gehen Waagen äußerst leichtsinnig um. Sie können es sich oft leisten, denn es wird ihnen - weiß der Himmel, woher und warum - förmlich nachgeworfen. Durch Heirat oder Erbschaft werden Waagen häufig sogar richtig reich - meist hält der Wohlstand aber nicht lange, denn Waagen schöpfen aus dem vollen. Macht nichts, wenn die Knete in ein, zwei Jährchen durch den Schornstein ist - die nächste Erbschaft oder die nächste Summe aus dunklen Quellen kommt bestimmt. Übrigens ist ein gewisser Gustav Gans eine Waage...

Ein besonders wirksamer Trick, einer Waage Geld aus dem Kreuz zu leiern, ist es, ihr ein risikoreiches, aber todsicher hochprofitables Projekt der windigsten Art anzubieten. Vom Blendwerk vielversprechender Zahlen wie betäubt, finanzieren Waagen die neuesten Versionen des Perpetuum mobiles, Schwerkraftmotoren, Magnetkraftwerke und Sternenstaubgeneratoren. Ebenso locker sitzt ihnen der Zaster, wenn es um exotische Aktien geht. Da wird die Börse zur Spielbank...

...in der Waagen übrigens auch häufig anzutreffen sind. Anders als Löwen aber ist ihnen das Glück keineswegs immer hold.

Schließlich ein weiterer beliebter Weg, Waagen um ihr Erspartes zu bringen: die Mitleidsmasche. Kenner der Materie präsentieren der zu melkenden Waage abenteuerliche Stories von versaubeutelter Kindheit, einer Jugend unter der Knute schamloser Ausbeuter, von verschmähter Liebe und mißglückter Karriere - und die Waage reagiert wie gewünscht: Sie wird zum Scheinwerfer. Zehner, Zwanziger, Fünfziger, Hunderter, ja, sogar Tausender wechseln mühelos den Besitzer - und das auf Nimmerwiedersehen. Sie wissen Bescheid, wenn Sie mal Geld brauchen...

Das Automobil der Waage
Während vernünftige Menschen nach sicheren, sparsamen und zuverlässigen Automobilen suchen, wählen Waagen ihren Wagen ausschließlich nach unvernünftigen Kriterien: Hauptsache, die Kiste sieht geil aus. Was Wunder, daß sie mit den technisch abgelutschtesten Schrottkisten herumgondeln. Nach dem ersten Rausch des Besitzes folgt für die Waage stets der Schock der Ernüchterung: das italienische In-Auto ist die Rostlaube an sich; der englische Roadster eignet sich eher als Toaster; am schicken Kleinwagen ist nur eines in Ordnung: das Design. Die äußerst elegante und sparsame Limousine ist ein Sprit- und Ölsäufer, der Harald Juhnke weit in den Schatten stellt und über weite Strecken nur mit nachfolgendem Tankwagen betrieben werden kann. Weil Waagen aber derartig ausgeprägte Entscheidungsschwierigkeiten haben, fahren sie die üblen Geräte oft, bis daß der TÜV sie scheidet.

Die Schokoladenseiten
Waage-Menschen werden von Natur aus schnell müde. Deshalb halten sie auf Feten oder Familienfesten nie allzu lange durch und nerven die übrigen Gäste nicht über Gebühr mit ihrem Gerede. Ärgerlich: Waagen erholen sich auch überraschend schnell. Zehn Minuten auf dem Sofa - und der Affentanz geht wieder von vorn los. Vorsicht also - schicken Sie

abgeschlaffte Waagen am besten sofort nach Hause ins Bett!

Die Schattenseiten
Alle Waagen halten sich für Künstler - sie malen, töpfern und bildhauern selbst dann noch, wenn Angehörige anderer Sternzeichen beim Anblick ihrer Werke laut schreiend davonlaufen. Zu allem Überfluß leiden Waagen auch noch unter dem Zwang, ihre „Werke" verschenken zu müssen. Wehe dem, der von einer Waage geschäftlich oder sonstwie abhängig ist und deren geschenkte Machwerke aufstellen oder -hängen muß. Beileid, liebes Kunst-Opfer, tief empfundenes Beileid...

Der große Horror
Schlimmer noch als alle Waage-Kunstattacken: eine Waage in der Natur. Wehe dem, der in Waage-Begleitung das Sauerland durchqueren oder an der Nordseeküste verweilen muß. Da kümmert weder Waldsterben noch Dünnsäureverklappung - beim Anblick von „Natur" flippen Waagen voll aus. Eine spezielle Drüse im Hinterkopf sondert Pangloroloxin (das sog. Kitschhormon) ab, und aus dem Mund der Waage quillt ein Wust lobpreisender Wortgebilde. Oft genügt der Anblick einer Blüte, eines Grashalms oder das letzte Todeszirpen eines vergifteten Singvogels, um eine solche Eruption auszulösen.

Suchen Sie, liebe Angehörige anderer Sternzeichen, bitte umgehend eine sichere Deckung auf, und bedecken Sie den Kopf mit Ihrer Aktentasche oder einer Tageszeitung. Sollten Sie sich häufiger mit einer Waage im Freien aufhalten, ist anzuraten, stets eine Packung „Gloropax" bei sich zu tragen.

Hier ein Beispiel eines verbalen Waage-Ejakulats beim Anblick eines simplen Kartoffelackers:

„Siehst du den Landmann, subventionsgestählt, dortselbst im letzten Licht des Tages seine edlen Knollen ernten? Vermeinest nicht auch du den hehren Duft gebrat'ner Kartoffeln zu erahnen, geweiht dem Heil'gen Pommes oder Frites? Sieh nur, der letzte Strahl des Tages streift den ölbewehrten Motorblock des bärenstarken

Schleppers, wärmt sein Diesel...
Und streichelt dieses
wundersam Gefährt wie einst
der lichten Feen zarte Hand den
muskelprächt'gen Arm der
stolzen Helden Wotans...
Und dort - in fettiger Furche
fruchtbarem Bette liegt
wonniglich grunzend das
niedliche Wildschwein...
Den Wanst mit wahrhaft nahrhafter Kost gefüllt, das prächtig
warme Blatt des Ackerschachtelhalms als Steppgedeck
verwendend...
Ach, Natur, Mutter der Poesie -
mit welch großer Schwingen
Pracht bedenkst du meine
schwache Phantasie..."

Genug? O.k., o.k.!

Die Gesundheit der Waage
Gesundheitsgefahren gibt es für Waagen genug. Weil sie das Maul nicht halten können, fliegen ihnen ständig irgendwelche Bazillen, Bakterien oder Viren hinein. Die Folge: Husten, Schnupfen, Bronchitis, Grippe. Einziger Schutz wäre eisiges Schweigen - das Waagen aber für keine drei Minuten durchhalten können. Aber nicht nur die Atemwege der Waage leiden unter dem ununterbrochen Redefluß. Weil die Waage sich ständig selbst zuhören muß, kriegt sie Kopfschmerzen oder Migräne. Gegenmittel: Den Kopf warm- oder den Mund halten! Was helfen alle Appelle? Waagen können nicht still sein.

Nervös sind Waagen allerdings nicht nur in der Kopfregion. Ein paar Etagen tiefer reagiert der Magen mit Sodbrennen oder gar Geschwüren gegen die unruhige Lebensweise der Waage - vergeblich. Statt auf ihren Körper zu hören, stopft die nervöse Waage sich irgendwelche Lebensmittel in den Rachen, die die Sache nur noch schlimmer machen.

Noch weiter unten leiden die Bandscheiben darunter, daß die faulen Waagen jede körperliche Betätigung vermeiden und als Schreibtischtäter mit schlaffen Muskeln und krummem Rükken auf schlechten Bürostühlen hängen. Wen wundert es noch, daß Waagen es auch mit den Knien haben - Diagnose: Rheuma oder Gicht.

Zum Schluß noch eine Warnung für alle Ärzte, die Waagen

behandeln (müssen): Medikamente und Spritzen sind bei Waagen absolut wirkungslos, wenn eine psychologische Beratung fehlt. Sprechen Sie der Waage auch bei einer leichten Erkältung unbedingt Mut zu - sonst stirbt sie ihnen unter den Händen weg.

Waagen im Krankenhaus brauchen weniger Therapie oder medikamentöse Behandlung als Unterhaltung: Wenn die Krankenschwestern Ballett tanzen, genesen Waage-Männer im Raketentempo! Wenn ihnen der Chefarzt händchenhaltend vorliest, werden Waage-Frauen schneller gesund als ihren Ärzten lieb ist...

Das Lieblingsgetränk
Ob heiß, kalt, lauwarm, kochend heiß, hochprozentig alkoholisch oder nahe an der abstinenten 0,0 Promille-Grenze - Waagen trinken alles. Waagen sind von ihrem Wesen her Genießer und können zu keinem alkoholischen Getränk, das ihnen angeboten wird, nein sagen. Schon deshalb sind Waagen sehr praktische und pflegeleichte Gäste. Wer sonst würde den üblen mezzoandrogusischen Pfefferminzlikör vernichten, den Tante Elsbeth letztes Jahr aus dem Urlaub mitgebracht hat? Wer schreckt nicht einmal vor „Ratzeputz", „Bad Wörrishofener Wurzelwässerchen" oder gar Eierlikör zurück? Waagen kippen sich alles hinter die Binde - und das auch noch mit Genuß...

Die Lieblingsspeise
Wie kann es nach dem vorangegangenen Kapitel anders sein: Waage-Menschen essen so ziemlich alles. Wenn sie Fleisch verspeisen, ziehen sie zwar solches vom Rind vor, aber auch Lamm, Schwein, Ente, Pute, Huhn, Hahn und Hauskaninchen kommen nicht ungeschoren davon. Zwar sagen Waagen, daß sie Pasteten und Salate bevorzugen, aber vermutlich äußern sie dies nur, weil es gerade irgendwie als chic gilt, Pasteten und Salate in sich hineinzustopfen. Waage-Menschen essen Gebackenes und Gedünstetes, Gebratenes ebenso wie Rohes. Sie stopfen Kartoffeln, Nudeln und Reis in sich hinein, baggern Gemüse, Soßen und Süßes und zeichnen sich durch einen bemerkenswerten Magen aus, der alles

klaglos schluckt - bis auf scharfe Gewürze. Doch wie kann es anders sein - gerade darauf sind Waagen ungeheuer scharf. Sie schlucken Paprika, bis ihnen die Flammen aus dem Hals schlagen, brennen sich mit rotem Pfeffer Löcher in die Magenwände und kübeln Tabasco-Soße bis zum Umfallen.

Wenn wundert es, daß es zahlreiche Waagen gibt, die sich mit Messer und Gabel ihr Grab geschaufelt haben....

Das bevorzugte Lokal
In dieser Hinsicht weisen die Sternzeichen Löwe und Waage starke Parallelen auf. Auch für Waagen gilt: Hauptsache, das Äußere stimmt. Ein Restaurant kann in Wirklichkeit die hinterletzte Kaschemme sein, die Küche ihren Fleischbedarf aus Hundefutter bestreiten - der Waage ist es egal, wenn nur der Innenarchitekt gut war. Waagen essen auch in neuzeitlich gestylten Pommes-Buden - selbst wenn das Altöl in der Friteuse bereits die Tage Nebukadnezars gesehen hat.

Im übrigen sind Waagen stets darum bemüht, das richtige Lokal zu besuchen - nur ausgesprochene *In* -Lokale sind gefragt. Es ist einer Waage ausgesprochen peinlich, mit den falschen Leuten am falschen Ort gesehen zu werden. Dumm nur, daß so viele Waagen in ein neues *In*-Lokal stürmen und das attraktive Etablissement augenblicklich wieder *out* ist.

Das Lieblingstier
der Waage ist die Ente. Das hat seinen Grund in der durchaus ähnlichen Lebenssituation von Waage und Ente. Beide können ihr Leben lang den Schnabel nicht halten, und beide gründeln ihr Leben lang im Seichten - auf der Suche nach tiefer gelegenen, substantiellen Werten. Weiter schätzen Waagen die Ente auch gebraten - schön knusperig mit Honigkruste.

Waagen hassen alle Tierarten, die ihnen Arbeit machen. Haustiere werden nur widerwillig Gassi geführt, Nutztiere nur selten gehalten. Welche Waage wird schon Bauer? Die wenigen, die als Bauern geboren wurden, haben vermutlich die arbeitssparende Massentierhaltung erfunden.

Die typische Sportart
für Waagen ist der Tanz. Waagen lieben das leichtfüßige Umherhüpfen ebenso wie das dramatische Sterben des Schwanes.
Die einzige Sportart, die ihnen gesundheitlich nützlich sein

könnte - das Schwimmen - meiden männliche Waagen oft. In der Badehose machen sie keine sehr gute Figur (s. Kapitel „Die Lieblingsspeise"). Weibliche Waagen betreiben den Schwimmsport nur, solange ihr Bikini neu ist.

Das Lieblingsbuch
Zwar verfügen Waagen häufig über eine beachtliche Bibliothek mit raumhohen Regalen voller farbenprächtiger Bücher, selten jedoch haben sie mehr als den Klappentext gelesen. Das einzige, wirklich vielen Waagen bekannte und von ihnen geschätzte Werk der Literatur ist Hermann Hesses „Steppenwolf", in dem der voller Unrast umherziehende Waage-Mann Harry Hirsch auf der Suche nach der tieferen Wahrheit ist, die er aber - bei Waagen völlig klar - natürlich nicht findet.
Selbstverständlich ist Samuel Becketts „Warten auf Godot" das liebste Theaterstück aller Waagen, weil darin - wie im wahren Waage-Leben - niemand so recht mit seinen Entscheidungen und der Frage nach den letzten Dingen zu Rande kommt.

Der Lieblingsfilm
Waagen lieben Filme, in der die ausgleichende Gerechtigkeit siegt. Erst wenn am Schluß der Gangster in seinem Blute, der Kommissar im Whirlpool und die Waage mit der schönen Heldin oder dem strammen Helden in ihren feuchten Träumen badet, ist ein Waage-Cineast zufrieden.
Der absolute Hammer-Film aller Waagen ist „Casablanca". Zwar badet darin am Schluß niemand, aber die ausgleichende Gerechtigkeit siegt - irgendwie. Und in welchem Streifen sonst sagt der Held seiner Geliebten einen so unvergleichlich ausgeglichenen Satz: „Schau' mir in die Augen, Kleines...!

Die Lieblingsmusik
Ob Pop, Rock, Jazz oder Oper - Hauptsache die Stars sehen echt geil aus. Wie oder was ein Megastar der Musikszene kreischend, schreiend oder winselnd von sich gibt, ist letztendlich völlig wurscht. Waagen stehen außerdem auf Bühnenshows mit Exotenzoo, Knalleffekten, Laserstrahlen und Mammutboxen. Stimmwunder wie Tina Turntabel,

Pjotr Mieffei und Bodo Blindenzwerg wären ohne Waage-Publikum längst ausgestorben. Wenn Waage-Regisseure Wagner-Opern inszenieren, schreitet die Walküre als Rockerbraut oder Außerirdische auf.
Beim Ballett lieben Waagen wohlgeformte Körper und alles Glatte, Fließende. Musik und Aussage sind einer echten Waage egal - harmonisch muß es sein. Es liegt auf der Hand, daß das Harmonium das heimliche Lieblingsinstrument aller Waagen ist.

Das bevorzugte Reiseziel
Waagen sind typische Club- und Trend-Urlauber. An schönen Plätzen unseres wunderschönen Planeten mit wunderhübschen Menschen wunderbare Dinge tun und wundersame Cocktails schlürfen - so lautet das höchste Urlaubsziel aller Waagen. Wen wundert's, daß sie sich in bestimmten Wunderwelten gegenseitig die Zehen wundtrampeln?
Mit unglaublichem Gespür finden Waagen heraus, wo in der jeweiligen Saison trendmäßig die Sau rausgelassen wird. Angehörige anderer Sternzeichen meiden diese Plätze wie die Pest. Oder haben Sie Lust, sich an der Strandbar von Wulu-Wulu-Beach von dreitausend Waage-Wunderurlaubern gleichzeitig ein Ohr abkauen zu lassen?

Die typischen Drogen
Andere Sternzeichen nutzen die braune Tunke als Getränk - Waagen gebrauchen sie exzessiv: Ohne Kaffee können Waagen nicht sein. Er schärft ihren überaus kritischen Verstand und macht sie aufmerksam und wach. Auch bringen Waagen ohne das warme Quasselwasser nicht ihre kommunikative Hochleistung - glauben sie zumindest.
In Wirklichkeit verursacht Kaffee auch bei Waagen nur hohen Blutdruck, Sodbrennen und Blähungen. Und besonders die reichlich.

Die typische Ausrede
Waagen sind weder belastbar noch entscheidungsfreudig.

Standardausrede Nr. 1: „Ich war einfach zu kaputt!"
Standardausrede Nr. 2: „Ich konnte mich einfach nicht entscheiden!"

Die Leiche im Keller

Irgendwann in ihrem Leben ist jede Waage einmal in einem Rausch der Menschenfreundlichkeit und Harmoniesucht in ein krummes Ding hineingeschlittert. Waagen stehen beim Autodiebstahl Schmiere in dem Glauben, für den Besitzer eines Pannenfahrzeugs auf den ADAC zu warten. Sie nehmen an Gründungsversammlungen kriminellster Vereinigungen teil und glauben nachher, sie seien zum Schriftführer des CVJM gewählt worden. Sie bunkern im Zuge der Nachbarschaftshilfe Hehlerware in ihrer Wohnung und werden, ohne es zu ahnen, zum Hausmeister eines illegal betriebenen Bordells. Wenn Waagen endlich merken, in was sie verstrickt sind, ist längst alles zu spät und sie müssen weitermachen...

Die Glanztat

a) Die Erfindung der Telefonkonferenz und b) die Erfindung der Werbeagentur gehen auf das Konto von Waagen. Alle anderen Sternzeichen sind ihnen dafür unendlich dankbar.

Die ganz große Niederlage

Fast selbstverständlich, daß eine Waage den ganz großen Versager-Roman geschrieben hat. Der tüttelige Ritter Don Quichotte, sein Pferd Rosinante und der dicke Diener Sancho Pansa sind der Feder des am 1.10.1547 geborenen Miguel de Cervantes Saavedra entstiegen.

Der Kampf des abgefahrenen Ritters gegen Windmühlenflügel und seine übrigen Husarenstücke hatten überraschenden Erfolg: der Roman liegt hinter der Bibel auf Platz 2 der Hitliste aller weltweit veröffentlichten Bücher. Klar, daß der Autor als echte Waage zu Lebzeiten nichts davon hatte: die Familie des Miguel de Cervantes Saavedra war, vermutlich durch die Verschwendungssucht von Waagen, völlig verarmt, der Dichter selbst mußte als Steuereintreiber (igitt!) sein Brot verdienen.

Der ganz große Hammer
Typisch Waage - mal wieder viel Trara, nichts dahinter: Der russische Adlige Fürst Grigorij Alexandrowitsch Potemkin (* 24.9.1739) war der Liebhaber der Zarin, die ihn zum Minister, Oberbefehlshaber des Heeres und Großadmiral ihrer Flotte machte. Da Potemkin aber eine militärische Knalltüte war und mit Vorliebe menschenleere Steppen eroberte, seine Gönnerin aber Leistung sehen wollte, täuschte er Wohlstand und reichliche Besiedlung mit einem fiesen Trick vor: Er ließ die nach ihm benannten „Potemkinschen Dörfer" errichten - schnell zusammengezimmerte Fassaden mit rein gar nichts dahinter. Flugs herangekarrte Leibeigene mußten die Bevölkerung spielen.

Das schärfste: Zarin Katharina war von ihrem *Lover* so geblendet, daß sie den Bluff nicht durchschaute. Oder wollte sie nicht?

Waagen und die Liebe
Wie kaum ein anderes Sternzeichen sind Waage-Menschen von sich und ihrer Wirkung auf das andere (oder das eigene) Geschlecht überzeugt. Waage-Männer und -Frauen halten sich für schlicht unwiderstehlich. Das hat seine Ursache in der, oberflächlich betrachtet, ganz netten Art der Waage. Doch wer tiefer bohrt und nach echten Gefühlen sucht, wird von Waage-Menschen ebenso enttäuscht sein wie ein Skispringer in der Sahara: Unter der hübschen Schale rührt sich meist nichts - bei einigen besonders abgebrühten Waage-Typen <u>absolut</u> nichts.

Die Waage-Frau
Waage-Frauen bilden sich mächtig was auf ihren Charme und ihr elegantes Auftreten ein, und sie glauben, daß alle Männer ohne jede Ausnahme in sie verliebt sein müssen. Deshalb mimen sie zuerst einmal den coolen Vamp, betrachten Bewerber um ihre Gunst als lästiges Geschmeiß und lassen alle Angebote an einer Mauer aus kühler Distanz abgleiten. Erst wenn es dem Freier gelingt, durch sein Äußeres zu beeindrucken und er lange genug den wilden Stier gemimt hat, erhört sie ihn - vielleicht. Die besten Aussichten bei Waage-Frauen haben Dressmen mit breiten Schultern, schmalen Hüften, ausreichend Kohle in der Brieftasche (Aigner!) und Stroh in der Birne.

Wenn sie sich aber einmal einem Mann an den Hals geworfen haben, tritt das genaue Gegenteil ein - sie bleiben kleben. Der Partner einer Waage-Frau mag der letzte Hänger, ein widerwärtiger Chauvi und Rudelbumser, der schlaffste Pantoffelhengst südlich von Warendorf oder ein versoffener Dummbeutel sein - die Waage-Frau kriegt einfach nicht die Kurve, eine Entscheidung zu treffen und ihren Göttergatten in die Pampa zu schicken.

Männer, die bei Waage-Frauen auf traute Hausmutterschaft hoffen, haben sich geschnitten. Auch wenn anfängliche Strategien es der Dame angeraten scheinen lassen, auf Mutti zu machen, so entpuppt sie sich bald als Karriere-Drachen. Selbst wenn vier Kinder zu versorgen sind, besteht die Waage-Frau auf Selbstverwirklichung im Beruf. Einleuchtend, wer dann den Hausmann machen und den Dreck wegräumen darf.

Zur Hausarbeit kommt der Ärger mit der Eifersucht. Waage-Frauen üben eine magische Anziehung auf Männer aus - ob sie nun verheiratet oder sonstwie in festen Händen sind oder nicht. Tagtäglich umlagern Heerscharen von Gigolos das Haus, blockieren in weiter Umgebung die Parkplätze, schicken ekelhafte Blumenpräsente und anderen Horror und fressen bei Spontanbesuchen den Kühlschrank leer. Sie hält die Armee ihrer Anbeter mit einem unvergleichlichen Lächeln (einem unvergleichlich <u>dummen</u> Lächeln) bei Laune und in froher Erwartung - der Ehemann platzt schier vor Eifersucht und darf auch noch den Mist seiner Konkurrenten wegräumen. Resümieren wir also: Die Waage-Frau - die Frau Ihrer Träume? Ihrer Alpträume vermutlich...

Der Waage-Mann
Ein ungemein sympathischer Typ - so sympathisch, daß jeder sofort an Versicherungsbetrug und Heiratsschwindel denkt, wenn er irgendwo auftaucht: keine wirklich guten Startaussichten für erotische Invasionstätigkeit. Hinzu kommt die schier übermenschliche Menschenkenntnis des Waage-Mannes. Hier wie bei der Wahl seines Fahrzeugs läßt er sich von Chrom und Lack bzw. Schminke und Lidschatten blenden. Welche inneren Werte seine Gefährtin hat, ist dem Waage-Mann zunächst völlig schnuppe - Hauptsache, die Tussi sieht ungemein ansprechend aus. Klar, daß mehrfach satt auf die Bretter geht, wer sein Lustsubjekt derart naiv auswählt.

Apropos auswählen - die zweite Riesenmacke des Waage-Mannes. Er wählt aus, betrachtet, erwägt, bedenkt, grübelt nach und bespricht, läßt sich dann alles noch einmal in Ruhe durch den Kopf gehen oder holt Gutachten ein - und wenn jeder glaubt, daß er sich nun entscheiden werde, beginnt er mit der ganzen Prozedur von vorne. Nur zu verständlich, daß seine Lolita längst zur Lustgreisin gealtert wäre, würde sie auf ihn warten - also trifft sie angesichts dieses unentschlossenen Waage-Zögerlings die einzig richtige Entscheidung und hüpft mit dem nächstbesten, halbwegs akzeptablen Mann in die Tonne oder gleich in eine glückliche Partnerschaft, während der Waage-Liebhaber staunend seinen wachsenden Greisenbart betrachtet und noch immer keine Entscheidung getroffen hat.

Waage-Männer, die wegen ihrer Zögerlichkeit bereits mehrfach um Lust und Liebesleben gekommen sind, versuchen mit Hilfe ihres kritischen Verstandes Abhilfe zu schaffen. Sie erstellen Entscheidungs-Checklisten oder programmieren ihren PC, um schneller zu Potte zu kommen. Natürlich wirken derart wissenschaftlich-technische Hilfsmittel eher abkühlend auf die erotische Glut potientieller Gespielinnen.

Andere Waage-Männer verlegen sich während der Phase ihrer persönlichen Unentschlossenheit aufs Labern. Statt klar und deutlich Farbe zu bekennen (etwa: „Tilda, ich find' dich echt bärenstark! Komm, laß uns 'ne eheähnliche Beziehung zusammenlöten!"), beginnen sie mit umständlicher, an Minnegesänge gemahnende Verbalartistik Zeit zu schinden. Waage-Männer dieser Gattung verabreden zwei- bis dreihundert Rendezvous in Cafés, Kneipen oder Nachtlokalen und sülzen ihre Liebste endlose Abende lang von oben bis unten voll - bis diese es dann doch vorzieht, einen weniger komplizierten Mann zu wählen. Gelingt es einem Waage-Mann nach endlosem Liebesgequatsche tatsächlich, eine Frau aufzureißen, geht der Ärger erst richtig los. Der unwiderstehliche Don Juan entpuppt sich als eifersüchtiger Knochen, streitsüchtiger Krisenhammel, nörgelnder Miesmacher oder schutzbedürftiges Würstchen und Muttersöhnchen. Hach, wir Waage-Männer sind ja so sensibel!

Die typische Anbagger-Szene
a) Die Waage-Frau: Tausend Männer umschwärmen die Waage-Frau, die alle Beteiligten liebreizend angrinst. Sie kann sich nicht entscheiden, welchen sie abschleppen soll, und grinst deshalb so lange weiter, bis sie den Kieferkrampf kriegt.
b) Der Waage-Mann: Ein Mann sitzt an der Bar neben einer Frau, kippt einen Cocktail nach dem anderen und labert seine Nachbarin voll, bis sie aufsteht und weggeht. Er setzt daraufhin seine Bemühungen bei der nächsten Tussi auf dem nächsten Barhocker fort. Das Spielchen geht so lange weiter, bis er mit ausgefransten Lippen und sturzbesoffen vom Stuhl fällt.

Bevorzugte Stellungen
Waagen sind ungemein vergnügungssüchtig. Eine einzelne Tätigkeit genügt ihnen nur selten. Deshalb ist ihnen jede beliebige Stellung recht - Hauptsache, man kann dabei essen, trinken, reden, fernsehen, Kreuzworträtsel lösen oder Zeitung lesen.

Idealpartner
Auf einer Wellenlänge mit Waagen liegen Wassermänner und Zwillinge. Halbwegs in Ordnung gehen Verbindungen mit Löwe, Skorpion, Schütze und Jungfrau. Steinböcke sind der Waage viel zu lahmarschig und langweilig, Krebse fahren derart auf Waagen ab, daß sie diese allzuleicht mit einem Überschwang an Liebe förmlich abmurksen. Eher zur todlangweiligen Sorte gehören Verbindungen zu Stier und Fisch. Voll in die Binsen gehen Verbindungen des wilden Widders mit der Waage.

Der hinterhältige Skorpion
24. Oktober - 22. November

Das Element: Wasser
Das Gestirn: Pluto, Mars
Die Stärken:
Findigkeit, Innovationsfreudigkeit, Verschwiegenheit, Hartnäckigkeit
Die Schwächen:
Eifersucht, Hinterlist, Sturheit, Rachsucht, Unberechenbarkeit, Herrschsucht, Eigensinn
Das Motto: „Ich begehre!"
Die magische Pflanze:
Brennessel, Kaktus, Distel, Klette, Pfeffer, Meerrettich, Senf, Gerste
Die magische Farbe:
Rot, am besten Blutrot
Die magische Zahl: Fünf
Der ideale Wochentag:
Dienstag

Der Vokal: „e" („Jetzt erst recht!")
Der edle Stein: Rubin, Granat, Rauchtopas
Der ideale Name: Männliche Skorpione heißen Otto, Ottokar, Albert, Oswin oder Erich. Weibliche Exemplare nennen sich am besten Vivien, Martina, Katharina, Adelaide oder Margret.
Der Standardtyp: Stechender Blick, tiefliegende Augen, widerborstige Haare, dicker, kurzer Hals, strammer Spitzkühler-Bauch auf zu kurzen Beinen - Skorpione erinnern in ihrem Aussehen an eine Kreuzung aus Pumuckels Großmutter und Beelzebubs Urgroßon-

kel. Nur der Schwanz und der Pferdefuß fehlen.

Der Charakter des Skorpions
Ist schon ein Schätzchen, unser niedlicher kleiner Skorpion, nicht? Wie war das doch gleich? Eifersucht, Hinterlist, Sturheit, Rachsucht, Unberechenbarkeit, Herrschsucht, Eigensinn... Eine schöne Auflistung!

Mal ernsthaft: Der Skorpion ist das Triebtier (um nicht zu sagen der Triebtäter) unter den Sternzeichen. Skorpione selbst halten sich für willensstark, leidenschaftlich, selbstlos und zur uneingeschränkten Hingabe fähig. In Wirklichkeit jedoch sind sie - um die Liste ihrer widerwärtigen Eigenschaften noch etwas länger zu machen - listig und gerissen und dazu über alle Maßen egozentrisch.

Der Name Skorpion steht astrologisch für grundlegende Umwandlungsprozesse, die Verbesserung des Status quo; das klingt hübsch innovativ. Im Alltag bedeutet dies allerdings, daß Skorpione alles - bis auf die letzte Büroklammer - auf den Kopf stellen, wenn sie in eine neue Firma kommen. Wohngemeinschaften, in die Skorpione einziehen, kommen regelmäßig völlig aus dem Tritt. Alles ändert sich, und dabei ist völlig gleichgültig, ob zum Guten oder zum Schlechten. War bisher die Küche immer supersauber, so steht plötzlich überall Abfall herum. War der gemeinsame Koch- und Brutzelraum bisher eine Müllkippe, führt der Skorpion plötzlich hygienische Normen wie in der Uniklinik ein. Hauptsache, alles wird anders - dem Skorpion ist völlig wurscht, in welche Richtung es geht, ob er mit seinen revolutionären Veränderungen das große Chaos oder das goldene Zeitalter heraufbeschwört. Überhaupt sind Skorpione wahre Goldstücke. Ihre Mitmenschen lassen sich nur kurz von oberflächlicher Liebenswürdigkeit täuschen - schon bald lernen sie den Skorpion als herrschsüchtigen Despoten, unberechenbares Raubtier, sturen Dickschädel und rachsüchtiges Monster kennen.
Es ist nicht abzustreiten, daß eines an der Selbstsicht des Skorpions in der Tat richtig ist: Skorpione verfügen über eine

gewisse persönliche Ausstrahlungskraft, mit der sie besonders einfache Gemüter und kleine Kinder zu beeindrucken suchen. Zu mehr taugt dieses Psycho-Blendwerk wirklich nicht. Allenfalls könnten besonders häßliche Skorpione mit Hilfe dieses „dämonischen Flairs" einen Job als Hilfsgespenst in der Geisterbahn bekommen.

Skorpione besitzen darüber hinaus, nicht nur nach eigener Einschätzung, Kraft und Willensstärke - meist aber nicht genügend davon. Denn ihre ausgeprägten Gefühlsantriebe machen sie häufig zu willenlosen Triebtieren oder Lustmaschinen. Tatsächlich ist das Leben von Skorpionen ein unentwegter Kampf gegen unersättliche Begierden, in dem sie meist unterliegen. Im Alltag bedeutet das meist: Skorpione sind die hilflosen Rudelbumser, die einen Quicky nach dem anderen brauchen, um ihre Triebe zu befriedigen, oder hektische Arbeitstiere, die ohne ihren zehnsekündigen Adrenalinstoß nicht mehr auskommen können. In seltenen Ausnahmefällen kommt es sogar so weit, daß Skorpione sich sozusagen mit dem eigenen Stachel fertigmachen. Bis dahin dauert es allerdings eine ganze Weile.

Auf ihr ungeheures Stehvermögen, das sie wider jeden Verstand bis zum bitteren Ende durchhalten läßt, sind Skorpione auch noch stolz. Ebenso verachten sie jede Schwäche bei sich und anderen.
Bei sich selbst sind sie in Sachen Verachtung allerdings ein wenig halbherziger als bei anderen - z.B. in puncto Unpünktlichkeit. Wenn jemand zu einer Verabredung mit einem Skorpion unpünktlich erscheint, markieren sie gleich den wilden Affen: „Was erlaubst du dir eigentlich? Schon wieder zehn Sekunden zu spät!" Was sie aber nicht daran hindert, selbst ein Ausbund an Unpünktlichkeit zu sein...
Im ganzen gesehen halten Skorpione nichts von symmetrischen Verhaltensweisen: Sie sind zutiefst sauer, wenn jemand es wagt, sie zu kritisieren - denken allerdings nicht im geringsten daran, mit ihrer eigenen, oft harschen Kritik hinter dem Berge zu halten. Nein, Skorpione halten in der

Tat mit ihrer Meinung nicht hinter dem Berg. Sie sagen alles unverblümt und wahrheitsgetreu; sie beleidigen Gastgeber, Erblasser, Freunde, Geliebte, Helfer und Lebensretter - munter drauflos, wie es ihnen in den Kram paßt. Wer gerade einen Skorpion aus einem eisigen, reißenden Gebirgsfluß vor dem sicheren Ertrinken gerettet hat, bekommt zu hören: „So ein Mist! Warum bist du nicht früher gekommen, du Arsch! Jetzt ist mein schöner Anorak naß!"

Lieber schweigt ein Skorpion, ehe er seine Meinung verwässert zum Ausdruck bringt. Jeden Abend sitzen Hunderttausende von Skorpionen in unseren Kneipen schweigend hinter ihrem Bier. Wer weiß, wie viele wertvolle Meinungen uns da verlorengehen? Verloren geht dem Skorpion übrigens auch so mancher Freund: Da diesem Sternzeichen argumentativ nicht beizukommen ist, zieht es so mancher Angehörige anderer Sternzeichen vor, das Weite zu suchen.

Auch wechseln Skorpione lieber die Freunde als ihre eigene Meinung, die sie über alles hochhalten.

Neben den bereits genannten supernetten Charaktereigenschaften besitzen Skorpione eine weitere beachtliche Macke, mit der sie ihre Mitmenschen nerven: ihre andauernden Suche nach Vollkommenheit.

Skorpione verspüren ständig den Drang, alles 150%ig zu erledigen. 155% aller Steuerprüfer und 250% aller TÜV-Ingenieure z.B. sind Skorpione. Das nervt. Hinzu kommt bei Skorpionen der unselige Trieb, den Dingen auf den Grund zu gehen. Das hat zur Folge, daß ihre Begabungen vor allem in den Gebieten Entdeckung und Forschung liegen. Sie entdecken als Finanzbeamte jede Steuerhinterziehung und erforschen bei der TÜV-Abnahme jeden noch so versteckten Defekt an ausgerechnet meinem Schrottauto. Und wer kann die teure und völlig unnötige Reparatur bezahlen? Ich natürlich! Hundsgemein!

Hinzu kommt ein großes Einfühlungsvermögen, das sie befähigt, auch intime Geheimnisse im Gespräch auf widerlich-einschleimende Weise zu ergründen; deshalb sind Skorpione gesuchte BKA-Mitarbeiter und Spione.

Auch die Erkundung okkulter Phänomene gehen Skorpione gern an. Allnächtlich sitzen Hunderttausende von Skorpionen um runde Tische herum und versuchen krampfhaft, mit dem Jenseits zu kommunizieren. Doch leider haben die Geister unserer Ahnen Besseres zu tun als an Tischplatten herumzurütteln. Vermutlich liegen sie in ihren übernatürlichen Betten und pennen.

In sternenklaren Nächten stehen die Straßen und Plätze der ganzen Welt voller Skorpione, die angestrengt nach Ufos Ausschau halten. Sie werden keinen Erfolg haben, denn die Besucher von fernen Galaxien suchen ja nach intelligentem Leben - und nicht nach dummbeuteligen Skorpionen, die sich beim Nach-oben-Starren den Hals ausrenken.

Im Alltagsleben hat dieser Forscherdrang der Skorpione die unangenehme Folge, daß man sie unter keinen Umständen allein in einer fremden Wohnung lassen kann. Sie kramen in Kisten und Schränken, durchstöbern Schubladen und Regale, schauen unters Bett und in die Schatulle mit den privaten Papieren und entdecken garantiert Vatis Sammlung erotischer Kunstfotografien und Muttis Liebesbriefe verflossener Verehrer. Also Vorsicht mit Skorpionen, wenn Sie konspiratives Material zu verbergen haben!

Immerhin neigen Skorpione zu größter Verschwiegenheit. Sie können Geheimnisse wirklich für sich behalten. Wenn zum Beispiel das Haus des Nachbarn brennt und der Skorpion sieht es - Sie müssen nicht glauben, daß er dieses Geheimnis verrät, schon gar nicht der Feuerwehr! Nein, ein Geheimnis ist bei einem Skorpion gut aufgehoben.
Selbstverständlich, daß Skorpione für sich fordern, was sie anderen zusichern: Sie werden zur tobenden Bestie, wenn jemand ihre eigenen Geheimnisse verrät.

Also Warnung: Machen Sie sich keinen Skorpion zum Feind! Was im übrigen bei so „netten" Zeitgenossen nicht ganz einfach ist. Im Kampf nämlich sind Skorpione gnadenlose Gegner, die erst ruhen, wenn sie ihrem Feind den Giftstachel in die Brust gesenkt haben. Hübsche Aussichten...

Der Lebenslauf der Skorpione
Schon als klitzekleine Skorpiönchen sind Menschen mit diesem Sternzeichen eine Landplage. Selbst gutmütige Patenonkel werden auf Dauer zu Kinderhassern, und wohlmeinende Pädagogen brechen sich den antiautoritären Hebel ab, wenn sie mit Skorpionkindern zu tun haben. Gerade noch hat sich der nette kleine Junge mit reumütigem Gesicht für seine Schandtaten entschuldigt, da treten Sie schon auf die nächste Tellermine, die das liebe Kind Ihnen gelegt hat. Nicht nur Rachsucht und Hinterhältigkeit schlagen früh durch, auch der Hang zur Tyrannei. Skorpion-Kinder führen bereits im Kindergarten Banden an, terrorisieren mit Hilfe ihrer Mafia schon ihre Grundschullehrer mit Fröschen in der Aktentasche und nächtlichen Anrufen und lassen eine beachtliche Strecke von Wider-

sachern, Feinden oder lästigen Kontrahenten hinter sich, bis sie das Berufsleben erreichen. Klar, daß Karriere macht, wer mit derartigen Ellenbogen und einem so tödlichem Giftstachel ausgestattet ist!

Die glücklichen Jahre
des Skorpions liegen zwischen dem 17. und dem 19. Lebensjahr - vermutlich schon deshalb, weil kein Mensch soviel Streß und emotionale Hochspannung länger als ein paar Jährchen ohne Schaden aushält...

Skorpione im Beruf
Für die meisten Berufe sind Skorpione völlig ungeeignet. Immer dann, wenn sie in Kontakt mit anderen Menschen kommen, bricht sich ihr unleidliches Naturell Bahn. Z.B. als Verkäufer versagen Sie völlig: „Sagen Sie mal, Sie unsportlicher Sack: Wollen Sie sich wirklich diesen teuren Sportwagen kaufen?" - ist ein typischer Skorpion-Verkäufer-Satz. Mit ihrer ekelhaften Unart, ständig ihre eigene Meinung als Wahrheit verkünden zu müssen,

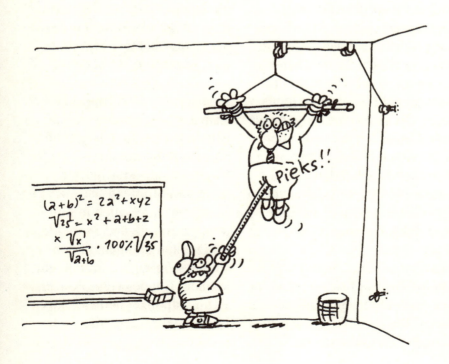

stehen sie sich selbst im Weg. Hinzu kommt eine lästige Streitsucht, der Hang zu unversöhnlichen Feindschaften und Reibereien. Statt zu arbeiten, versuchen Skorpione den lieben langen Tag lang, ihrem Erzfeind im Betrieb eins reinzuwürgen. Dazu setzen sie ihr ganzes, oft nicht geringes intellektuelles Potential ein und nerven ihre Gegner mit kritischer Schärfe und der hinterhältigen Ausforschung ihrer privatesten Geheimnisse.

Damit nicht alle Skorpione wegen dieser abstoßenden Eigenschaften dem Arbeitsamt auf der Tasche liegen, hat man gewisse berufliche Nischen für sie freigehalten. Besonders im Bereich der chemischen Industrie sind Skorpione tätig, bietet dieses Arbeitsgebiet doch den Vorteil, daß Rangkämpfe zwischen Rivalen dank der immer verfügbaren Gifte und Sprengstoffe schnell zur Entscheidung kommen.

Unverständlicher bleibt, warum Skorpione im Maschinenbau, in der Kraftfahrzeugtechnik und in der Elektrotechnik Fuß fassen können. Vermutlich, weil keine richtige Werkstatt ohne einen Meister auskommen kann, der ständig herummeckert und Ärger macht.

Lebensgefährlich für die Menschen der restlichen Tierkreis-Zeichen werden Skorpione in den ärztlichen Berufen. Besonders als Fachärzte stellen sie die Patienten oft vor schwierige Probleme. Nicht, daß sie sich weigerten, Blinddärme herauszunehmen oder Röntgenbilder anzufertigen - aber ohne Streit über die richtige Therapie geht es fast nie ab. Und wer weiß: Vielleicht wird da schon mal etwas abgeschnitten, nur damit der nörgelsüchtige Skorpion-Arzt letztlich recht behält....

Idealberuf für Skorpione ist der Zahnarzt. Da können sie ihren Mitmenschen so richtig schön auf den Zahn fühlen...
Logisch, daß derartige Mißlinge und Streithammel, wie es Skorpione sind, auch in militärische Berufe und in solche Tätigkeiten drängen, in denen sie mit Waffen herumfuchteln können. Bundeswehr, Polizei, Kriminalpolizei und Detektivbüros quellen über von Skorpionen.

Auch in Handwerksberufen haben es Skorpione mit Vorliebe mit Eisen und Stahl zu tun. Schlächter (!), Schlosser, Schweißer, Dreher und Werkzeugmacher stehen häufig unter diesem Zeichen.

Es liegt auf der Hand, daß derartig „freundliche" Zeitgenossen beruflich häufig nicht recht vorankommen. An eine leichte Karriere ist für einen Skorpion kaum zu denken. Wer will schon einen solches Subjekt als Chef? Aber die Anstrengungen des Skorpions wachsen mit den Intrigen gegen ihn. Sie kämpfen mit allen Mitteln, schmieden ihrerseits Intrigen, stellen fiese Fallen und legen innerbetriebliche Fußangeln, bis sie ihr Ziel erreicht haben. Dutzende bleiben auf der Strecke, denn den Skorpion drängt es mit aller Macht nach oben.

Einziger Trost: Gelegentlich siegen letzten Endes doch die vereinigten Streitkräfte der Skorpiongeschädigten...

Eine weitere Freude für Skorpiongegner: Skorpione sind rettungslos verlorene Arbeitstiere. Unfähig, Arbeiten zu delegieren, überarbeiten sie sich meist. Es sind Skorpione, die nach 20 Stunden Arbeit hinter dem Schreibtisch oder auf der Autobahn nach 1500 km Fahrt kollabieren und sich nachher auch noch fragen, warum.

Skorpione und das Geld
Wie kann es anders sein: Skorpione neigen zum Geiz. Sie kriegen schon Muffensausen, wenn sie eine Tageszeitung kaufen müssen. Größere Geldausgaben stürzen sie in eine tiefe seelische Krise. Wenn sie die Knete schließlich doch lockermachen, tritt gemeinerweise eine der größten finanziellen Ungerechtigkeiten des Tierkreises in Kraft: Das Geld des Skorpions wächst förmlich nach. Von irgendwoher kommt immer gerade dann neuer Zaster, wenn der Skorpion ihn braucht.

Dazu haben Skorpione auch noch eine natürliche Begabung für den Umgang mit Geld. Mit den Steuergesetzen jonglieren sie wie ein Artist mit Porzellantellern, und bei ihnen geht nie etwas zu Bruch. Sie kennen Zinssätze, Kreditkonditionen und Bausparprämien auswendig wie andere nur ihre Telefonnumer und sahnen deshalb ständig fett ab. Widerlich!

Eigensüchtig, wie Skorpione nun einmal sind, geiern sie besonders gern auf unerwartete Einnahmen, speziell auf Erbschaften. Aber hier haben sie Pech: Je spitzer sie auf Tante Eleonores Knete aus sind, desto mieser kommen sie im Testament weg. Die Geldgier steht ihnen einfach ins Gesicht geschrieben, und das bemerken auch die Erblasser ziemlich schnell.

Skorpione und ihr Automobil
Bei der Wahl seines Fahrzeuges wirken im Skorpion zwei seiner negativen Eigenschaften zusammen: sein Geiz und sein Hang zum Obskuren. Statt irgendein preiswertes Alltagsgefährt zu erwerben, stürzen sich Skorpione auf fragwürdige Billigfabrikate, die kein Angehöriger anderer Sternzeichen auch nur eines Blickes würdigen würde. Für zwei-, dreihundert Mark wagen sich Skorpione an Produkte der Firmen Britisch Elend, Beta Romeo oder Lada heran und nehmen kochende Kühler, beißende Öldünste, überraschende Kabelbrände und lustige Lagerschäden in Kauf - es sind neuerdings sogar westdeutsche Skorpione im Trabi gesehen worden. Der angestrebte Spareffekt wird keineswegs erreicht. Es liegt auf der Hand, daß solche Fahrzeuge mehr in der Werkstatt stehen als sonstwo fahren.

Die Schokoladenseiten
Skorpione verfügen über eine ungeheure Ausdauer, die in ihren schlimmsten Auswirkungen schon ans Stupide grenzt. Wenn man einen Skorpion aus dem Verkehr ziehen will, stellt man ihm eine schier unlösbare Aufgabe: alle Achttausender dieser Erde besteigen, alle Dortmunder Brauereien besichtigen, jeden Abend das komplette ZDF-Programm sehen o.ä. Der Skorpion kann nicht anders - er muß die in ihn gesetzten Erwartungen zu 100% erfüllen, und wir haben unseren Frieden! So einfach ist das!

Die Schattenseiten
Skorpione sind absolut unberechenbar - und rachsüchtig dazu.

Ein leichtfertig dahingesagter Satz, ein paar heiße Liebesspiele mit dem Ehepartner - und schon werden Skorpione ein Leben lang zu widerwärtigen Feinden. Sie nutzen jede Chance, wenden die hinterhältigsten Tricks und die unmenschlichsten Waffen an. Wer einen Skorpion zum Feind hat, ist nirgends sicher...

Der große Horror
aller Skorpione ist die Angst, ausgenützt zu werden. Skorpion-Freunde verleihen aus diesem Grund nur ungern ihren Kugelschreiber. Skorpion-Väter weigern sich, ein R-Gespräch zu bezahlen, wenn der verschollene Sohn sich nach zwanzig Jahren zum ersten Mal wieder meldet, und Skorpion-Mütter kommen vor Mißtrauen um, wenn der Schwiegersohn in spe sie um eine Schachtel Streichhölzer bittet.

Die Gesundheit des Skorpions
Gemeinerweise können Skorpione uralt werden. Glücklicherweise ist ihnen dieses Privileg nicht ohne einen gewissen gesundheitlichen Ärger vergönnt. Wär' ja auch noch schöner! An Gesundheitsgefahren für sich mag der Skorpion nicht glauben. Deshalb ignoriert er Symptome, solange er irgend kann. Da mag es zwicken und zwacken, drücken und ziehen - Skorpione mißtrauen sich und ihrem Körper. Dabei hätten sie jeden Grund, auf Anzeichen einer Erkrankung zu achten - Darm, Blase, Harnröhre, Kopf, Rachen und Nasennebenhöhlen sind die

Angriffspunkte, die Bazillen, Bakterien und Viren mit Vorliebe attackieren. Zudem leiden Skorpione - wie alle geizigen Menschen - unter Verstopfung. In späteren Jahren plagt sie Rheuma - vermutlich, weil sie in jungen Jahren nicht das Geld für warme Wintersachen herausrücken wollten.

Statt etwas für den Schutz vor Erkrankungen zu tun, unternehmen Skorpione selbst in der Klinik noch alles, um ihre Gesundheit zu unterminieren. Sie fressen und saufen zuviel und kultivieren überstarke Haß- und Rachefantasien, die ihnen vor Gram die Magenwände zerfressen. Nur weiter so...

Ist es zu spät und aus dem „leichten Kratzen im Hals" (O-Ton Skorpion) eine schwere Lungenentzündung geworden, sind es die Angehörigen anderer Sternzeichen, die unter der Krankheit des Skorpions zu leiden haben. Und Krankheiten ziehen sich bei Skorpionen mächtig lange hin...

Ärzte werden bei jedem Diagnose- oder Therapieversuch mißtrauisch beäugt und bei dem kleinsten Anflug oder Verdacht eines Fehlers mit Prozessen und Schadensersatzklagen überzogen. Es sind immer Skorpione, die mit Schadensersatzforderungen in Millionenhöhe durchkommen. Es soll bereits zahlreiche Ärzte geben, die Skorpione nur noch in Anwesenheit eines Notars, eines Staatanwaltes, eines medizinischen Sachverständigen und ihres Anwalts behandeln. Das Pflegepersonal stöhnt über die Schimpfwörter und ganzen Kaskaden von Flüchen, die der ebenso miesepetrige wie wehleidige Skorpion im Kranken-

haus abläßt. „Schwester, was ist denn das für ein Scheißhospital hier!" ist ein Standardsatz von Skorpion-Patienten, „wozu bezahle ich denn diese horrenden Krankenkassenbeiträge?" Doch Vorsicht, Skorpione! So mancher Ihresgleichen bekam schon eine ziemlich unverträgliche Spritze in sein widerwärtiges Hinterteil und verschwand auf Nimmerwiedersehen irgendwo in den unergründlichen Labyrinthen einer modernen Klinik...

Das Lieblingsgetränk
Ob heiß, kalt, mineralisch oder alkoholisch - Getränke für Skorpione müssen vor allem eines sein: umsonst. Dann ist es Angehörigen dieses Sternzeichen völlig wurscht, was sie sich hineinkübeln. Es sind Skorpione, die jedes Jahr Tausende von Freibierständen in Grund und Boden trinken und auf Geschäftsessen so lange beim einarmigen Reißen ausharren, bis sie sturzbesoffen unter den Tisch kippen (was übrigens auch den Verdacht nahelegt, daß 95% aller japanischen und skandinavischen Touristen Skorpione sein könnten).

Die Lieblingsspeise
Die Kochrezepte der Skorpion-Küche sind für Angehörige anderer Sternzeichen völlig ungenießbar. Ähnlich wie Widder verzehren Skorpione Unmengen von Gewürzen. Je schärfer, desto schmeckt man nichts, scheint die Devise dieses Sternzeichens zu sein. Speisen, die auf dem Teller vor Schärfe rauchen und in denen sich Messer und Gabel zischend auflösen, sind für Skorpione gerade richtig. Essig und Salz brauchen Skorpione in Großcontainern, Senf verschlingen sie gleich tubenweise, und Meerrettich, Pfeffer, Chili und Sambal Oelek führen sie sich am liebsten intravenös zu. Außerdem verzehren sie derart scharfen Tobak auch noch in beachtlichen Großportionen. Besonders schätzen sie es, wenn sie beim Verschlingen dieser Chemikalien den Koch oder die Hausfrau mit Unflätigkeiten über das Essen beleidigen oder die Tischdekoration bemäkeln können.
Natürlich rächt sich dieses (Fr)Eßverhalten irgendwann mit einer durchgeätzten Speiseröhre, einem völlig verkohlten Magen oder einer durchlöcher-

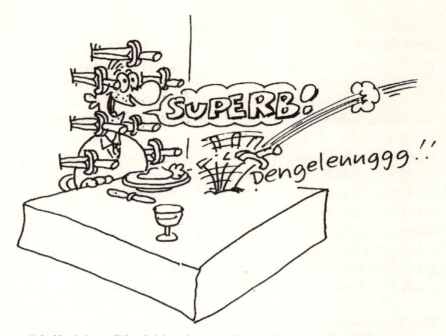

ten Pfefferleber. Bis dahin aber haben Skorpione bereits eine Menge fragwürdige Lukullusjünger bereichert.

Das bevorzugte Lokal
Ihren Hang zum Obskuren und Verdächtigen leben Skorpione auch in dieser Hinsicht aus: Nur zu gerne suchen sie Lokale, Restaurants und Bars auf, in denen zwielichtige Gestalten verkehren. Skorpione finden solches Gelichter apart und anregend. Am liebsten ist ihnen das Stammlokal des Kreisverbandes der örtlichen Cosa Nostra oder die Kaschemme, in der die lokalen Kokain-Dealer ihre Jahrestagung abhalten. Skorpione fühlen sich in einem Lokal erst wohl, wenn neben ihrem Teller mit dem Zigeunerschnitzel ein Wurfmesser vibriert. So mancher Skorpion ist deshalb schon in die Hände von Ganoven gefallen, statt seinen Hunger zu stillen. Umgekehrt ziehen Skorpione die Kräfte der Finsternis magisch an. Ein Schnellimbiß, in dem regelmäßig Skorpione verkehren, kann innerhalb von Tagen zur Schaltzentrale der städtischen Verbrechergewerkschaft oder zum Panzerknacker-Treff entarten. Vorsicht also, Gastwirte! Skorpione raus!

Eine andere Eigenart der Skorpione nämlich werden Gastwirte auch über alles zu schätzen wissen: Sie schreien unentwegt wegen jeder Kleinigkeit nach dem Geschäftsführer. Der sollte augenblicklich herbeieilen, wenn ein Skorpion dies wünscht, und unverzüglich ein Lokalverbot gegen den lauthals Protestierenden aussprechen. Die Gäste anderer Sternzeichen werden es ihm zu danken wissen.

Das Lieblingstier
des Skorpions - der Skorpion. Welche Tierart sonst vereint derart viele Hinterhältigkeiten in sich? Skorpione beißen, können vor- und rückwärts rennen, haben einen Stachel, der überdies auch noch giftig ist und pflegen hübsch ekelhafte Sitten. So tötet und verspeist das Weibchen z.B. ihren Liebespartner nach der Paarung. So egoistisch sind Skorpione! Skorpione hassen alle Tierarten mit Pelz, die Liebe und Wärme verströmen.

Die typische Sportart
Beliebt sind alle Sportarten, in denen a) gekämpft wird und b) man mit irgend etwas auf irgend etwas einstechen darf. Es liegt auf der Hand, daß Skorpione vor allem das Fechten lieben.

Das Lieblingsbuch
Skorpione lieben Texte, hinter denen sie tiefe Bedeutung vermuten können.
◊ Die absolute Nr.1 der Skorpion-Literaten: Umberto Eckstoß. Seinen Roman „Im Rahmen der Hose" kennen echte Skorpione auswendig.
◊ Sein neuestes Werk „Die Foucaultsche Pendeluhr" werden Millionen von Skorpionen gierig einsaugen. Weitere Bestseller auf der Skorpion-Bücherliste:
◊ „Gödel, Escher, Bach" - ein so mysteriöses Buch, daß nicht ein Prozent der Leser mehr als die ersten 60 Seiten versteht. Ideal für alle Skorpione!
◊ das Telefonbuch der Bundespost, dessen hintergründige Bedeutung Skorpione ständig auszuforschen trachten.

Der Lieblingsfilm
Der absolute Hammer-Film aller Skorpione ist „Casablanca". In welchem Streifen sonst sagt der Held seiner Geliebten einen so unvergleich-

lich weitsichtigen Satz: „Ich schau' dir in die Augen, Kleines, aber bleib mir mit deinem Stachel vom Leib...!"

Die Lieblingsmusik
Echte Skorpione jüngeren Jahrgangs hören vor allem ihre Leib-und Magengruppe: „The Scorpions". Andere Rockmusik muß ähnlich hart oder aber düster daherkommen. „Motörhead" und die „Sisters of Mercy" haben vor allem Skorpione als Fans. Im Jazz schätzen Skorpione die vorzeitlichen Männerchöre auf Meredith Monks Platten oder Dixieland aus den Anfängen des Jahrhunderts. Vermutlich besuchen Skorpione eher ernsteren Musikgeschmacks ausschließlich Wagner-Opern.

Das bevorzugte Reiseziel
Der Hang zu Finsternis und Rätsel, zum Sagenumwobenen und Mysteriösen allgemein treibt Skorpione im Urlaub an seltsame Orte. Burgen, Schlösser, Ruinen, alte Klostermauern müssen unbedingt am Urlaubsort vorhanden sein. Modern gesinnte Skorpione nehmen auch mit der strahlenden Ruine eines Kernkraftwerks vorlieb. Die meisten Skorpione reisen in Urlaubsorte, die bereits im Prospekt ein kettenrasselndes Schloßgespenst ankündigen. Da

des Nachts sicher Hunderte von Skorpionen auf der Suche nach Gespenstern durch das alte Gemäuer geistern, wird niemand enttäuscht: In der Ruine ist der Teufel los.
Typische Urlaubsorte für Skorpione: Schottland, Irland, die Karpaten, Transsylvanien, das Rhein- und das Moseltal.

Die typischen Drogen
Starrköpfig, wie Skorpione sind, leiden sie ständig unter verspannungsbedingten Kopf- und Nackenschmerzen. Deshalb vertilgen sie oft Unmengen Thomapyrin oder Melabon.

Die typische Ausrede
Skorpione benutzen niemals Ausreden. Sie sagen stets unverblümt die nackte Wahrheit - es sei denn, sie befänden sich auf dem Kriegspfad. Dann werten sie ihre Lügen jedoch nicht als Ausreden, sondern als Kriegslist. Eine solche Kriegslist eines Skorpions, der einen Widersacher fertigmachen will, könnte bei einem „zufälligen" Besuch beispielsweise lauten: „Guten Tag, ich wollte nur mal kurz reinschauen..."Achtung, Gefahr! Höchste Vorsicht ist geboten!

Die Leiche im Keller
Vorsicht, Attention, Danger! Seien Sie dreimal gewarnt. Skorpione machen aus ihrem Herzen keine Mördergrube, ihr Herz _ist_ eine. Die Redewendung „Leiche im Keller" könnte bei Skorpionen der kaltschnäuzig-kriminellen Sorte bitterste Realität sein.
Aber auch die alltäglicheren Skorpione beherbergen in ihrem tiefsten Gemütskeller Gedanken und Absichten, die bei Angehörigen anderer Sternzeichen längst ins kryptosoziale Unterbewußtsein abgerutscht sind...

Die Glanztat
Die überhaupt skorpiontypische Glanztat leistete sich der Skorpion Stefan Remmler (* 25.10.1946), der mit seiner Band „Trio" die menschliche Kultur um den unvergeßlich tiefsinnigen Musiktitel „Da-Da-Da" bereicherte.

Die ganz große Niederlage
In eine ziemlich sagenhafte Pleite schlitterte die Skorpionin Adelaide von Savoyen (* 6.11.1636) gemeinsam mit ihrem Gatten, dem Kurfürsten Ferdinand Maria von Bayern.

Er hatte die Macke, ihr seine Liebe architektonisch zu beweisen und baute ihr Opernhäuser, Schlösser und Kirchen. Dabei verpulverte er Steuergelder zuhauf. Sie revanchierte sich, indem sie fetzige Feste für seine Geschäftsfreunde ausrichtete: Für eine Fete mit einem Salzburger Edelmann am Starnberger See ließ sie mal eben ein vergoldetes Prunkschiff für 150 Ruderer erbauen... Der große Schock kam 1674: als ihnen die Residenz niederbrannte, waren Ferdi und Adelaide pleite - sie hatten am falschen Ende gespart und vergessen, die Feuerversicherung zu erfinden. Das Paar hinterließ dem Lande Bayern eine Schuldenlast von etlichen Millionen Gulden. Und 'ne Million war damals noch echt 'ne Million...

Woraus wir lernen, daß Skorpione neben anderen üblen Eigenschaften durchaus auch äußerst verschwenderisch sein können.

Der ganz große Hammer
Den ziemlich widerlichen Spitznamen „kleine Pest" fing sich die Skorpionin und Herzogin Laure-Adelaide Abrantès (* 6.10.1784) ein, die sich am Hofe Napoleons in skorpionhafter Rachsucht und Hinterhältigkeit übte und in Saus und Braus lebte. Als der Kaiser weg vom Fenster war, sah es auch für Laure-Adelaide finster aus. Immerhin reichten die Erinnerungen an ihre früheren Schandtaten später noch für ihre Memoiren, die sage und schreibe achtzehn Bände füllten und mit den Personen ihres Vorlebens hart, aber ungerecht ins Gericht gingen. Von wegen verschwiegene Skorpione! War wohl 'n Kakadu im Aszendenten oder so...

Skorpione und die Liebe
Skorpione erreichen ungeahnte Liebesglut, verbrennen sich an ihrer eigenen Leidenschaft die Finger und was sonst noch. Sie können besitzergreifend, unangenehm eifersüchtig und gewalttätig werden. Wer einen Skorpion mit dessen Partner - männlich oder weiblich - betrügt, sollte sich vor dem Giftstachel hüten: Zahlreiche Einlieferungen in die Unfallambulanzen und die Auslastung ihrer Betten verdankt die moderne Medizin der tobenden Eifersucht von Skor-

pion-Männern und -Frauen, die in ihrer blinden Wut zuschlagen, treten, kratzen, beißen, schießen oder auch mal zum Küchenmesser oder zur Schere greifen.

Die Skorpion-Frau
Erste und „hervorstechende" Eigenschaft der Skorpion-Frau: Sie benutzt stark riechende Kosmetika. Genauer gesagt: Sie verwendet zur Unterstreichung ihrer Persönlichkeit und ihrer erotischen Attraktivität Präparate, die an anderer Stelle als Insektengifte oder chemische Keule eingesetzt werden. Ihre herbe Schönheit unterstreicht sie häufig mit Schmuck aus Roheisen. Skorpion-Frauen tragen stets Handschellen, Schnappbügelfallen und Fußangeln bei sich.

Streit gehört bei Skorpion-Frauen zur Partnerschaft wie die Suppe ins Salz. Zartbesaitete Softies geben schon nach drei Tagen den Löffel ab - nur Bärennaturen oder Ochsengemüter halten das auf Dauer aus.

Besonders gern nehmen Skorpion-Frauen das Vorleben ihres Partners zum Anlaß, das sie bereits in den ersten Wochen der „liebenden" Verbindung gründlich und lückenlos ausforschen. Keine Chance für Heiratsschwindler und sexuelle Berufsparasiten. Es sei denn, sie seien selbst Skorpione...

Mißtrauen, Belehrungen der übelsten Sorte, Bespitzelungen, Besserwissereien und eine supersatte Portion Mißtrauen gehören ebenso zur Skorpion-Frau wie ihre verführerische Art, wohlhabende Männer aufzureißen.

Der Skorpion-Mann
Nachtragend, eifersüchtig, mißtrauisch, förmlich nach Rache dürstend - Frauen, die auf Liebesdramen stehen, sollten unbedingt einen Skorpion-Partner wählen. In dieser Hinsicht wird er sie voll beglücken - wenn auch mehr in Richtung Drama, als ihnen lieb sein kann. Zuerst ahnt das weibliche Opfer des Vampirs...äh... des Skorpions nichts. Er umschwänzelt sie, ist liebenswürdig und nett, überschüttet sie mit wertvollen Geschenken, läuft zu amouröser Hochform auf und platzt fast vor Leidenschaft. Sie ist überglücklich und schwebt auf rosa Wölkchen - bis sie merkt, daß die Falle längst zugeschnappt ist. Dann stellt sie fest, daß sie im goldenen Käfig eines zynischen und brutalen Despoten sitzt.

Aber halt - wir wollen nicht pauschalisieren! Nicht alle Skorpion-Männer sind zynische und brutale Despoten! Nur die besonders ausgeprägten Prachtexemplare verdienen diese Bezeichnung. Schwächere Individuen bringen es nur bis zum widerwärtigen, nörgelnden Ekelpaket. Apropos Ekel - Ekel Alfred ist mit Sicherheit ein Skorpion!
Merkwürdig ist der Hang des Skorpion-Mannes zur Farbe Rot - der übrigens auch bei der Skorpion-Frau ausgeprägt ist. Wenn ein Mann einen roten

Anzug, rote Krawatte, rote Socken, rote Schuhe, eine rote Brille und dazu auch noch einen roten Kopf trägt, ist er entweder a) Mitglied der kommunistischen Partei oder b) ein Skorpion oder c) beides.

Weiter sollten Angehörige anderer Sternzeichen über den Skorpion-Mann wissen, daß er gelegentlich zum Einsiedeln neigt. Nach Phasen hektischer Betriebsamkeit und geselliger Ausschweifungen packt ihn plötzlich der Trieb, in die Wüste zu fliehen. Er läßt alles stehen und liegen, verschwindet für ein, zwei Monate und mimt den Eremiten. Nachher erscheint er freudestrahlend wieder auf der Bildfläche und tut, als ob nichts gewesen sei.

Auch in der Liebe bricht sich der makabre Humor des Skorpions häufig Bahn. Statt Blumen oder Schmuck zu schenken, lädt der Skorpion-Mann seine Angebetete in einen Horrorfilm ein. „Bei „Zombies - immer frisch gegrillt" oder „Kettensägen-Massaker XXVI" gerät der männliche Skorpion völlig aus dem Häuschen und entwickelt oft rasante erotische Aktivitäten. Angehörige anderer Sternzeichen sollten sich genau überlegen, ob sie ihm in diesem Zustand ihr Ohr schenken wollen...

Die typische Anbagger-Szene
Der Täter (Skorpion) dreht seinen ganzen Charme voll auf - das Opfer (Angehöriger anderen Sternzeichens) sinkt völlig betört in seine Arme. Es folgen Zustand der Verblendung, beginnende Erkenntnis, die Schuppen-von-den-Augen-Phase usw. Man kennt das ja. Alles schon tausendmal so gelaufen.

Bevorzugte Stellungen
Alle, bei denen der Skorpion obenauf ist. Vorsicht! Skorpioninnen lieben es, ihr Männchen nach dem Akt zu verspeisen oder sonstwie zu verwerten (Hausputz, Wagenwäsche, kleinere und größere Reparaturen im Haushalt bis zur Restaurierung der Fundamente).

Idealpartner
In Kurzfassung: Ideal sind Verbindungen von Skorpionen mit Krebsen und Fischen. Die sind so doof und lassen sich

unterbuttern. Recht gut passen auch Waage, Steinbock und Schütze zum Skorpion, zumindest bis sie bemerken, welches Prachtexemplar sie sich da eingefangen haben.

Mit dem Wassermann geht's in der Regel schief - so willensstark sind Wassermänner selten, als daß sie dem Skorpion das Wasser reichen könnten.

Stier-Verbindungen verlaufen zwiegespalten, weil zwei willensstarke Monster aufeinandertreffen. Entweder geraten sie in einen Zustand so andauernden Liebesglücks, daß man blöde davon werden kann - oder es entbrennt ein Nervenkrieg, gegen den Psychoterror das reine Mensch-ärgere-dich-nicht ist.

Es muß schon eine Menge Leidenschaft im Spiel sein, wenn sich Widder und Skorpion verstehen sollen. Auch den zwiegespaltenen Zwilling betrachtet der Skorpion äußerst skeptisch. Wie kann man nur so schwach und unentschieden sein?

König Löwe kommt dem Skorpion meist zu überheblich und abgefahren vor; auch weigern sich Skorpione grundsätzlich, Angehörige anderer Sternzeichen mit „Majestät!" anzusprechen.

Der nervenaufreibende Schütze
23. November - 21. Dezember

Das Element: Feuer!
Das Gestirn: Jupiter
Die Stärken: Ehrgeiz, Freiheitsliebe, Forscherdrang
Die Schwächen: Unrast, Hektik, Selbstüberschätzung, Unbeherrschtheit
Das Motto:
„Ich denke, also spinn' ich!"
Die magische Pflanze: Roggen
Die magische Farbe:
Purpur in allen Schattierungen
Die magische Zahl: Drei
Die ideale Wochentag:
Donnerstag
Der Vokal: „o" („Orginal?")
Der edle Stein: Türkis, Granat, Lapislazuli
Der ideale Name:
Männliche Schützen heißen Ludwig, Kurt-Georg, Till oder Willi. Weibliche Exemplare nennen sich am besten Heidi, Christine, Gabriele, Edelgunde oder Maria.

Der Standardtyp: Groß, schlank, hohe Stirn, lange Nase, federnder Gang, dynamische Gesten, impulsive Motorik - Schützen erinnern in Aussehen und Verhalten deutlich an Marty Feldman im Liebesrausch oder Dieter Thomas Heckspoiler auf *Speed*.

Der Charakter des Schützen
Wißbegierig und vielseitig interessiert, reiselustig und lernfähig - so sehen sich die

Schützen selbst. Sie liegen mit ihrer Einschätzung nicht falsch, nur wäre einiges über die Ausprägung dieser Eigenschaften zu sagen: Schützen sind *viel zu* neugierig und *viel zu* vielseitig interessiert, dazu *über jedes sinnvolle Maß hinaus* reiselustig.

Beginnen wir mit der Reiselust: Wenn ein Schütze länger als drei Tage zu Hause ist, beginnt er garantiert eine Expedition ins Innere Afrikas zu planen. Am liebsten sind Schützen ständig auf Reisen, und sie sind solche Überflieger, daß sie den Jet geistig eigentlich nie verlassen. In einem Zeitraum, in dem ein Angehöriger eines anderen Sternzeichens höchstens einmal seine Tante Else in Osnabrück besucht, war ein Schütze auf den Bahamas, im hintersten Weitwekistan, am Nordpol und an den Grenzen menschlicher Wahrnehmung. Tausende von Reiseunternehmen leben von der abartigen Reiselust von Schützen, allen voran die Firma Schleckermann-Reisen, die eigentlich „Schützen-Versand" heißen müßte. Schützen reisen nämlich ohne Unterlaß, bis sie absolut pleite sind. Da sie aber immer noch nicht zur Ruhe kommen können, unternehmen sie Wanderungen, Radausflüge oder Expeditionen mit der Straßenbahn zum Nulltarif. 96% aller Schwarzfahrer sind Schützen, die sich um Haus und Hof bzw. Kopf und Kragen gereist haben.

Während Schützen reisen, lesen sie meist Reiseliteratur, um sich auf weitere Reisen vorzubereiten. Auf den Malediven studieren Schützen Bücher über die Wüste Gobi, in Indien solche über die Antarktis. Diese Art von Lektüre bringt erst die rechte Ruhe in ihr Leben. Kommen wir zum zweiten Punkt: Mit der Lernfähigkeit der Schützen ist es nicht weit her. Zwar sind Schützen ständig neugierig wie der Teufel, ziehen sich jedwede erreichbare Information rein und behalten sie auch kurzzeitig im Gedächtnis - aber nur so lange, bis sie Platz für neue, interessantere Informationen machen muß. Von ihrer Lernfähigkeit her sind Schützen also so eine Art intellektuelle Durchlauferhitzer. Zur Neugier kommt die Hoffnung. Nicht umsonst behaupten Schützen von sich, sie seien

stets voller guter Erwartungen. Das ist schon ganz richtig: Schützen sind die reinsten Optimisten und spinnen sich immer irgend etwas zurecht. Wenn ein Schütze schon im Kochkessel eines Kannibalenstammes schmurgelt, hofft er immer noch, die Speisekarte würde überraschend geändert. Überhaupt sind Schützen in Sachen Hoffnung die absoluten Spinner unter den Sternzeichen. So hoffen sie auf ein Ständchen der Feuerwehrkapelle, wenn ihnen das Haus unterm Hintern wegbrennt.

Unrast und Selbstüberschätzung - das sind in der Tat absolute Schützen- Eigenschaften. Der Schütze muß immer irgendwie den Finger am Abzug haben. Nicht genug mit der Hektik, die sie dadurch verbreiten; zu allem Überfluß reden Schützen auch noch gern und viel - am liebsten über sich selbst. Dazu paßt eine unberechenbare Unbeherrschtheit und Impulsivität - alles in allem eine brisante Mischung. Also Vorsicht: Wenn Sie einem Schützen ein wichtiges Geheimnis anvertrauen, hätten Sie es auch gleich in der Tageszeitung veröffentlichen können. Nicht, daß der Schütze es bewußt preisgeben würde wie etwa der Zwilling, nein, er platzt einfach so damit heraus, der Dummbeutel.

Die extrovertierte, nach außen drängende Art des Schützen tut sich auch in seiner Lieblingsfarbe kund: es ist das geile, anspringende Purpur. Wider alle Regeln des guten Geschmacks richten sich echte Vollschützen mit Gardinen, Teppichen, Wandbehängen, Polstermöbeln, Bettwäsche, Fernsehern und Küchengeräten in Purpur ein. Wenn Schützen ein Aquarium besitzen, dann garantiert eines mit Purpurbarben oder Goldfischen.

Apropos Gold - Schützen hassen praktische Geschenke. Lieber sind ihnen gediegene Schmuckgegenstände, formschöne Vasen, bronzene Statuetten (Schütze auf der Jagd o.ä.) oder antike Kleinodien. Wenn Sie als Angehörige anderer Sternzeichen einen Schützen zu beschenken haben, müssen Sie also schon tief in die Tasche greifen. Der einzige Ausweg aus diesem Dilemma: Schenken Sie etwas, das der Schütze für sein Hobby braucht. Wenn er zum Beispiel Segelflugzeuge bastelt, eine Tube Klebstoff oder einen Stamm Balsaholz. Ihr Schütze wird begeistert sein.

Schützen lieben - wie kaum ein anderes Sternzeichen - die Abwechslung, und wenn es keine gibt, sorgen sie dafür. 98% aller saudummen Scherze

mit wasserspritzenden Blumen und Lachsäcken werden von Schützen angezettelt. Ebenso werden 85% aller lustigen Ballveranstaltungen, Überraschungsfeten und Schlüsselparties von Abwechslung suchenden Schützen initiiert. In ihrer Sucht nach Unterhaltung machen sie auch vor dem Intimleben ihrer Freunde nicht halt und zetteln bei ihnen bekannten Paaren wilde Eifersuchtsszenen an - ausschließlich zu ihrer eigenen Unterhaltung. Nett, nicht?

Eine weitere Landplage: Schützen lieben Tiere und Pflanzen. Wenn sie einmal mit der Haltung von Haustieren beginnen, eskaliert dies schnell bis zum Privatzoo. Es fängt mit einem Hamster oder Meerschweinchen an - und endet mit Tigern und Kamelen im Schrebergarten oder einem Trupp Blauwalen im Swimming-pool. Ebenso geht es mit Pflanzen: Ein Philodendron und ein paar mickrige Topfpflänzen wuchern blitzschnell zu einem tropischen Regenwald samt Lianen, eingeborenen Jägern und Sammlern, Gorillas und Riesenschlangen heran. Schenken Sie also niemals einem Schützen eine Topfpflanze!

Der Lebenslauf des Schützen
Der Lebenslauf aller Schützen steht unter einem unguten Stern: Abwechslung und Abenteuer sind schon für das Schützekind das Salz in der Suppe. Diese Grundkonstellation kombiniert mit Selbstüberschätzung, Ungeduld, Rücksichtslosigkeit und Verschwendungssucht... teuflisch.

Bereits in der Wiege nerven Schütze-Kinder ihre Mutter mit ihrer ständigen Suche nach Neuem. Es genügt ihnen nicht die eine Brust - die Milch aus der anderen könnte ja besser schmecken. Überhaupt ist das Gras auf der anderen Seite des Zaunes immer grüner. Das bedeutet auch, daß ein längerer Aufenthalt in der Schule vom Schütze-Kind als reine Zeitverschwendung gesehen wird. Draußen ist doch weitaus mehr im Gange! Fast alle Schütze-Kinder schwänzen deshalb nach den unterschiedlichsten Verfahren mehr oder weniger intensiv die Schule. Vorsicht, Eltern! Da helfen nur Zwangsmaßnahmen - oder resignierte Duldung.

Immerhin führen Schütze-Kinder und -Jugendliche ihre Eltern nicht hinters Licht - sie sind ehrlich bis zur Brutalität. Wenn Thorsten seinen Vater morgens mit folgendem Satz begrüßt: „Na, Alter? Du siehst ja wieder echt fertig aus! Haste gestern abend wieder vor der Glotze gesoffen?", dann kann Thorsten nur ein Schütze-Sohn sein. Papis Gattin bekommt von der lieben Tochter zu hören: „Mensch, Mutti, dein Schwimmring wird auch immer dicker! Wenn du weiter so baggerst, haste bald zwei Zentner drauf!"

Und nur wenn Vati oder Mutti die groben Beleidigungen locker wegstecken, haben sie eine Chance, bei ihren heranwachsenden Kindern einiges Ansehen zu gewinnen.
Und zudem spielen die feinen Sprößlinge ihre Erzeuger nur zu gerne gegeneinander aus. Für Eltern die Hölle auf Erden.
In ihrem Freiheitsdrang sind junge Schützen allerdings auch eine Gefahr für sich selbst: Keine Verbotstafel hält sie von der Großbaustelle, kein Gesetz vom Konsum der neuesten Designerdroge ab.

Wenn Schützen ihre Kindheit und Jugend überleben, werden sie in ihrem Freiheitsdrang zu einer Plage der Erwachsenenwelt. Eine irgendwie geartete Lebensplanung lehnen Schützen rundweg ab. Deshalb ist schwer vorauszusagen, wie es weitergehen wird. Auf jeden Fall abenteuerlich.

Und zwei weitere Fakten stehen fest: Schützen sind so gut wie nie zu Hause. Und: Schützen trifft man am besten dort, wo viele Menschen sind. Meist findet man sie genau in der Mitte der Menschenansammlung.

Die glücklichen Jahre
Bei Schützen sind dies die Jahre zwischen dem 37. und 40. Geburtstag. Einerseits verdienen sie ausreichend Geld, um ihrer Reiselust zu frönen, andererseits machen die Knochen noch mit.
In späteren Jahren würden Schützen manchmal so gern einfach am Kamin sitzen und sich ausruhen - sie können es einfach nicht.
Lebenskluge Schützen bauen deshalb einen Kamin in ihr geräumiges Wohnmobil ein.

Schützen im Beruf
Beruflichen Erfolg haben Schützen nur in Bereichen zu verzeichnen, wo sie sich selbst mit ihrem losen Mundwerk keinen Schaden zufügen können. Dann haben andere unter ihnen zu leiden - z.B., wenn Schützen Richter oder Anwälte werden, was sie mit Vorliebe anstreben.
Wenn sie nicht im juristischen Bereich Fuß fassen können, streben Schützen eine Tätigkeit als Großkaufmann, Verleger oder eine leitende Position in Industrie und Wirtschaft an, meist in der Import- oder Exportabteilung. Hier können sie nach Herzenslust über sich und die Welt reden, und wenn sie wieder einmal einen ihrer berühmten Böcke schießen, haben sie ihre Untergebenen, denen sie geschickt den Schaden in die Schuhe schieben können.

Aus genau demselben Grund wählen Schützen mit Vorliebe Positionen als Beamte bei Ämtern und Behörden. Auch hier schieben sie die Last der Verantwortung und die Folgen ihrer Fehler gern nach unten auf den einfachen Staatsbürger ab.

Nun raten Sie mal, zu welchem Sternzeichen Geistliche, auch höhere kirchliche Würdenträger, Theologen und Prediger, Sektierer und Gurus gehören. Richtig, alles Schützen! Hier können Sie nach Herzenslust herumschwadronieren, die aberwitzigsten Geschichten und Lügengeschichten erfinden, sich in Selbstbespiegelung und überbordendem Bekennertum ausleben. Wenn irgendwas mit ihrer ganz persönlichen Theorie vom Jenseits in die Hose geht - ausbaden müssen es die anderen, die sich auf sie und ihr Wort verlassen haben.

Auch große Militärstrategen gehören diesem unsäglichen Sternzeichen an. Klar, daß sie sicher auf dem Feldherrenhügel oder im Atombunker sitzen. Die Mittelstreckenraketen und Cruise Missiles kriegen die anderen vor die Birne.

Ihr unseliger Hang zu überbordendem Interesse an allem und jedem läßt Schützen auch oft in die Wissenschaften hineinschnuppern. Ob es Philosophie, Medizin, Physik, Metaphysik, Psychologie, Geographie oder Sinologie ist - Schützen wollen überall mitmischen. Ein Glück noch, wenn sich eine universitäre Karriere abbiegen läßt und der Schütze statt dessen Entdeckungsreisender, Globetrotter oder Missionar wird. So treibt er wenigstens sein Unwesen im Ausland, nervt aber nach der meist unvermeidlichen Rückkehr seine Mitmenschen mit endlosen Diavorträgen und Reiseerzählungen.

Die berufliche Karriere des Schützen verläuft im unteren Bereich meist unruhig, es ist keine klare Linie zu erkennen. Wie überall, kann er auch in der Firma seinen Rand nicht halten und redet sich - und andere! - oft um Kopf und Kragen. Auch seine Tendenz zu Zwiespältigkeit und seine Unsicherheit in Entscheidungsfragen fördert sein berufliches Vorankommen nicht: Bevor ein Schütze entscheidungsmäßig überhaupt aus dem Quark kommt, haben andere schon ganze Konzepte und Strategien erarbeitet.

Genauer: Der Schütze weiß nur zu oft vor lauter Begeisterung für die ganze Welt nicht, was er nun zuerst angehen soll. Sich bietende Chancen werden vertan. Was, wenn nach meiner Entscheidung eine noch viel bessere Gelegenheit käme? fragt sich der Schütze-Mensch - und versiebt so die besten Gelegenheiten.

Einmal an höherer Position angelangt, nervt er seine Untergebenen mit ins Leere schlagendem Enthusiasmus und den endlosen Lobpreisungen seiner eigenen praktischen Menschenkenntnis. Wenn Schütze-Chefs in die Kantine kommen, verschwinden ganze Belegschaften hinter der Zeitung, nur um nicht mit dem Chef ins Gespräch kommen zu müssen. Eine weitere Geißel der Untergebenen: die brennende Neugier ihres Vorgesetzten. Schütze-Manager erfahren alles - sogar welche Muster ihr Chauffeur auf der Unterhose trägt. Das allerdings meist von ihrer Ehefrau...

Der Schütze und das Geld
Geld ist für Schützen eigentlich völlig unwichtig. Man hat es - und wirft es mit vollen Händen zum Fenster hinaus. Seltsamerweise kehrt es meist irgendwie zu den Schützen zurück...
Das bedeutet nicht, daß Schützen „ein Händchen" für Geld hätten. Ganz im Gegenteil - es ist ihnen dringend anzuraten, einen Experten zu Rate zu ziehen, wenn es um Geldanlagen geht. Schützen neigen zu gewagten Spekulationen, setzen, wenn sie können, Riesensummen aufs Spiel - und haben manchmal unglaubliches Glück dabei. Manchmal - meist setzen sie ihr gesamtes Vermögen in den Sand.

Wenn Schützen pleite sind, verlieren sie häufig den Kopf und verzweifeln, obwohl dazu kein Grund vorliegt. Gemeinerweise sind Schützen vom Schicksal begünstigt. Irgendwoher kommen in solchen Situationen immer ein, zwei Tausender geflogen...

Das Automobil des Schützen
Obwohl Carl Benz (* 25.11. 1844) ein Schütze war, sind Schützen auf keine bestimmte Marke festgelegt. Wichtig ist nur, daß der Wagen sich für ausgedehnte Reisen eignet. Ein riesiger und bequemer Fahrgast- und Gepäckraum ist also von Vorteil. 85% aller Wohnmobilisten und 112% aller Straßenkreuzerbesitzer sind

übrigens Schützen. Weiter von Bedeutung ist, daß es im Innenraum während der Fahrt leise zugeht. So leise, daß die Schützen ihre stundenlangen Unterhaltungen mit den gequälten Mitfahrern führen können.

Schützen nehmen übrigens - weil sie nicht allein sein können - besonders gern Anhalter mit und plagen sie über Hunderte von Kilometern mit unerträglicher Konversationsfolter. Sportliche Schützen wählen geschoßförmige Sportwagen oder überspoilerte Boliden als Fahrzeug. Da Schützen weder Vorsicht noch Rücksichtnahme kennen, stellen sie eine echte Gefahr für den Straßenverkehr dar. Besonders Schnellstraßen sollten mit dem Hinweis

FÜR SCHÜTZEN GANZJÄHRIG GESPERRT

versehen werden.

Die Schokoladenseiten
Der Forscherdrang der Schützen schlägt glücklicherweise nicht immer ins Leere. Schützen suchen - und finden - die Nadel im Heuhaufen: Kurzschlüsse, verschollene Forscher, versteckte Wasserrohrbrüche, verlorene Scheckkarten oder den winzigen Fehler in einem Computersystem, wenn man sie zu motivieren versteht. Wer den Schaden dann ausbügelt, ist ihnen aber völlig egal. Womit wieder fragwürdig ist, ob es sich hier um eine der Schokoladenseiten der Schützen handelt.

Die Schattenseiten
Um ihre positive Lebenseinstellung zu behalten, müssen Schützen unheimlich positiv denken, sich mit unheimlich positiven Menschen umgeben und unheimlich viel feiern. Im Klartext: Wenn bei Ihnen ein Schütze im Haus wohnt, kriegen sie in keiner Nacht vor fünf Uhr morgens ein Auge zu. Ständig ist Rambazamba, denn Schützen feiern unentwegt Feten mit ultralauter Musik, eisenharten Getränken, Gruppensex im Hausflur und zahllosen positiven Menschen, die unentwegt grinsen wie eine SAT-1-Moderatorin bei der Wetterkarte...

Weshalb diese Feierei? Weil es die Astrologie den Schützen angeraten sein läßt. Woran wir wieder mal erkennen, wozu

Horoskope noch gut sind...
Es gibt also keine Rettung; am besten, Sie ziehen aus und suchen sich ein schützenfreies Haus.
Weiter sei noch warnend anzumerken: Schützen sind gnadenlose Gegner, die mit Schußwaffen umzugehen wissen. Gegenstrategie: mit Kraftmeierei und finsteren Drohungen einschüchtern! Verängstigte Schützen verfallen schnell in Depressionen und sind somit ausgeschaltet!

Der große Horror
von unter dem Sternzeichen Schütze geborenen Menschen:
1. allein zu sein
2. danebenzuschießen
3. irgendwo ohne eine müde Mark in der Tasche im Nachtleben steckenzubleiben

Die Gesundheit des Schützen
Gesundheitsgefahren gibt es für Schützen gleich zuhauf: Wegen ihrer übersteigerten Hast werden Schützen immer wieder in die makabersten Slapstick-

Unfälle verwickelt. Dazu kommen Gicht, Rheuma und Ischias (vermutlich wegen der zugigen Hotelzimmer und der schlechten Betten auf Reisen) sowie Blut- und Lungenkrankheiten (von der Hektik beim Krimi-Lesen).

Schutz: Das Sternzeichen wechseln - es gibt also keinen. Auch die Leber des Schützen hält nicht viel aus - eigentlich sollte er Alkohol meiden, aber welcher Schütze tut das schon? Um die Summe der Gebrechen vollzumachen: Grippe, Schwindelanfälle, Kreislaufprobleme, Fieber mit Schüttelfrost und Langeweile plagen den Schützen wie kaum ein anderes Sternzeichen.

Gesundheitsvorsorge: Luft und Liebe. Bei reichlich Sauerstoff und viel Erotik werden Schützen so gut wie nie krank - wie Angehörige anderer Sternzeichen übrigens auch...

Richtig krank werden Schützen auch aus einem anderen Grund selten - es ist ihnen einfach zu langweilig...

Das Lieblingsgetränk
Ob heiß, kalt, alkoholisch oder multivitaminös - Schütze-Getränke müssen exotisch sein, den Duft der großen weiten Welt verbreiten und an die Hotelbar an der Copacabana erinnern. Schützen kübeln die abartigsten Bacardi-Kokosmehl-Liköre und Orchideen-Shakes, um ihr Fernweh zu betäuben.

In Gesellschaft ziehen sie Getränke vor, die ebenso laut schmecken wie die Schützen nach ihrem Genuß herumrandalieren. Das beschaulich-stille Pils und der tiefgründige schottische Wiskey bleiben unangetastet stehen, wenn Getränke der Sorten Escorial Grün oder Tequila Sunrise zu haben sind. Igittigitt!

Die Lieblingsspeise
Kochrezepte spielen für Schützen kaum eine Rolle. Sie sind beim Essen stets in Eile und schieben sich rein, was man ihnen vorsetzt. Nur an das Reisen erinnernde, exotische Gerichte mit aberwitzigen Gewürzen vermögen kurz ihre Aufmerksamkeit zu fesseln. Nach einem großkotzigen „Hmmm! Das schmeckt genauso wie damals in Neu-Delhi!" verschwenden Schützen keinen weiteren Gedanken an ihre Nahrung.

Das bevorzugte Lokal
Schützen sind ausgesprochene Fast-Food-Konsumenten und wählen, von Hektik getrieben, ihre Restaurants, Kaschemmen und Pommes-Buden vor allem nach einem Kriterium: schnell muß es gehen. „Keine zehn Minuten, und das Menü steht auf dem Tisch!" lautet ein typischer Schütze-Satz über ein Speiselokal. Was Schützen essen, bemerken sie oft nicht einmal.

Es soll Schützen geben, die ein McDouglas-Duck-Wabbelhamburger-Restaurant in dem Glauben verlassen, soeben französisch gespeist zu haben.

Das Lieblingstier
Leider ist der Schützenfisch, der seine Nahrung mit einem Wasserstrahl zur Strecke bringt, den wegen ihrer Unrast oft biologisch ungebildeten Schützen zu unbekannt, um ihr Lieblingstier zu sein. Deshalb landen Schützen meist bei Hund und Katze. Mit den Viechern ist wenigstens immer irgendwelche *Action* in der Hütte. Katzen pinkeln auf den Teppich, schleppen tote Ratten und Mäuse an und sind alle Augenblicke rollig. Hunde kratzen die Tapeten von den Wänden, fressen Pantoffeln und die Tageszeitung, beißen den Nachbarn und vermehren sich wie die Kaninchen. So etwas mögen Schützen.
Eher passive Haustiere wie Schildkröten, Schlangen, Amöben, Nashörner und Seegurken sind Schützen zuwider. Sie enden meist als Vitamin-Cocktail im Mixer oder als Trophäe an der Wand.

Die typische Sportart
Der voller Unrast steckende Schütze wählt seine Sportart nach seiner Wesensart.
Auf Platz Nr.1: der Motorsport - überall auf der Welt rasen zahllose Schützen auf Motorrädern, Gespannen, Rennsport- und Rennwagen sich und andere um Kopf und Kragen. Auf den folgenden Rängen, wie sollte es anders sein, die Sportarten:

2. Bogenschießen
3. Kleinkaliberschießen
4. Triathlon

außerdem auf Platz 5 die Spezialdisziplin „In 80 Stunden um die Welt".

Das Lieblingsbuch
Schützen brauchen den Nervenkitzel. Deshalb sind sie die absoluten Kriminalroman-Leser. Highsmith, Christie, Sjöwall/Wahlöö, Edgar Wallace und ähnliche Blut-und-Leichen-Dichter sind die Schütze-Autoren. Mit beschaulichen Texten, langatmigen Erzählungen oder gar Lyrik können Sie Schützen gestohlen bleiben. Ein Buch ist nur dann Literatur, wenn entweder a) auf jeder Seite einer unter dem Feuer einer Gangsterbande abnippelt oder b) die Gangsterbande ihre verdiente Strafe kriegt.
Besonders gemein bei der Art und Weise, in der Schützen Krimis lesen: Sie können nicht abwarten und schlagen immer zuerst die letzte Seite auf.
Weitere Schütze-Lektüre: teure Bildbände zur Vorbereitung ihrer exzessiven Reisen...

Der Lieblingsfilm
Der absolute Hammer-Film aller Schützen ist „Casablanca". In welchem Streifen sonst sagt der Held seiner Geliebten einen so unvergleichlich treffsicheren Satz: „Ich ziel' dir zwischen die Augen, Kleines...!"
Platz 2: „Zwölf Uhr mittags (High Noon)" und ähnliche Treffer. Überhaupt mögen Schützen Filme mit massig Spannung und Action. Außerdem müssen alle Schauspieler auch nach außen hin was hermachen.
Die Lieblings-Fernsehserie aller Schützen ist „Miami Vice".

Die Lieblingsmusik
Ob Pop, Rock, Jazz oder Oper - es muß munter, locker-flockig und fröhlich daherklingen. Musikalische Finsterlings-Hymnen und schicksalsschwere Symphonien haben bei Schützen keine Chance. Typische Schütze-Stars: Madonna, Nena, Händel, Die Toten Hosen, Vivaldi, Die Erste Allgemeine Verunsicherung, die Dutch Swing College Band, Gottlieb Wendehals und ähnliche Knaller - wobei Ausnahmen die Regel bestätigen.

Das bevorzugte Reiseziel
Schützen haben kein bevorzugtes Reiseziel. **Jedes** Reiseziel törnt sie an.

Die typischen Drogen
aller Schützen sind vermutlich Reisetabletten und sie selbst.

Die typische Ausrede
„Tut mir leid, da war ich gerade in... warte mal.... Alaska? War ich letzte Woche in Alaska? Ach nein, da war ich gerade in Neuseeland - wenn ich mich nicht irre..."

Die Leiche im Keller
Typische Schütze-Delikte: Amtsanmaßung, Hochstapelei, Versicherungsbetrug. Der Hauptmann von Köpenick war vermutlich ein Schütze. Sicher hat so mancher Schütze auf dem Traumschiff schon ein „Dr." oder „Konsul" vor seinen Namen gestellt, um sich von der unbedeutenden Masse der Auch-nicht-Doktoren und -Konsuln abzuheben. Garantiert hat fast jeder zweite Schütze auf einer Fernreise schon einmal seine Reisegepäckversicherung um zwei, drei Tausender für eine gestohlene Kamera abgelinkt, die er nachher, ach, wie seltsam, wieder zu Hause in der hintersten Schublade von Tante Ernas Kommode fand.

Die Glanztat
Wem verdanken wir im Juli die angenehmen 35 Grad im Schatten? Wer ist aber auch für minus 25 Grad klirrenden Frost verantwortlich? Ein Schütze -

der am 27.11.1701 geborene schwedische Astronom (nicht Astrologe!) Anders Celsius. Ohne die 1742 von ihm vorgeschlagene und nach ihm benannte Celsius-Skala würden wir uns mit astronomischen Zahlen herumprügeln wie die Engländer. Allerdings hatte die Ur-Celsius-Skala noch eine kleine Macke: Celsius schlug allen Ernstes vor, den Gefrierpunkt des Wassers mit 100 Grad und den Siedepunkt mit 0 Grad anzugeben, was so manches auf den Kopf gestellt hätte.

Die ganz große Niederlage erlebte vor einigen Jahren ein bekannter achtzehnjähriger Leimener (* 22.11.1967), als er feststellen mußte, daß der in Fernsehinterviews aussagefähige Satz „Der Ball ist rund!" leider urheberrechtlich schon anderweitig besetzt war. Seither hat er für seine öffentlichen Auftritte das unverbindlichere „Äh..." zu seinem Motto gewählt.

Der ganz große Hammer Zur Ware bei einem Tauschhandel wurde im Jahre 1615 die knapp dreizehnjährige Prinzessin und Schützin Elisabeth von Bourbon (* 22.11.1602), die - soeben mit Prinz Philipp von Spanien vermählt - an der Grenze zu Spanien gegen ihre spanische Kollegin Anna Maria eingehandelt wurde, die wiederum König Ludwig XIII. von Frankreich heiraten sollte. Der halbwegs aufmerksame Leser folgert daraus, daß Schützen nicht einmal vor Hochzeits-Tourismus zurückschrecken - und daß es Prinzessinnen schauerlich schwer hatten.

Schützen und die Liebe Wie überall im Schütze-Leben geht es in der Liebe zu: abenteuerlich, überraschend und hektisch. Schützen entflammen schnell, fackeln ihren Treibsatz ab und verlöschen wie eine Silvesterrakete um Nulluhreins. Dabei rasseln sie in die schlimmsten Verwicklungen, brechen Herzen (einschließlich ihres eigenen) gleich zuhauf und versuchen verzweifelt, einer längerfristigen Bindung oder, schlimmer noch, der Ehe zu entkommen. Vergeblich, denn da ihnen das Alleinsein zu schwerfällt, gehen sie immer wieder irgendeinem Angehörigen anderer Sternzeichen in

die Falle. Wenn die wüßten, wen sie sich einfangen...

Die Schütze-Frau
Wozu eine Bindung an eine Schütze-Frau? Wozu eine Schütze-Frau heiraten? Männer, die solches planen, gehören zu der Sorte, die einen Schmetterling als Wachhund dressieren wollen. Schütze-Frauen sind zwar für ein paar heiße Nächte wirklich Spitze - aber danach wird es ätzend. Schütze-Frauen sind versessen auf ihre Freiheit, überhäufen jeden Mann, der ihnen über den Weg läuft, mit Sympathiebekundungen schwersten Kalibers, lassen keinen *One-Night-Stand* und keinen dauerhaften Hausfreund links liegen und tratschen zu allem Überfluß auch noch intimste Details der eigenen Beziehungen in der Gegend umher. Ihr loses Mundwerk nervt ihre Männer (es sind immer mehrere!) bis aufs Blut, denn alle - Dauerpartner, Ehemann, Liebhaber, flüchtige Bekanntschaft oder Lustobjekt - müssen sich ihre Taktlosigkeiten und Beleidigungen anhören, (mit denen sie leider meist auch recht hat). Zusätzlich müssen ihre Männer auch noch ihre unerträglichen Lobpreisungen der eigenen Person erdulden. Es wäre das beste, wenn sich alle Männer einer Schütze-Frau zusammentäten und - je nach Anzahl - gemeinsam Schach, Skat, Doppelkopf oder Schinkenklopfen spielten, statt sich einzeln von diesem Horrorweib fertigmachen zu lassen! Wirklich!

Bei all diesen Unbequemlichkeiten und Nervereien will die Schütze-Frau auch noch zärtlich und liebevoll behandelt werden. Unmöglich, dieses Weib!

Der Schütze-Mann
Das Grundmotiv des Schütze-Mannes heißt: Hals-über-Kopf. Er verliebt sich Hals-über-Kopf, heiratet Hals-über-Kopf, bricht die Ehe Hals-über-Kopf und läßt sich Hals-über-Kopf scheiden. Er beginnt Hals-über-Kopf eine neue Beziehungskiste und rennt Hals-über-Kopf in dieselben Schwierigkeiten wie zuvor. Etwas zögernde Beschaulichkeit wäre für den Schütze-Mann gut - aber ist für ihn ebensowenig erreichbar wie eine gelassene Einstellung in Liebesdingen. Wutanfälle und Trotzreaktionen gehören zum Alltag. Prost Mahlzeit!

Weil Schütze-Männer so Hals-über-Kopf in ihr Verderben rasen, stellen sie übrigens auch das große Kontingent der

Bigamisten wider Willen. Obwohl Schützen ausgesprochen eheunlustig sind, werden sie immer wieder vor den Traualtar gezerrt - und manche eben gleich mehrere Male...

Auch in der Ehe oder Dauerkiste bleibt der Freiheitswille des Schütze-Mannes ungebrochen. Schützen finden verschiedene Wege, sich ihre Ungebundenheit zu sichern.

Manche geben vor, ihre Ehe wegen ihres Berufes zu vernachlässigen. Was der wilde Walter (Schütze) wirklich treibt, wenn seine Liebste daheim ihn auf der Konferenz vermutet, ist allen Schütze-Männern (und nicht nur denen) klar.
Andere Schütze-Männer gehen abends mal eben Zigaretten holen - wenn sie nach drei Tagen zurück sind, hat ihre Partnerin noch Glück. Viele wandern spontan nach Australien aus, und es vergehen Jahrzehnte, bis sie mal wieder anklingeln, als sei nichts gewesen.
Wieder andere machen auf dumm oder gutmütig - sie stellen sich so tapperig und vertrauensselig an, bis ihre Partnerin einfach fremdgehen muß. Das war es, was sie erreichen wollten - endlich hat ihre Schützen-Seele wieder freie Bahn!

Resümee: Eigentlich sind Schütze-Männer die geborenen Einzelgänger und Junggesellen - die gegen ein furioses Abenteuer allerdings nicht das geringste einzuwenden haben.

Die typische Anbagger-Szene
Gleichgültig, welche Angehörigen anderer Sternzeichen beteiligt sind: der Schütze redet über sich selbst und versprüht seinen, wie er meint, unwiderstehlichen Charme. Irgendwann gegen drei Uhr morgens gibt das Schütze-Opfer erschöpft auf und läßt sich vom Schützen ins Bett zerren. Wenn es in der ersten Nacht nicht klappt, klappt es nie. Die Motivationsspanne des Schützen ist zu kurz für einen zweiten Versuch. Besonders schlimm fallen Anbagger-Szenen aus, wenn zwei Schützen aufeinandertreffen: Beide reden über sich selbst und versprühen ihren unwiderstehlichen Charme, bis schließlich beide erschöpft

zusammenbrechen und sich gegenseitig ins Bett zerren...

Bevorzugte Stellungen
Jede, man muß nur dabei reden können. Bevorzugt werden weiterhin Stellungen, die es erlauben, während des Aktes den „Goldenen Schuß" im Fernsehen zu verfolgen.

Idealpartner
Wirklich auf rosa Wölkchen schweben Schützen mit Löwen und Widdern: In diesen Konstellationen wird das Leben zur Orgie - zumindest für eine Weile.
Weniger lustvoll, aber immerhin noch ziemlich volles Rohr, bringen Schützen es mit Waage, Skorpion, Wassermann und Widder.
Fische kommen für Schützen nur selten in Betracht. Sie sind einfach zu still, und die Wasserrechnung wird viel zu hoch. Außerdem ist ein Aquarium auf Reisen äußerst lästig.
Schützen sind ja schon recht flach konstituiert - der flatterhafte Zwilling geht aber auch ihnen auf den Keks. Außerdem wäre in einer Zwilling-Schütze-Verbindung das Hinscheiden durch Quasselkrampf die beliebteste Todesart.
Jungfrauen sind dem Schützen (wem nicht?) zu pingelig, Stiere und Krebse zu kleingärtnerisch und spießig. Vor voreiligen Verbindungen sei gewarnt!

Der starrsinnige Steinbock
22. Dezember - 20. Januar

Das Element: Erde
Das Gestirn: Saturn
Die Stärken:
Ehrgeiz, Beständigkeit, Gewissenhaftigkeit, Organisationstalent
Die Schwächen:
Starrsinn, Autoritätsgläubigkeit, Humorlosigkeit, Geiz
Das Motto: „Ich bleibe dabei!"
Die magische Pflanze:
Tollkirsche, Schierling, Farnkraut, Eibe, Tanne, Pinie, Zitrone, Affenbrotbaum, Mais, Eukalyptus(-Bonbon)
Die magische Farbe:
Dunkelgrün, Dunkelgrau, Dunkelblau, Dunkelbraun, Schwarz (finster, finster!)
Die magische Zahl: Acht

Der ideale Wochentag: Samstag
Der Vokal: „u" (Unmöglich!)
Der edle Stein: Onyx, Saphir, überhaupt dunkle Edelsteine - alles Dunkle zieht den Steinbock an.
Der ideale Name: Männliche Steinböcke heißen Konrad, Gustav, Elvis, Albert oder Mao. Weibliche Exemplare nennen sich am besten Marlene, Hildegard oder Helena.
Der Standardtyp: Von magerer Gestalt, Falten im Gesicht, gebeugter, steifer Gang, breite Wangenknochen, spitzes Kinn, kleine Schweinsäuglein, mickriger Haarwuchs - schön sind Steinböcke nicht. Männliche

Steinböcke erinnern in ihrem Aussehen an den Zauberer *Catweezle*, weibliche an die drei Hexen aus Shakespeares „Macbeth".

Der Charakter des Steinbocks
Tüchtig, fleißig, lernwillig, schlicht, bescheiden, ehrgeizig und strebsam; Konzentration auf das Wesentliche, Unnachgiebigkeit, Geduld... Hört sich das alles nicht nett an? Der Steinbock will, so scheint es, offenbar unbedingt der Musterknabe unter den Sternzeichen sein.

Die Wirklichkeit sieht anders aus: Steinböcke sind mißtrauisch, starrsinnig, autoritär und autoritätsgläubig - sie treten nach unten und buckeln nach oben. Weiter gelten sie als unflexibel und wenig anpassungsbereit, trocken, humorlos, geizig und pfennigfuchserisch. Zu dieser eh schon wenig sympathischen Ansammlung von Negativem kommt noch ein seltsames Paradoxon hinzu: Steinböcke sind in der Jugend alt, dafür aber im Alter jung. Während sie mit sechs Jahren den Kindergreis mimen, stellen sie mit 72 dem jungen Gemüse nach. Sehr nett! Und so unheimlich kalkulierbar!

Apropos nachstellen: Steinböcke zeichnen sich durch scheinbar unerschöpfliche Energie und Ausdauer aus und lieben

das Spiel um Angriff und Widerstand. Wehe dem, der einen liebestollen oder aggressiven Steinbock am Halse hat! Aggressiv - zumindest verbal - lieben es Steinböcke überhaupt: Ironie und Satire imponieren ihnen ungemein, und sie versuchen ständig selbst, „Ätzendes" von sich zu geben - meist mit kläglichem Erfolg. Aber wehe, wenn ihnen jemand anders zu nahe tritt! Steinböcke brauchen Bewunderung und Respekt, um ihren Erfolg genießen zu können. Ein Wort der Kritik macht ihnen alles mies, und sie rennen tagelang mit finsterer Grabesmiene herum.

Diese Grabesmiene ist auch allen Mitgliedern einer Familie bekannt, in der Steinböcke leben. Besonders als Familienoberhaupt können Steinböcke ihre „Untertanen" mit dieser finsteren Art des Liebesentzugs bestrafen. Dabei sagen dieselben Steinböcke von sich, daß sie ihre Familie über alles lieben und ihnen nichts wichtiger ist als ein trauter Abend im Familienkreise.

Klar, daß Steinböcke bei ihrer politisch konservativen Grundeinstellung auf Familie stehen. Ganze Wochen können sie in Pantoffeln vorm Kamin verbringen - und sie fühlen sich dabei auch noch wohl... Unverständlich, absolut unverständlich! Und irgendwie haben sie es damit beneidenswert einfach...

Neuem gegenüber gebärden sich Steinböcke äußerst skeptisch und abwartend. Bevor ein Steinbock den Faustkeil und die Steinplatte zur Seite legt und statt dessen einen Füllfederhalter benutzt, vergehen Jahre. Jahrhunderte braucht es, bis ein Steinbock freiwillig einen Computer benutzt. Nein, dieser neumodische Schnickschnack macht Steinböcke skeptisch. Viel mehr schätzen sie Dinge, die Historie und Tradition ausstrahlen. Was Wunder, daß es in der Wohnung von Steinböcken aussieht wie in Dr. Caligaris Horrorkabinett - so mögen es Steinböcke halt geschmacklich. Modernes Design fliegt gleich im hohen Bogen zum Fenster hinaus. Nur das historisch Gewachsene, das traditionell Abgesicherte kann vor dem Blick eines Steinbocks bestehen: alte Ritterrüstungen, holzgetäfelte Bibliotheken voller Lutherbibeln, antike

Truhen, Schwerter und Keuschheitsgürtel - die manche, mit Steinböcken verheiratete Frauen auch noch tragen (müssen). Wen wundert es, daß die herrlichsten Wagenrad-Lampen und die wuchtigsten Fossilientische in den Wohnungen und Häusern von Steinböcken stehen. Auch junge Steinböcke machen da keine Ausnahme. Antiquitäten, Stilmöbel, Münzen, Kristall und Tafelsilber werden in unglaublichen Mengen herangeschafft - und jedes einzelne Stück muß von Anno Tobak stammen. Steinböcke sind so konservativ, daß sie vermutlich am liebsten in Höhlen hausen würden, bei Fackellicht und Mammutschnitzel.

Aus grauer Vorzeit stammen auch die Umgangsformen von Steinböcken. Sie legen ungemeinen Wert auf gute Sitten und gepflegte Manieren - bei anderen. Sie selbst muffeln herum, wenn sie meinen, andere benähmen sich daneben.

Wenn Steinböcke etwas hassen, so sind das schnelle Entschlüsse. Bevor ein Steinbock sich entscheidungsmäßig aufgerafft hat, ein paar Biere hinter die Binde zu gießen, haben alle Kneipen Sperrstunde. Vermutlich verbringen schon deshalb Steinböcke 99% ihrer Abende auf dem Sofa daheim. Weniger positiv wirkt sich die „Entschlußfreude" der Steinböcke in den Bereichen Beruf oder Politik aus. Konzerne gehen pleite, bevor ein Steinbock sich zu firmenpolitischen Gegenmaßnahmen entscheiden kann, und ganze Weltreiche brechen zusammen, wenn „entschlußfreudige" Steinböcke am Ruder sind. Bestes Beispiel: Konrad Adenauer. Es mußte erst Ludwig Erhard ran, weil „der Alte" sich einfach nicht dazu durchringen konnte, das Wirtschaftswunder zu veranstalten...

Zu allem Überfluß bilden sich Steinböcke auch noch ein, wahre Menschenkenner zu sein. Nur sie selbst, so glauben sie, können wahre Zuneigung von Heuchelei, ein echtes Interesse an ihrer Person von emotionaler Ausbeutung unterscheiden. Kein Wunder, daß sie häufig in Schwermut und Depression verfallen, weil sie bei ihren Mitmenschen statt wahrer Zuneigung nur Desinteresse oder Hohngelächter verspüren. Wer will mit so einem Bock schon zu tun haben?

Trotz der beeindruckenden Liste der üblen Eigenschaften nennen sich Steinböcke bieder und bodenständig.
Ziehen wir die Summe aus den genannten Wesenszügen: Steinböcke sind greisenhaft-jugendlich-bieder, aber zugleich versponnene Musterknaben mit lästig-hartnäckigen Energiereserven und autoritärer Grundgesinnung - so eine Art hochalpiner Rambotypen mit voller Spießermacke.

Der Lebenslauf des Steinbocks
Noch in den Windeln geht es dem kleinen Steinbock vor allem um eines: Besitz. Er rafft alles heran, dessen er habhaft werden kann und rückt nichts mehr heraus. Wenn das Steinbock-Kind etwa ein Jahr alt ist, findet sich der größte Teil des elterlichen Haushaltes in seinem Kinderwagen wieder. Eltern, die ihm etwas wieder abnehmen wollen, kriegen was mit dem Räppelchen auf die Finger. Bereits im Kindergarten ist es ein Steinbock, der die meisten Murmeln und Monsterfiguren in seinem Besitz hat. Im Grundschulalter erfreuen sich Steinböcke schon eines beachtlichen Sparguthabens, und wenn andere das Abitur machen, legen Steinböcke den Grundstein für ein luxuriöses Eigenheim. Besonders stolz sind alle Steinböcke darauf, daß sie sich ihren Palast selbst

erarbeitet bzw. vom Munde abgespart haben. Kein Angehöriger eines anderer Sternzeichens kann so sparen wie ein Steinbock. Nichts, aber auch gar nichts gönnen sie sich und ihrer Familie, bis das Eigenheim steht. Steinböcke, die bauen, erkennt man u.a. an ihrer völlig abgetragenen Kleidung.

Steht die Familienhütte einmal, wird Vermögen angehäuft. Erst wenn Steinböcke das Greisenalter erreicht haben, raffen sie irgendwie, daß Geld nicht alles ist, flippen dann manchmal völlig aus und verprassen ihren Besitz - allerdings nur sehr, sehr manchmal.

Die glücklichen Jahre
liegen zwischen dem 16. und dem 33. Lebensjahr - vermutlich, weil es sich in diesen Jahren am meisten lohnt, Bausparverträge abzuschließen und in diesem Zeitraum das beste Eintrittsalter für eine Lebensversicherung liegt.

Der Steinbock im Beruf
Typische Steinbock-Berufe sind Wirtschafts- und Kommunalpolitiker, Manager oder Gewerkschaftsvertreter. Auch die Vertreter zahlloser Lobbys im Bundestag sind Steinböcke. Als Baumeister, Poliere oder Architekten stoßen sie sich auf dem Bau die Hörner ab, als Immobilienmakler, Hypothekenvermittler, Landvermesser oder behördlich bestellter Vormund bringen sie ihren Mitmenschen das Haarespalten, Millimeter- und Pfennigfuchsen bei. Als Redakteur oder Lektor nerven gewisse Steinböcke ihre Autoren bis aufs winzigste Komma.

Ihre Handelsbegabung und ihre überpenible Kalkulationskunst zeigen Steinböcke vor allem in Geschäften, bei denen es um Nahrung oder Kleidung geht. Trotz der geringen Gewinnspannen in diesem Bereich verstehen sich Steinböcke darauf, sich an den Grundbedürfnissen der Menschen eine goldene Nase zu verdienen.

Wieder andere Steinböcke ziehen es vor, ihren Mitmenschen als Theologen bis ins kleinste Detail vorzuschreiben, wie sie zu leben haben. Wer abweicht, hat den Pfad der

Tugend verlassen und droht in den Höllenschlund zu stürzen. Da sind uns doch die Schütze-Pfaffen lieber, die ihren Schäfchen nur unverbindlich die Ohren vollsalbadern....

Im künstlerischen Bereich werden erdhafte Keramik und heldische Bildhauerei bevorzugt. Für Malerei und Musik denken Steinböcke einfach zu kleinkariert.

Handwerklich begabte Steinböcke werden Schuhmacher, Töpfer, Schornsteinfeger (vermutlich, weil sie dabei alpine Gefühle entwickeln können) oder Steinmetz.

Die einzig wirkliche Stärke des Steinbocks: Berufe, in denen Einsamkeit eine Rolle spielt. Steinböcke sind ideale Leuchtturmwärter - und wirklich prima als Nachtwächter!
Die Karriere der Steinböcke ist programmiert. Als Realisten, Tatmenschen und Arbeitstiere räumen sie jedes Hindernis aus dem Weg und verfolgen mit letzter Konsequenz ihr Ziel - oft starrsinnig und unbeugsam.
Wer sich in den Weg stellt, wird sachlich, aber effektiv beiseite geräumt. Wer mit Steinböcken in Konkurrenz tritt, muß entweder ein Löwe sein oder nicht alle Tassen im Schrank haben. Steinböcke neigen zum versteckten Kampf voller List und Tücke und fallen aus dem getarnten Hinterhalt über den Gegner her. Auch Niederlagen oder Rückschläge halten Steinböcke nicht auf. Sie wollen mit aller Macht nach oben. Leider wählen sie oft die falschen Berufe für einen wirklichen Aufstieg: Wohin will man als Leuchtturmwärter schon aufsteigen, wenn man doch schon ganz oben auf dem Turm steht?

Trotz ihres ausgesprochenen Erfolgsstrebens krebsen Steinböcke oft die erste Hälfte ihres Lebens als Angestellte irgendwo in der unteren Hälfte der Karriereleiter herum, denn ihr Erfolg baut sich klein-klein, Steinchen für Steinchen auf. Auch fehlt ihnen offenbar der Blick für den ganz großen Wurf. Die Früchte ihrer Arbeit - Reichtum, Besitz, Unabhängigkeit - genießen Steinböcke daher oft erst im Alter. Erst wenn ihnen das Lenkrad aus den zittrigen Fingern gleitet, können sie sich den Porsche leisten. Dafür werden sie mit zunehmendem Alter im Kopf um so kindischer. Das scheint die Strafe des Himmels für allzuviel Arbeitsdisziplin zu sein.

Haben Steinböcke erst einmal eine gewisse Höhe erreicht, werden sie oft leichtsinnig und neigen zu Abstürzen - nicht nur der beruflichen oder alkoholischen Art - wenn ihre Sterne ungünstig stehen. Das ist oft die einfachste Art, einen unliebsamen Steinbock-Konkurrenten loszuwerden: Warten Sie einfach, bis ihn sein Schicksal ereilt!

Noch ein Tip für potentielle Steinbock-Arbeitgeber: Steinböcke hassen Dienstreisen! Nicht einmal fette Spesen können sie locken. Lieber läßt ein Steinbock ein millionenschweres Projekt platzen, als daß er den Hintern aus seinem ergonomisch konstruierten Bürostuhl hochwuchtet. Vorsicht, Bankrottgefahr!

Der Steinbock und das Geld
Über Geld reden Steinböcke nicht - sie haben es. Auch wenn

es nur zwei, drei Tausender sind, sie fühlen sich, als seien sie Krösus selbst - und führen sich auch so auf. Nicht, daß sie mit Geld um sich werfen würden - sie geben nur damit an, als könnten sie es tun... Tatsächlich ausgeben werden Steinböcke ihren Reichtum nur für bleibende Werte: luxuriöse Eigenheime zum Beispiel. Dafür geben sie auch die letzten

Mäuse her. Ekelhafterweise ist es ihnen auch noch vergönnt, den erworbenen Luxus echt zu genießen.
Ansonsten sind Steinböcke erzsparsam - um nicht zu sagen widerwärtig geizig. Nur um zu sparen, laufen sie in kartoffelsackartigen Anzügen oder in Müllbeutel-Kleidern herum. Sie gönnen sich keinen Urlaub - und wenn, dann in einer Unterkunft, die eher als Ziegenstall durchginge statt als Hotel. Hier scheint ihre zoologische Herkunft durchzuschlagen.

Steinbock-Kinder bekommen in der Woche drei Pfennig Taschengeld und sonntags einen Pfennig extra - zum Verprassen.
Völlig klar, daß das Konto eines Steinbockes auf diesem Wege astronomische Höhen erreicht. Kommt noch hinzu, daß Steinböcke auch an der Börse ein Gespür für Geld entwickeln, Risiken vermeiden und dick absahnen. Die einzige Freude, die uns Neidern bleibt: Steinböcke haben nichts davon. Weder können sie Geld verspielen noch es sonstwie lustvoll aus dem Fenster werfen. Erst wenn der Steinbock ins Gras beißt, erledigen das die hocherfreuten Erben für ihn...

Der Steinbock und sein Automobil

Steinböcke sind so konservativ, daß sie am liebsten im Zweispänner zur Arbeit fahren würden. Wenn es schon ein Automobil sein muß, dann am liebsten ein T-Modell von Ford oder ein Opel aus den fünfziger Jahren. Da diese Fahrzeuge a) kaum zu bekommen sind und b) nicht eben sehr zuverlässig fahren, wählen Steinböcke heute Automarken mit Uralt-Image: Volvo, Lada oder Rolls-Royce - eben alles, was wie eine rollende Kartoffelkiste aussieht. Technische Daten oder Image sind Steinböcken völlig gleichgültig. Hauptsache konservativ.

Die Schokoladenseiten

Wie bitte? Welche Schokoladenseiten? Na ja, gut... die meisten Steinböcke kennen sich halbwegs in den Alpen aus. Aber wozu soll das gut sein?

Die Schattenseiten

Steinböcke, die unter besonders ungünstiger Konstellation geboren sind, entwickeln einen geradezu aberwitzigen Geiz. Gegen einen solchen Steinbock ist Dagobert Duck ein kopfloser Verschwender und sind die Schotten ein Volk von Prassern und Lebemännern.

Der große Horror
Hier die Horror-Hitliste des Steinbockes:
Horror 1: abzustürzen;
Horror 2: was zwischen die Hörner zu kriegen;
Horror 3: die Geldbörse oder den Überblick zu verlieren.

Die Gesundheit des Steinbocks
Die bedeutendste der Gesundheitsgefahren für Steinböcke: Sie leiden ständig unter Zahnschmerzen, vermutlich, weil sie alles so verbissen sehen. Die sicherste Schutzmaßnahme: regelmäßige Zahnarztbesuche. Da aber Steinböcke vor den Kosten sinnvoller Zahnbehandlung zurückschrecken, leiden sie weiter, laufen mit Kassenprothesen herum und beißen sich damit vor lauter Ärger ein Loch in den Bauch.

Da menschliche Steinböcke ihr warmes Fell eingebüßt haben, leiden sie häufig unter der Kälte. Sie fangen sich Nierenleiden, Rheuma, Arthritis und Frostbeulen. Außerdem leidet ihre Haut unter dem Kontakt

mit der Luft und entwickelt interessante Pusteln und Ausschläge. Einzige Gegenwehr: Ziehen Sie immer ordentlich was über, lieber Steinbock!

Weiterer Krisenpunkt in der Gesundheit des Steinbocks: die Bewegung. Die geradezu himmelschreiende Schlaffheit des Steinbocks läßt ihn Stunden und Tage auf dem Sofa hocken. Es sind immer in der Mehrzahl Steinböcke beteiligt, wenn eine Video-Orgie bei Bier und Chips länger als zwei Stunden dauert. Steinböcke sitzen drei Spielfilme übelster Sorte mit Überlänge auf einer Backe ab. Dabei würde ihnen Bewegung an der frischen Luft gesundheitlich so gut tun! Andererseits - wenn man an Luftverschmutzung, Ozonloch, eskalierenden Straßenverkehr, sauren Regen usw. denkt - sehr gesundheitsschädlich kann es eigentlich nicht sein, wenn Steinböcke hinterm Ofen oder vor der Glotze hocken.

Auf die ungesunden Freßgewohnheiten von Steinböcken gehen wir im Kapitel „Die Lieblingsspeise" ein. Hier sei nur gesagt, daß sich Steinböcke so manche Verdauungsstörung anfuttern können.

Werden Steinböcke krank, sehen sie augenblicklich schwarz. Schon bei einem Schnupfen wissen sie mit absoluter Gewißheit: Es geht bergab mit mir, ich bin nicht mehr zu retten. Ärzte und Angehörige müssen all ihre Überredungskünste aufwenden, um den kranken Steinbock zum Weiterleben zu überreden. Gehässige oder rachsüchtige Verwandte unterlassen derartige Hilfestellung manchmal nur zu gern. Allerdings nimmt die Abwehrkraft von Steinböcken gegen Krankheiten mit dem Alter zu - sie werden also immer gesünder. Fragt sich, woran Steinböcke sterben...

Das Lieblingsgetränk
Die Trinkgewohnheiten des Steinbocks passen zu seinen Eßsitten: Ob heiß, kalt, alkoholisch oder abstinent - gehaltvoll muß das Getränk sein, das einen Steinbock hinter dem Ofen hervorlocken kann. Kaffee, in dem der Löffel steht, übersüßer Kakao, gallebittere Magenschnäpse, hochexplosiver Rum, Honig mit Milch, affenscharf gepfefferter Toma-

tensaft, Rotweinsorten kurz vor dem Gelierpunkt, Weißwein, der auch zum Ledergerben (Lebergerben?) geeignet scheint, und Ochsenschwanzsuppe als Getränk zum fettriefenden Gulasch - so mögen es die hochalpinen Bocksgesellen. Auf jeden Fall hält da kaum ein anderes Sternzeichen mit.

Die Lieblingsspeise
Steinböcke lieben das Althergebrachte, Traditionelle - auch und vor allem, was die Größe der Portionen angeht. Vorsuppe, Vorspeise, zwei, drei „Holzfäller-Koteletts" zu je 1200 g mit reichlich Kartoffeln, Soße und Salat, später Käse, Dessert und Gebäck zum Kaffee sind ganz nach dem Herzen eines Steinbocks - wenn auch nicht gut für sein Herz. Steinböcke verzehren derartige Schwerathleten-Portionen, auch wenn sie nur Buchhalter sind und den ganzen Tag über nur Bleistifte oder Disketten stemmen. Anders gesagt: Steinböcke fressen gern viel zuviel. Diese ziemlich lebensgefährliche Tätigkeit erledigen Steinböcke am liebsten in aller Stille; Steinböcke hassen Gespräche bei Tisch. Sie wollen sich ganz und gar ihrem Eisbein mit Sauerkohl oder ihrem Sauerbraten mit Knödeln widmen. Wer dazwischenquatscht, stört die Kau- und Verdauungsprozesse.

Ganz halten sich Steinböcke jedoch nicht an traditionelle Kochrezepte. Das Kochbuch der Henriette Davidis rät zwar zur Verwendung von reichlich Butter und Eiern - von den Gewürzmengen, die Steinböcke heute verwenden, ist nicht die Rede. Steinböcke lieben es, sich mit ein paar Pfund Pfeffer ein Loch in die Speiseröhre zu brennen oder sich mit drei Schaufeln Salz zum Blutdruck-König hochzuputschen. Auch Maggi-Würze steht in hohem Kurs: Steinböcke beziehen sie gleich kanisterweise und erreichen so, daß jede Suppe den absoluten Einheitsgeschmack bekommt. Gewürze, die die Küchentradition nicht kennt, meiden Steinböcke beharrlich; Bomboe Sesate oder Zitronengras kommt ihnen nicht in die Tüte. Wie würden solche exotischen Fragwürdigkeiten auch zu Großmutters Tafelgeschirr und zu dem Silberbesteck passen, mit dem Steinbökke sich vorzugsweise die Kalorien reinschieben?

Das bevorzugte Lokal
Klar, daß es deftige, nach Schlachtfest und Räucherkammer riechende, altdeutsch gestylte Gasthäuser sind, in denen Steinböcke sich gegenseitig auf die Hufe treten. Dort treffen sie sich häufig mit den ebenfalls unmäßig fressenden Stieren, die sie als relativ leise (weil kauende) Tischgenossen durchaus schätzen. In solchen Lokalen sind Wassermänner unerwünscht und werden meist weggeekelt: Wo so angestrengt abgebissen, gekaut, verschlungen und verdaut wird, ist der Gesellschaft und Gespräch suchende Wassermann ein störender Faktor.

Auch von außen sind Steinbock-Lieblingslokale für den Außenstehenden leicht zu erkennen, denn neben einem unerträglich intensiven Küchenduft schlägt einem stets ein traditionsreicher Name entgegen: „Deutscher Vater" zum Beispiel oder „Zum Stammbaum". Irgendwie liegt immer eine Ahnung in der Luft, der Kaiser oder zumindest Bismarck könne gleich vorfahren. Meist fährt aber nur der örtliche Landtagsabgeordnete vor - auch ein Steinbock.
Wenn Sie einen Steinbock unbedingt bis aufs Blut beleidigen wollen, laden Sie ihn in eine Pommesbude oder ein drittklassiges Lokal ein. Sie werden nie wieder von ihm hören. Allein dieser Tip ist doch das Geld für dieses Buch wert, oder?

Das Lieblingstier
ist der Steinbock - was sonst? Welches Tier kann dieser Prachtspezies schon das Wildwasser oder gar den Enzian reichen? Allenfalls noch die traditionsbewußte Schildkröte und andere Fossilien. Und selbstverständlich auch der Schwan, der als eine von wenigen Tierarten nicht wild in der Gegend herumbumst, sondern in lebenslanger Einehe lebt. Das imponiert dem Steinbock ungemein. Das sind noch Werte!

Es liegt auf der Hand, daß konservative Steinböcke alle Tierarten hassen, die unkonventionell und leichtfüßig in den Tag hineinleben: flatterhafte

Schmetterlinge, ständig herumquakende Frösche, sämtliche in den Tag hineinlebenden Singvögel, alle nutzlosen Eintagsfliegen usw.

Die typische Sportart
Steinböcke lieben
1. Bockspringen
2. Bergsteigen
3. Jodeln
und an jedem Freitagabend (Stammtisch!) auch das
4. Bockbier-Stemmen

Das Lieblingsbuch
1. „Der Tod in der Nordwand"; „Die Geier-Wally"; „Via Mala"; „Herbstmilch" und andere hochalpine Werke
2. Steinböcke stehen auf Satire und Karikaturen. Sie besitzen meist eine große Kollektion derartiger Machwerke. Selbst auf dem Klo findet sich ein Band Tucholsky, Hermann Harry Schmitz' „Buch der Katastrophen" und stets die neueste Ausgabe der „Titanic".

Der Lieblingsfilm
Der absolute Hammer-Film aller Steinböcke ist „Casablanca". In welchem Streifen sonst sagt der Held seiner Geliebten einen so unvergleichlich alpin-schwindelerregenden Satz: „Ich schau' mit dir hinunter ins Kleine Walsertal, Kleines...!"

Die Lieblingsmusik
Pop, Rock, Hip-Hop, Lambada, Jazz - alles Schrott! Glauben zumindest Steinböcke. Nur Klassik, allenfalls Oper oder Ballettmusik bringen es voll. Es sind vermutlich zu 110% Steinböcke, die Karajan, Iglesias, Brüggen, Horowitz und Konsorten reich gemacht haben, zumal Steinböcke das Getöne meist nur von der Platte genießen. Sie geben vor, fürs Konzert keine Zeit zu haben - tatsächlich tut es ihnen aber um die DM 36.- für die Eintrittskarte leid. Und eine Platte kann man doch mehrfach abnudeln.

Das bevorzugte Reiseziel
Amsterdam, Madrid, New York - jeder Ort der Welt, wo Alte Meister hängen. Steinböcke sind versessen auf diese Gemälde, vermutlich weil die düsteren Farben sie so ungemein andrehen. Auch am Rhein mit seinen Burgen und in sonstigen urdeutschen Gefilden haben Steinböcke den Tourismus fest in der Hand. Ansonsten reisen

Steinböcke nicht sonderlich gern, am wenigsten im Ausland - schon wegen der ungewohnten Küche (igitt!).

Die typischen Drogen
Na was wohl? Enzian natürlich! Steinböcke sind völlig versessen darauf, riechen Enzianschnaps kilometerweit, rennen in hellen Scharen herbei, wenn es welchen gratis gibt und können ihn gleich eimerweise kübeln, ohne irgendwie blau zu werden. Beneidenswert!

Die typische Ausrede
Was sagt der angestellte Steinbock, wenn der Chef ihm einen funkelnagelneuen PC überreicht? „Ach, gehen Sie mir doch mit diesem neumodischen Kram weg! Davon will ich nichts wissen! Mir reichen meine zehn Finger zum Rechnen! Drei hin, zwei im Sinn..."

Die Leiche im Keller
Schon so mancher Uralt-Steinbock hat in seiner Vergangenheit dem falschen Führer zugejubelt, die falsche Partei gewählt oder lauthals die immer noch gleichen ewig-gestrigen Parolen verkündet. Mag sein, daß er nachts vor dem Spiegel heimlich noch die falsche Uniform trägt. Glücklicherweise jubeln heutzutage jüngere Steinböcke dem

falschen Popstar zu, wählen das falsche Deo und verkünden lauthals die Werbespots von gestern, während wir Angehörige anderer Sternzeichen immer alles goldrichtig machen...

Die Glanztat
Steinböckin Catherine Booth (* 17.1.1829) nahm es ernst mit den positiven Eigenschaften Ehrgeiz, Beständigkeit, Gewissenhaftigkeit und Organisation - und gründete gemeinsam mit ihrem Gatten William Booth 1878 eine solche: die Heilsarmee. Leider zeigt sich heute, daß eine andere Eigenschaft der Steinböcke mit in ihr Lebenswerk eingeflossen sein muß: der Starrsinn. Noch immer weigert sich die Heilsarmee, halbwegs zeitgemäße Rockmusik zu spielen, sondern versucht uns mit Opa-Pop zu missionieren. Das geht natürlich lang in die Hose. Aber dabei sind die übrigen Kirchen ja auch keinen Funken besser. Der Chef ist ja ganz in Ordnung - aber das Bodenpersonal...

Die ganz große Niederlage
erlebte der uralte Steinbock Alfons, als er beim Bau des Gotthard-Tunnels erfahren mußte, daß die Alpen nicht mit den Hörnern, sondern allenfalls mit dem Bagger zu untertunneln sind.

Der ganz große Hammer
Welch ungemeinen Liebreiz Steinbock-Frauen entwickeln, bewies die geistvolle und schöne Charlotte Buff (* 11.1. 1753) aus Wetzlar, die sogar den ausgebufften Dichterfürsten Johann Wolfgang von Goethe um den Finger zu wickeln wußte. Zuerst half ihr der große Meister im Garten fleißig beim Bohnenschneiden, Unkrautjäten und wer weiß wobei noch. Als er aber herauskriegte, daß sie auf eine Beziehungskiste mit einem seiner Freunde spitzte und schon anderweitige Ehe- und Leasingverträge abgeschlossen hatte, entschloß er sich, sie als „Lotte" in seinem Bestseller „Die Leiden des jungen Werther" zu verhackstücken.

Woraus wir lernen, daß Horoskope zu nichts taugen, denn lesen Sie mal weiter, was auf den nächsten Seiten über Steinbock-Frauen daherschwadroniert wird.

Weiter begreifen wir, daß nicht jeder danebengegangene Anbagger-Versuch für die Katz' gewesen sein muß und daß man mit etwas Glück ein Stück Weltliteratur daraus zusammenbasteln kann.

Steinböcke und die Liebe
Erotisch sind Steinböcke meist Spätzünder und Blindgänger. Spätzünder sind sie, weil sie vor lauter Mißtrauen und Unschlüssigkeit oft bis ins Greisenalter brauchen, um sich zu einer Liebeserklärung durchzuringen. Doch wer glaubt, Alter brächte gediegene Reife hervor, irrt sich. Die Liebeserklärungen von Steinböcken fallen so aus, daß nur noch der Begriff Blindgänger den Verursacher einer solchen Schandtat treffend bezeichnet. Liebesschwüre von Steinböcken erinnern an Steuererklärungen oder Gebrauchsanweisungen. Sie sind so trocken, daß ganze Weltmeere verdunsten und so wenig erotisch, daß aus Lustmolchen wieder Kaulquappen werden. Hochzeitsnächte, an denen Steinböcke beteiligt sind, gehen in die Erdgeschichte ein - als unvorstellbare Trockenperioden. Mondnächte, in denen Steinböcke um Liebe werben, verkommen zu Arbeitssitzungen in einer Dunkelkammer.

Sicher haben Sie jetzt einen ersten Eindruck, lieber Leser, was Sie erotisch im Reich der Steinböcke erwartet. Vielleicht geben Sie besser schon hier auf und wenden sich einem anderen Sternzeichen zu.

Sie wollen weiterlesen? Gut, Sie müssen schließlich selbst wissen, was Sie tun.

Die Steinbock-Frau
verbindet die sexuelle Attraktivität eines Stubenbesens mit dem anheimelnden Wesen einer Neonröhre. Was Wunder, daß es oft Jahre oder gar Jahrzehnte dauert, bis sie einen Partner findet. Apropos Neonröhre - immerhin glüht in ihrem Innern etwas, wenn auch ziemlich kühl.

Die unnahbare Neonröhre Steinbock-Frau bietet ihren potentiellen Liebhabern aber neben einer gut versteckten Portion Leidenschaft, die erst nach jahrelanger Suche gefunden werden kann, viele weitere unterhaltsame Eigenschaften: eine Neigung zu nachtschwarzem Weltschmerz und satten Depressionen zum Beispiel.

Oder eine tiefe Sehnsucht nach Romantik - keine einfache Aufgabe, denn wer gerät schon bei einer Frau ins Schwärmen, gegen die eine Schaufensterpuppe weich und kuschelig wirkt. Weiter besitzen alle Steinböckinnen eine fette Dosis Eifersucht auf alle Frauen, die eventuell attraktiver sein könnten als die Steinbock-Frau. Und das sind alle Frauen....

Weil jede Steinbock-Frau dies zumindest tief in ihrem Innern weiß, geraten manche hin und wieder in Torschlußpanik und versuchen, die letzten Reserven zu aktivieren, um endlich ein männliches Wesen aufzureißen. Eine solche Steinbock-Frau schminkt sich in ihrer Verzweiflung so stark, daß das Haupt der Medusa gegen ihr Gesicht wie ein Smiley-Button gewirkt hätte. Viele solcher Steinbock-Frauen brechen sogar unter der Last ihrer Kosmetika und Modeschmuck-Artikel auf offener Straße zusammen.

Der Steinbock-Mann
Viele Frauen haben lange Zeit in dem Glauben existiert, der hinterletzte Macho sei ausgestorben. Irrtum, der hinterletzte Macho lebt, und sein Name ist Steinbock-Mann!

Er braucht eine Frau aus gutem Hause mit guter Erziehung, die kochen und wirtschaften kann, damit er selbst, das widerwärtige Subjekt, überall seine Stinkesocken herumliegen und den großen Macker heraushängen lassen kann. Klar, daß es oft bis ins gesetzte Alter dauert, bis er eine Dumme findet.

Er selbst versteht das in keiner Weise, denn er hält sich für überaus attraktiv. Keine Frau hat etwas anderes vor, als ihn zu vernaschen, glaubt er, und nur sein Mißtrauen und seine Zurückhaltung würden ihn davor erretten. Die Wirklichkeit sieht anders aus:

Alle alleinstehenden Frauen verlassen augenblicklich mit einem Anfall von Müdigkeit jede Party, wenn ein Steinbock sich als solcher zu erkennen gibt, und die übrigen schlafen in den Armen ihrer männlichen Begleiter ein.

Liebeserklärungen eines Steinbock-Mannes bringen Aquarien zum Gefrieren, und in Hochzeitsnächten fallen selbst die Bettwanzen in einen Dornröschenschlaf, so erotisch geht es zu. Spontanen Liebesfesten steht der Steinbock äußerst mißtrauisch gegenüber, und lieber meditiert er eine Erektion in Grund und Boden, als daß er seine Partnerin zu einem Quickie motivierte.

Einzig im Greisenalter flippt der Steinbock-Mann so richtig aus: Wahrscheinlich, weil er endlich rafft, daß er was verpaßt hat, baggert der Steinbock-Lustgreis Teenager an und beginnt plötzlich das große Bock- und Seitenspringen. Das allerdings auch wieder nicht mit letzter Leidenschaft, denn seine Ehe - so ihn eine genommen hat - geht ihm über alles. Da muß die Geliebte zurückstehen - was kaum eine tut, denn schließlich gibt es ja genug Angehörige anderer Sternzeichen.

Die typische Anbagger-Szene
Reisen Sie doch in die Vergangenheit unserer Erde, und nehmen Sie sich doch einmal vor, den Alpen bei der Auffaltung zuzusehen. Wenn Ihnen das gelingt, können Sie im nächsten Schritt versuchen, einem Steinbock beim Anbaggern zuzusehen.

Bevorzugte Stellungen
1. Die Hölzerne-Bengele-Stellung (nur nicht zu weit vorwagen!)
2. Die Tapferer Zinnsoldat-Stellung (Disziplin ist alles!)
3. Die Gestatten-Gnädige-Frau?-Stellung (immer die Formen wahren!)
4. Die Wüstenbrot-Bausparer-Stellung (immer den Blick fest auf dem Kalender mit dem Wüstenbrot-Tag!)

Idealpartner
Mal vorausgesetzt, irgendwer will einen Steinbock: Mit Jungfrau und Stier fluppt es halbwegs. Fische, Wassermänner, Skorpione und Schützen schaffen es immer noch gerade, nicht vor Langeweile einzuschlafen. Widder und Steinbock kriegen sich schnell an die Hörner. Krebse stürzen Steinböcke in tiefe Depression und Waagen sind den alpinen Böcken zu flippig. Zwillinge und Löwen verbringen ihr Leben in reizloser Ödnis und Langeweile, wenn sie Steinböcke zum Partner wählen. Sie seien dringend gewarnt!

Der feuchtfröhliche Wassermann
21. Januar - 19. Februar

Das Element: Luft
Das Gestirn: Uranus
Die Stärken:
Menschenfreundlichkeit, Unabhängigkeit, Originalität
Die Schwächen:
Originalitätssucht, Nervosität, Schwatzhaftigkeit
Das Motto: „Ich weiß!"
Die magische Pflanze:
Seetang, Alge, Entengrütze, Mais, Myrte, Kreuzdorn
Die magische Farbe:
Gelbbraun, Dunkelblau
Die magische Zahl:
Vier, Acht, Zehn (warum nicht auch noch die Zwölf und die Dreihundertvierzehn?)
Der ideale Wochentag:
Samstag

Der Vokal:
„a" („Hallo, Sie d**a**!")
Der edle Stein: Saphir, Jade
Der ideale Name:
Wasser**männer** heißen Thomas, Abraham, Wolfgang, Bruno, Berthold, Nikolaus oder Neptun. Weibliche Exemplare nennen sich am besten Hedwig, Lana, Vanessa, Margozata oder Vicki.

Der Standardtyp: Männliche Wassermänner sind viel zu groß und viel zu dünn. In der Kneipe werden sie ständig mit dem Kleiderständer verwechselt. Von dem unterscheiden sie sich nur durch die meist blauen Augen.

Wasserfrauen sind eher klein und rund. Deshalb kann man sie allenfalls - wenn überhaupt - mit einem übergroßen Fußball verwechseln.

Der Charakter des Wassermannes
Freundschaft und Kameradschaft sind dem feuchtfröhlichen Wassermann von größter Wichtigkeit - deshalb sind Wassermänner ständig in irgendeiner Kneipe, auf einem Schützenfest oder auf dem Fußballplatz zu finden. Es ist keineswegs Wasser, was durch die Kehlen der zahlreichen Wassermänner rinnt. Besoffen, wie sie meistens sind, mimen Wassermänner nur zu gern den Tröster in allen Lebenslagen, den geistigen Pfadfinder und Hobby-Psychologen. Wer ihren Ratschlägen folgt, wird schon sehen, was er davon hat. Eine größere Anzahl psychischer Katastrophen oder noch verheerendere seelische Großbrände als professionelle Seelenklempner bringen Wassermänner jedoch auch nicht zustande.
Bei allem Alkoholkonsum - Wassermänner sind keine Suchttypen wie etwa die Fische, die es mit Macht zur Feuchtigkeit zieht; Wassermännern kommt es mehr auf den Kontakt an. Sie lieben den kollektiven Kneipentrunk, nicht den Einzelsuff mit Vollabsturz. Wassermänner genießen Alkohol erst richtig, wenn irgendwo die volle Sause abgeht.
Es ist typisch für dieses Sternzeichen, daß seine Angehörigen ihre Sicherheit aus dem Zusammensein mit anderen beziehen. Wassermänner sind die totalen Vereinsmeier, Wasserfrauen die geborenen Kaffee-Tanten und Literaturzirkel-Veranstalterinnen. Eines können Wassermänner nämlich nicht: allein sein. Kaum hat der letzte Mitmensch den Raum verlassen, zetteln sie irgendeine neue Lustbarkeit oder gesellige Veranstaltung an.

Das hat mancherorts kuriose Folgen: Ein Wassermann mit gebrochenem Bein kann die gesamte Unfallstation eines Krankenhauses in eine skatdreschende, rauchverhangene, laut diskutierende Kaschemme verwandeln, in der kasten- oder gleich faßweise Bier vertilgt wird.
Eine Wasserfrau auf der Femi-

nistinnen-Tagung, und alle weiblichen Mitglieder halten heiter und entspannt *Small talk,* statt, wie geplant, verbissen über die Männerherrschaft herzuziehen und am Stuhl des Patriarchats zu sägen.

Wassermänner (und -frauen) sind lebhaft, freiheitsliebend, fantasievoll, erfinderisch, niemals einsam, lieben es, neue Menschen kennenzulernen, Gedanken auszutauschen, intellektuelle Abenteuer zu erleben - sozusagen kommunikative Wunderknaben. Keine Fete ist ihnen zu langweilig, kein Kaffeekränzchen zu quasselstrippig, kein Verlegenheitsgespräch im Fahrstuhl zu dumpf, kein Kneipengelaber zu blöde. Wassermänner quatschen ihr schlafendes Gegenüber in der Straßenbahn voll, sprechen, von Redesucht geplagt, x-beliebige Passanten auf der Straße oder finstere Gestalten im hinterletzten Viertel der Stadt und selbst die Penner am Bahnhof an, um Konversation auf ihrer mehr oder weniger (meist weniger) hochgeistigen Ebene zu pflegen.

Zu ihren Freunden entwickeln Wassermänner und -frauen unverbrüchliche Loyalität; sie halten Kontakt zu Bekannten beiderlei Geschlechts - auch z.B. nach einer Heirat (besonders zu früheren Liebhabern

und Liebhaberinnen). Der männliche Wassermann läßt seine Frau hilflos mitten im Frühjahrsputz sitzen, wenn es um den Vatertagsausflug geht; in der WG bleibt das immerwährende Spülschüsselproblem undiskutiert, wenn Wassermänner aushäusige Unternehmungen in der Frauen- oder Männergruppe planen.

Zusammengefaßt: Wassermänner sind quasselnde Vereinsmeier, denen kein Gespräch zu dumm, kein soziales Ereignis zu langweilig ist, um es bis zum Sankt-Nimmerleinstag auszudehnen.

Womöglich liegt hier der Grund, weshalb sich Wassermänner einige nicht alltägliche Eigenschaften zugelegt haben. Um nicht vollends in Banalität zu versinken, pflegen Wassermänner ihr exzentrisches Temperament, ihre manchmal blinde Entschlossenheit und ihre ebenso geartete Starrköpfigkeit. Sie lieben die große Idee, produzieren ständig neue Welt-Errettungsformeln und spielen das unverstandene Genie oder den gekränkten Philosophen, wenn ihr neues Denkgebäude in der Kneipe belächelt wird. Nicht genug damit: Besonders männliche Wassermänner tendieren im Falle einer Nichtbeachtung ihrer Ausführungen auch noch zur großen Randale und praktizieren die theatralisch die öffentliche Verachtung ihrer „Feinde".

Immerhin erfüllen Wassermänner ihr soziales Soll halbwegs. Da sie über ein ausgezeichnetes Gedächtnis, eine gesunde Halbbildung, einige Intuition und eine gewisse Menschlichkeit verfügen, geht ihnen in Gesellschaft nie der Gesprächsstoff aus. In dieser Hinsicht überflügeln sie notorische Langweiler aus anderen Sternzeichen deutlich. Es ist aber auch das laute Organ von Wassermännern, das zahlreiche Kneipen oft zu unerträglichen Aufenthaltsorten macht.

Wassermänner lieben die Schönheiten der Natur, die sie gern auf bequeme Art und Weise bewundern. Es sind mit Vorliebe Wassermänner, die in mit Bierfässern überladenen Planwagen grölend über unsere Bundesstraßen fahren und den

übrigen, weniger kameradschaftlich motivierten Verkehr gefährden. Wassermänner bilden zum Zwecke des Naturgenusses Motorrad-Gangs und Volkslauf-Gruppen. Im „Verein zur Pflege der Feuchtbiotope" kultivieren sie ihr Herkunftselement mit Schilf, Seerosen, allerlei Unken und Fröschen bis zur Unerträglichkeit. Nur zu gern benutzen Wassermänner Gondelbahnen und Lifte oder fahren in ätzenden Ausflugsbussen oder Ford-Escort-Cabriolet-Prozessionen durch die Gegend.

Immerhin eine Eigenschaft des Wassermann-Charakters erweckt eine gewisse Hochachtung: Wassermänner hassen die billige Nachahmung und jede Form von Heuchelei - sie wählen immer nur das Original. Oft genug ist aber selbst das Original, das Wassermänner wählen, so unerträglich *out*, daß niemand außer eben Wassermännern sich die Finger daran verbrennen würde.

Ihrer Tendenz zum Kollektiv gemäß, lieben Wassermänner Aktivitäten bei Institutionen und Organisationen. Mit Vorliebe arbeiten sie bei GREENPEACE, der UNESCO, beim Roten Kreuz oder der Heilsarmee, deren schöne Gemeinschaftsgesänge sie lieben und stimmgewaltig vorantreiben. Ebenso nervend wie diese Eigenschaft ist ihre bereits genannte Originalitätssucht. Wassermänner hängen sich eine Schlangengurke oder einen Tauchsieder statt einer Krawatte um den Hals, nur um im Theater aufzufallen. Als Künstler malträtieren sie ihr Publikum mit den abseitigsten Einfällen, kreischen als Sänger wie Kreissägen, malen wie Schimpansen, klopfen unvorstellbar schlimme Plastiken aus dem Stein oder drehen Videofilme, die der Betrachter vom ersten Augenblick an für eine Bildstörung hält.

Die positive Seite der Originalitätssucht: Zu feierlichen Anlässen lassen sich Wassermänner mit Gegenständen beschenken, die sonst nur noch für den Sperrmüll getaugt hätten. Nichts schätzen Wasser-

männer mehr als ein originelles Geschenk - irgendein Horror, der später nutzlos in einer Ecke verstaubt. Sie wollen es so - sollen sie es auch so haben. Wenn Sie, lieber Angehöriger eines anderen Sternzeichens, nichts „Originelles" mehr auf dem Speicher oder im hintersten Winkel des Kellers haben - es gibt unterdessen in jeder Großstadt sogenannte „Geschenkläden", in denen Sie originelle Mitbringsel von der Stange erstehen können. Diese Geschäfte heißen „Balloni" oder „Balla-Balla", weil man einen am Ballon haben muß oder völlig Balla-Balla ist, wenn man dort sein gutes Geld für derartigen Ramsch ausgibt.

Zurück zum Wassermann und seinem miesen Charakter: Gleichgültig, in welchem sozialen Tätigkeitsfeld Wassermänner ihr Unwesen treiben - immer nerven sie ihre Mitmenschen mit Besserwisserei und Klugscheißerei. Es sind Wassermänner, die vor der Blinddarm-Operation auf dem Operationstisch und bereits im ersten Nebel der Vollnarkose dem Chirurgen erklären, wie die Schnitte zu legen sind.

Der Lebenslauf des Wassermannes
Vor allem geht es stets feucht zu. Wassermänner sind als Kinder ständig naß - wo sie gehen und stehen, laufen ihnen Rinnsale aus den Windeln. Kinderwagen brechen mit durchweichten Böden zusammen, wenn ein Wassermann-Baby darin ruht.
Im Kindergarten planschen Wasserkinder ständig im Gartenteich oder im Klo herum; als Schüler reißen sie lustige Scherze mit wassergefüllten Luftballons oder anderen Gummiobjekten. In Phasen aufkeimender Liebe heulen sie sich die Augen aus oder machen sich vor Lampenfieber in die Hose. Als erwachsene Wassermänner baden oder duschen sie dreimal täglich, waschen ebensooft ihren Wagen und gießen sich unentwegt Wasser (meist in Bier gelöst) hinter die Binde. Wassermänner haben die größten Swimming-pools, sind passionierte Angler oder Surfer und sind stets mit dem Ableser der Wasseruhr befreundet. Wenn der nicht bestochen wäre, müßten Wassermänner jeden Monat eine Wasserrechnung

bezahlen, die ihre Einkünfte bei weitem überschritte.
Auch ihr Lebensende erleben Wassermänner meist im Wasser: Entweder sie ertrinken, oder sie ereilt ein Herzanfall bei der Besichtigung eines Wasserwerkes, einer Brauerei, unter der Dusche oder in der Badewanne.

Die glücklichen Jahre
Vor dem 40. Lebensjahr kämpfen Wassermänner häufig mit einem Mangel an sozialen Kontakten - sie kennen einfach noch nicht genug Leute, um jeden Abend irgendwo eingeladen zu sein. Es sind die Jahre zwischen dem 40. und dem 45. Lebensjahr, in denen Wassermänner so richtig in Saft und Kraft stehen und zur Hochform auflaufen. Alles ist bestens geregelt, man hat seine Freunde, Bekannten und Beziehungen sowie ein gewisses Potential an liebenden Partnern. Nach dem 45. Lebensjahr macht die Leber oft nicht mehr mit - doch das macht nicht viel. Wassermänner trinken auf der Niere oder der Milz weiter.

Wassermänner im Beruf
Wassermänner sind für Berufe eigentlich völlig ungeeignet. Sie verlangen ständig nach Neuem, nach Abwechslung, nach Abenteuer und persönlicher Ungebundenheit. Für einen Wassermann in jedwedem Acht-Stunden-Beruf hat das verheerende Folgen:

Dafür, daß der Wassermann morgens etwa ein Stündchen zu spät kommt, geht er abends einfach ein Stündchen früher. Er hält nichts von Konventionen und eingefahrenen Arbeitsweisen, wirft jede Ordnung über den Haufen und macht alles anders.

Besonders in Büroberufen treibt er seine Mitarbeiter und Kollegen in den Wahnsinn: Seine Ablage erinnert an einen wilden Blätterhaufen im Herbst; seine Aktenordner sind allenfalls kreative Loseblattsammlungen, und seine Notizen und Arbeitsergebnisse kann nur er selbst lesen, weil er, unkonventionell, wie er ist, die Benutzung einer Schreibmaschine verabscheut. Ausgetretene Pfade öden Wassermänner an, immer müssen sie Neuland erobern, und wenn es nur die neue Chefsekretärin oder der schnuckelige Untervertriebsassistent aus der Zweigstelle ist.

Zudem sehen Wassermänner den Berufsalltag weniger unter dem Aspekt der Arbeit als unter dem der erfrischenden und anregenden Geselligkeit. Drei- bis viermal in der Woche wird feuchtfröhlich irgend etwas gefeiert, und an den übrigen Tagen arbeiten alle Mitarbeiter unter der erfahrenen Führung des Wassermannes an der Verbesserung des Betriebsklimas. Mag sein, daß zum Wochenende hin mal ein, zwei Minütchen für die dringendstens Arbeiten abfallen.

Wohin mit solchen Chaoten? Welcher Beruf hält Wassermänner aus, ohne daß ganze Firmen und Konzerne zugrunde gehen?
Am besten sind Wassermänner in den Nischen der Sonderlinge aufgehoben: Als Bastler, Tüftler, Erfinder, Verfechter und Vorkämpfer des Perpetuum mobile sind sie glücklich und zufrieden. Bei solcher Tätigkeit richten sie am wenigsten Schaden an.

Kritischer wird es, wenn sie in den Gebieten Astrologie, Graphologie, Psychologie, Psychiatrie und Sozialwissenschaft wirken. In diesen Zweigen menschlichen Tuns bringen Wassermänner und Menschen aller übrigen Sternzeichen die gleichen Voraussetzungen mit: Nichts Genaues weiß man nicht. Egal, was man tut - es wird schon irgendeinen Erfolg haben.

Warum Wassermänner mit Vorliebe Betriebswissenschaftler oder Nervenärzte werden und vor allem, warum andere Menschen das zulassen, wissen die Sterne. Einen Nervenarzt brauchen Wassermänner eigentlich selbst am nötigsten.

Auch den Zugang zu technischen Berufen sollte man Wassermännern untersagen. Warum sie ungehindert in der Elektrik und Elektronik, der Raumfahrt und der Computertechnik, der Automobilindustrie und dem Schiffsbau herumfummeln dürfen, bleibt eines der Rätsel der menschlichen Gesellschaft. Wohin der rastlose Neuerungswahn der Wassermänner führt, sieht man an der Atomtechnik, die maßgeblich von Wassermännern ausgebrütet wurde.

Daß Wassermänner Karrieren als Revolutionäre, Lebensreformer, Ernährungsapostel oder Schmalspur-Gurus anstreben, liegt tief in ihrem Wesen verwurzelt. Wer ihnen glaubt oder womöglich gar folgt, ist selbst schuld.

Im Bereich der Medizin besetzen Wassermänner all jene Gebiete, die mit der Schulmedizin nichts am Hute haben. Wie könnte es auch anders sein. Als Homöopathen, Magnetopathen, Wunderheiler, Hypnotiseure und Psychotherapeuten doktern sie an ihren kranken Artgenossen herum, daß es ihnen eine Wonne ist. Der Erfolg allerdings ist zweifelhaft und läßt häufig auf sich warten. Eines kommt allerdings, wie bei Medizinern immer, bestimmt: die Rechnung.

Künstlerische Wassermänner bevorzugen den Bereich Tanz. In keiner anderen Kunstform kann man dem Publikum so schnell klarmachen, wie unkonventionell man doch ist, wie kreativ, wie originell. Wenn die Tänzer und Tänzerinnen wie im Veitstanz über die Bühne torkeln oder sich zu Laserstrahl-Geflimmer in 20.000 Litern Ochsenblut suhlen, ist garantiert ein Wassermann der Choreograph.

Auch in den schreibenden Berufen sind Wassermänner überreichlich vertreten. Besonders moderne Lyrik wird von Wassermännern verfaßt. Zu erkennen sind deren Werke sehr einfach. Sie haben ein Wassermann-Opus vor sich, wenn niemand mehr das Werk interpretieren kann, nicht einmal der Dichter selbst.

Am liebsten sehen Angehörige anderer Sternzeichen Wassermänner als Werbegraphiker. Weil jedem denkenden Menschen klar ist, daß in der Werbung eh der letzte überflüssige Schwachsinn produziert wird, sind Wassermänner hier endlich an der ihnen angemessenen Stelle.

Noch besser allerdings eignen sich Wassermänner für einen anderen Beruf: als Taucher...

Die Karriere von Wassermännern und -frauen nimmt seltsame Wege, weil sie alles, aber auch wirklich alles anders machen müssen. Ein dickes

Gehalt, Aufstieg, Ehre, Ruhm und Titel sind ihnen völlig wurscht. So brechen Wassermänner mit Vorliebe einen einmal eingeschlagenen Berufsweg ab und beschreiten neue, völlig anders geartete. Klar, daß so jemand nicht recht vorankommt.

Der Karriere der Wassermänner förderlich ist hingegen ihr Hang zu Flüssigkeit - Bier, Sekt, Whiskey, Gin. So mancher Wassermann hat sich schon mit den richtigen Leuten in der richtigen Bar in die richtige Position hineingetrunken.

Wassermänner und das Geld
An Geld denken Wassermänner erst, wenn es ihnen fehlt. Erst wenn das Dispositionslimit erreicht ist, unternehmen Wassermänner halbherzige Anstrengungen, um der finanziellen Misere zu entkommen. Sonderlich beunruhigt sind sie deshalb nicht. Sie sind schließlich Wassermänner, und schon von Natur aus gewisse Schwankungen gewohnt. Mal ist Flut im Portemonnaie, mal Ebbe...
Angehörige anderer Sternzeichen tun gut daran, dem Wassermann die Prokura zu entziehen - nehmen Sie ihm einfach das Scheckheft weg und die finanziellen Angelegenheiten selbst in die Hand. Schlechter als ein echter Wassermann, der sich von jedem drittklassigen Betrüger übers Ohr hauen läßt, können Sie es auch nicht machen.

Das Automobil des Wassermannes
sollte sozusagen von allein fahren. Am besten wäre ein Automatikgefährt mit lenkendem Bordcomputer, weil Wassermänner während der Fahrt ständig quasseln und nicht auf die Straße achten. 98% aller Autofahrer, die an einer bestens ausgeschilderten Ausfahrt vorbeikacheln, sind Wassermänner. 115% aller Geisterfahrer sind Wassermänner, die in angeregter Konversation die Fahrtrichtung verwechselt haben. Weiter sollte das Fahrzeug des Wassermannes (und der Wasserfrau) unempfindlich gegen Feuchtigkeit sein, weil Wassermänner ständig irgend etwas verschütten oder ständig in irgendwelche Gewässer hineinfahren müssen.
Für Wassermänner wären also vollautomatische Amphibienfahrzeuge ideal geeignet.

Die Schokoladenseiten
Wassermänner sind zwar sonst zu nichts zu gebrauchen, aber wenn man die Straßenbahn verpaßt hat, vertreiben sie einem auf angenehme Art und Weise die Zeit beim Warten. An jeder Straßenbahn- und U-Bahn-Haltstelle sollte zur Unterhaltung neben dem Fahrkartenautomaten ein Wassermann installiert sein.

Die Schattenseiten
1. Trotz ihres ausgeprägten Hangs zu Gesellschaft sind Wassermänner sozial wenig kalkulierbar; wie Blindgänger beim Entschärfen halten sie ihre Mitmenschen in Atem - man weiß nie, wann und ob sie hochgehen. Eben noch Friede-Freude-Eierkuchen, zetteln Wassermänner plötzlich den großen Aufstand an, weil irgendwer sie irgendwie beleidigt haben soll. Kein Mensch weiß wie und womit. Am wenigsten der Wassermann.
2. Wassermänner hassen unfreiwillige Verpflichtungen und werden zum Tier, wenn sie ihre Freiheit in Gefahr glauben. Nicht zum reißenden Raubtier, sondern zum verschreckten Huhn, das Hals über Kopf das Weite sucht und nichts als Chaos hinterläßt.

Der große Horror
Die ganz großen Ängste bei Wassermännern sind:
1. Für teures Geld etwas ganz furchtbar Individuelles gekauft zu haben, das sich nachher als billiger Ramsch von der Stange erweist;
2. ohne Aussicht auf Rettung auf dem trockenen zu sitzen;
3. das Robinson-Syndrom: ganz allein auf einer Insel zu landen, auf der es weder ein Café, noch eine Kneipe, noch einen Schützenverein, noch eine freiwillige Feuerwehr gibt. Da kann auch Freitag nicht mehr helfen.

Die Gesundheit des Wassermannes
Es ist für alle Beteiligten besser, wenn Wassermänner gesund bleiben. Sie sind nämlich ausgesprochen aufsässige Kranke, die es in keiner Weise verstehen, sich in ihr Schicksal zu fügen. Sie revoltieren gegen Ärzte und ihre Arzneien, greifen zu aberwitzigen Alternativmethoden wie der niederbayerischen Mistgabel-Akupunktur und der westfälischen

Doppelkorn-Selbsthypnose. Meist machen sie sich mit solchen Verfahren erst richtig krank. Auch auf Wunderdrogen sprechen Wassermänner bestens an - sie kaufen Pülverchen und Pillen zweifelhafter Herkunft gleich in der Klinik-Großpackung.

Gesundheitsgefahren für Wassermänner gibt es zuhauf. Einmal vertragen Wassermänner alle Temperaturen schlecht, die irgendwie von der Norm abweichen. Bei Frostwetter schleppen sie sich als wahre Grippeleichen durch die Winterlandschaft, bei sommerlicher Hitze klappen sie reihenweise mit einem Hitzeschock oder Sonnenstich zusammen. Man kann sagen, daß Wassermänner nur für Temperaturen zwischen 19 und 20 Grad Celsius konstruiert sind.
Weitere Risikofaktoren für Wassermänner sind Streß und Bewegungsmangel. So mancher Wassermann hat sich vor lauter Ärger schon ein Magengeschwür geholt. Aber statt etwas für ihre Gesundheit zu tun und z.B. zu joggen, hocken sie lieber in der Kneipe herum. Weiteren Schutz vor Erkrankung böten für Wassermänner der Angelsport oder das Wandern in der freien Natur - wenn sie nur angeln bzw. wandern wollten!

Wahrscheinlich vom vielen Herumhocken an der Theke kriegen Wassermänner es leicht im Rücken und - klar bei dieser unsportlichen Lebensweise - so mancher Wassermann hebt sich auch einen Bruch. Vermeiden Sie also, lieber Wassermann, das Heben schwerer Lasten und stemmen Sie auch keine Bierkästen oder zentnerschwere Weiber! Die Bierkästen sollten Sie vor dem Stemmen austrinken, aber überlassen Sie die grobe Arbeit mit den zentnerschweren Weibern bewußt anderen! Ihr Rücken wird es Ihnen danken!
Weil Wassermänner so ungeschickt sind, hauen sie sich ständig irgendwelche Macken in ihren wäßrigen Körper, wenn sie Sport treiben. Verstauchungen, Prellungen und sogar Brüche sind an der Tagesordnung. Fragt sich, ob Wassermänner überhaupt Sport treiben sollten...
Letzter und gewichtigster Gesundheits-Krisenpunkt bei

Wassermännern: das Herz und der Blutkreislauf. Wen wundert es, daß Wassermänner bei ihrer ungesunden Lebensweise leicht zu Arterienverkalkung, Durchblutungsstörungen und Kreislaufschwäche neigen. Da Wassermänner ohnehin nicht zum Schwimmen gehen würden, ist auf anderem Wege Abhilfe zu schaffen: Jeder Wassermann sollte täglich ein Pfund Knoblauch zu sich nehmen. Ein solches Verhalten würde ihm vorbeugenden Schutz für sein marodes Kreislaufsystem gewähren und brächte einen weiteren Vorteil mit sich: Angehörige anderer Sternzeichen würden Wassermänner schon von weitem am Geruch erkennen und könnten rechtzeitig zur Flucht ansetzen.

Das Lieblingsgetränk
Von einem Lieblingsgetränk kann man bei Wassermännern eigentlich gar nicht sprechen. Getränke für Wassermänner müssen zwei Grundbedingungen erfüllen:
Ob heiß, lauwarm, kühl oder eiskalt - sie müssen viel Wasser enthalten.
Und sie müssen alkoholisch sein. Biere jedweder Art oder leichter Landwein erfüllen diese Bedingungen am besten. Wassermänner können Unmengen davon verdrücken. Wenn irgendwo in einer Kneipe rund um den Deckel gesoffen wird, sind Wassermänner und -frauen dabei.
Hochprozentiges trinken Wassermänner zwar auch, doch müssen sie jeden Schnaps mit ein paar Bierchen hinunterspülen. Wer kann denn schon einen Aquavit oder einen Tequila trocken runterwürgen? Wenn Wassermänner einmal nicht auf dem Gesellschafts-Suff sind, kippen sie ersatzweise Unmengen Mineralwasser. Ein Wassermann mittleren Körpergewichts erreicht leicht die Verbrauchswerte eines Wagens der gehobenen Mittelklasse: etwa neun Liter auf 100 Kilometer...

Die Lieblingsspeise
Feinschmecker sind Wassermänner nicht. Weder auf ausgefallene Genüsse noch auf festlich gedeckte Tafeln legen Angehörige dieses Sternzeichens wert. Ihr Kriterium für gutes Essen ist ein anderes: Hauptsache, es ist was los. Wenn sich Krethi und Plethi am

kalten Büffet um matschige Brötchen und abgestandene Salate prügeln, laufen Wassermänner zur Hochform auf. Auch in verrauchten Kaschemmen packt den Wassermann der Appetit, mit Vorliebe auf Deftiges. Fette Braten, blubbernde Soßen und zentnerschwere Desserts sorgen häufig dafür, daß dem Wassermann nachher mächtig schlecht ist. Wassermänner fressen wie die Scheunendrescher, ohne allerdings auch nur annähernd wie diese zu arbeiten. Klar, daß ihnen dieses Freßverhalten auf den Magen schlägt.

Das ideale Wassermann-Kochrezept: Man nehme:

1 widerwärtiges Zigeunerschnitzel aus der Folienpakkung,
dazu Pommes aus der Altöl-Friteuse,
sowie drei Streifen Tomatenpaprika aus dem WALDI-Markt und
nenne das Ganze „Schnitzel à la Charles Darwin" (übrigens auch ein Wassermann) oder ähnlich.
Gewürze können Sie ruhig weglassen!

Letzte Zutat: 500 weitere Kneipengäste, die dem Wassermann den Eindruck vermitteln, mitten im Geschehen zu stehen. Er wird das fast ungenießbare Stück Fleisch mit Vergnügen verdrücken.

Das bevorzugte Lokal
Das bevorzugte Lokal des Wassermannes ist das Bahnhofs-Restaurant. Nicht die Intercity-Schicki-Micki-Buden - nein, die Bahnhofsgaststätte alter Prägung, in die es die Gestrandeten der Stadt treibt und wo die Suppe noch mit dem Daumen im Teller serviert wird. Dort fühlen sich Wassermänner wohl. Wie in jeder ähnlichen Kaschemme oder Pommes-Bude übrigens auch.

Das Lieblingstier
Wassermänner lieben alle Tiere, die selbst reden können - Papageien, Raben, Krähen, Wellensittiche und Beos zum Beispiel. Diesen Tierarten bringen sie gern allerlei dummes Geschwätz und die haarsträubendsten Flüche bei. Wassermänner lieben weiter alle Tierarten, mit denen man reden kann und die, sozusagen als Antwort, selbst Laut geben -

also Katzen, Hunde, Pferde, Elefanten und Quietsche-Entchen.

Wassermänner hassen alle Tierarten, die ständig schweigen, also Aquarienfische, Schildkröten, Schnecken, Wanzen, Moskitos, Seegurken und Bakterien.

Die typische Sportart
Sportliche Betätigung schätzen Wassermänner nicht - es sei denn als Zuschauer auf dem Fußballplatz oder mit Freunden und einem Fäßchen Bier zu Hause vor der Glotze. In Hinsicht auf den Konsum von Glotzensport erreichen sie rekordverdächtige Zeiten.

Das Lieblingsbuch
Alles, was feucht und schlüpfrig ist: „Der alte Mann und das Meer"; „Die Geschichte der O."; „Begrabt mein Herz an der Biegung des Flusses"; „Das deutsche Wasserwerker-Handbuch, Bd. 3, Kanäle und Vorfluter, 5. Aufl."

Der Lieblingsfilm
Der absolute Hammer-Film aller Wassermänner ist „Casablanca". In welchem Streifen sonst sagt der Held seiner Geliebten einen so unvergleichlich kommunikativen Satz: „Ich schau' euch allen in die feuchten Augen, meine Kleinen...!" Weiter auf der Hitliste: totale

Action-Reißer. Und wenn ein Wassermann Action sagt, meint er Action. Wenn sich nicht alle drei Sekunden ein Auto überschlägt, eine Galaxis explodiert, irgendwer was vor die Fresse kriegt oder die Heldin den Helden vernascht, sind Wassermänner nicht zufrieden. Bei Krimis Marke „Tatort" mit Holger Schimpanski in der Hauptrolle schlafen Wassermänner tief und fest.

Die Lieblingsmusik
Wassermänner gehören zu einem Tierkreiszeichen, dessen musikalische Rezeption nicht durch einen ausgeprägten guten Geschmack behindert wird. Anders gesagt: Wassermänner hören sich jede noch so seltsame Katzenmusik an und können dabei sogar noch Genuß empfinden.

Wen wundert es, daß die Nr. 1 der Wassermann-Hitparade „Hair" („This is the dawning of the age of Aquarius!") heißt. Doch gleichgültig, ob es sich um Pop, Rock, Jazz, Klassik, Oper oder Ballettmusik handelt, der Wassermann braucht neue akustische Impulse - Geräusche, die Angehörige anderer Sternzeichen schlichtweg als kakophonisch empfinden. Bands wie „Motörhead", „Die Einstürzenden Neubauten" und die „Abstürzenden Brieftauben" leben ebenso vom unterentwickelten Musikgeschmack der Wassermänner wie Herbert Dröhnemayer und Nina Hagen. Ob Knödelstimmen, gepreßte Organe kurz vor dem Erstickungstod, schrille Sirenen, in der Stimmlage zwischen Lustschrei und lockerem Keilriemen angesiedelt - Wassermänner mögen sie alle. Wassermänner sind ein wahrer Segen für unbegabte Musiker. Und obwohl es nicht hierher gehört - ähnlich erfreulich ist für unbegabte bildende Künstler der Kunstgeschmack der Wassermänner. In ihrer Originalitätssucht kaufen Wassermänner die entlegensten Galerien leer, treiben die Preise für junge neue Wilde oder wilde junge Neue oder junge wilde Avantgarde oder so in astronomische Höhen.

Das bevorzugte Reiseziel
Jeder noch so abseitige Urlaubsort, in dem die Sau los ist, ist für dieses Sternzeichen genau richtig. Da Wasser-

männer nicht die geringste Aufmerksamkeit für die Ästhetik ihrer Umgebung aufbringen, bereisen sie auch Betonstrände und Teutonen-Grillanlagen, ohne größeren Schaden zu nehmen. Angehörige anderer Sternzeichen sollten Orte unbedingt meiden, die von Wassermännern verseucht sind. Man erkennt solche Plätze bereits, wenn man das Ortschild passiert: Von irgendwo her erschallt „Oh, du schö-ö-öner Westerwald" oder „So ein Tag, so wunderschön wie heute!" - Sofort Notmaßnahmen einleiten! Unbedingt wieder abreisen!

Die typischen Drogen

Wassermänner verwenden ein Rauschmittel, das Angehörigen anderer Sternzeichen gar nichts gibt - Wasser. Es hat bei ihnen kräftige und oft unüberschaubare Wirkungen - was aber auch an den geringfügigen Beimengungen von Bier, Rum, Arrak, Tequila, Doppelkorn,

Aquavit, Whisky, Cognac oder Wein liegen könnte. Genau sind die Zusammenhänge noch nicht erforscht - allerdings testen allabendlich zahllose Wassermänner in den Kneipen und Bars in aller Welt die Wirkung dieser eigentümlichen Droge Wasser im selbstlosen Selbstversuch.

Die typische Ausrede
Die absolute Nr. 1: „Tut mir leid, daß ich jetzt erst nach Hause komme! Ich hab' mich wohl verquasselt!"

Die Leiche im Keller
Jeder Wassermann-Mann hat garantiert irgendwann in seinem Leben einmal in irgendeinem der zahllosen Wassermann-Vereinslokale einen Aschenbecher geklaut, die Zeche geprellt oder die Kellnerin geschwängert. Eine solche Schandtat gehört zu den höheren Weihen der Wassermänner. Aber auch das weibliche Geschlecht im Sternzeichen Wassermann neigt zur Kriminalität: Jede Wassermann-Frau hat garantiert schon einmal über jeden ihrer Freunde und Bekannten aus einem Kaffeekränzchen oder Literaturzirkel *in einem anderen* Kaffeekränzchen oder Literaturzirkel getratscht.

Die Glanztat
Er war zwar klein, aber willensstark, standhaft und mutig - der Klavierbauer Heinrich Steinweg (* 15.2. 1797) aus Wolfshagen im Harz, der 1850 in die USA auswanderte. Dort nannte er sich „Henry Steinway" und ließ diesen Namen auch auf die Klaviere und Konzertflügel pinseln, die seine New Yorker Firma herstellte. Verwunderlich an der ganzen Bilderbuch-Unternehmergeschichte ist eigentlich nur, daß ausgerechnet ein Wassermann so erfolgreich gewesen sein soll.

Die ganz große Niederlage
Ein tragisches Ende fand die Wassermann-Frau Isabelle Eberhardt (* 17.2.1877), die nach einem abenteuerlichen Leben unter Nomaden auf äußerst ungewöhnliche Weise zu Tode kam: Sie ertrank in der Wüste. Sie hatte ein Haus in einem ausgetrockneten Flußbett bezogen, das nach einem überraschenden Wolkenbruch zum reißenden Strom wurde. Womit die bereits weiter oben erwähn-

te Tatsache erneut belegt ist, daß es Wassermänner immer irgendwie zum Wasser zieht.

Eine schlimme Pleite erlebte der Wassermann Wolfgang Amadeus Mozart (*27.1.1756), als er am 1.4.1772 in die USA fliegen wollte. Eben auf dem Wiener Prater-Flughafen angekommen, mußte er feststellen, daß er seine Flugkarte zu Hause auf dem Synthesizer hatte liegen lassen. „Des is a Schmäh!" rief er verärgert und kehrte stehenden Fußes um. Kaum in den eigenen vier Wänden, traf ihn der zweite schwere Schlag: Die Vereinigten Staaten von Amerika waren überhaupt noch nicht gegründet, wie er im Großen Brockhaus nachlesen konnte. Dann wäre der lange Flug ja umsonst gewesen... So kam es, daß Mozart erst in den achtziger Jahren des zwanzigsten Jahrhunderts in die USA reisen konnte, und das auch noch unter dem Tarnnamen „Falco".

Der ganz große Hammer
Der absolute Kreativ-Crack unter den Wassermännern war der Erfinder Hugo Junkers (*3.2.1859). Ihm verdanken wir nicht nur das Ganzmetall-Flugzeug aus Wellblech („F13", „JU 52", „G 38" und andere Brummer), das Nurflügel-Flugzeug und den Gegenkolben-Gasmotor (wozu immer der gut sein mag) - nein, der kreative Hugo schenkte der Menschheit auch die Wohltat des Gasbadeofens. Woraus wir ein weiteres Mal und nun bereits mit einer gewissen Penetranz schließen können, daß es Wassermänner zum Wasser zieht. Selbst wenn sie Flugzeugkonstrukteure sind und es sich nur um Badewasser handelt. Ein entspannendes Bad wäre ohne Hugo Junkers undenkbar. Seifen wir uns also ein und rufen wir voller Bewunderung aus: Danke, Hugo!

Wassermänner und die Liebe
Wer Wassermänner kennt, kann sich schon denken, welche süßen Schätzchen sie in Sachen Liebe sind. Flatterhaft, unheimlich kommunikativ und immer auf der Ausschau nach neuen originellen Abenteuern. Selbstredend, daß ein solcher Charakter nicht der tiefste ist. Und völlig klar, daß die Einehe von Wassermännern eher als Sackgasse gesehen werden muß.

Die Wassermann-Frau
Achtung, Angehörige anderer Sternzeichen: Wer auf Hausfrauen und Mütter steht, sollte Wasserfrauen meiden wie das Finanzamt. Nicht, daß sie als überemanzipierte Karrierefrauen den Mann zum willfährigen Hausbüttel knechteten - nein, sie lassen einfach alles stehen und liegen. Wenn irgendwo der Hausstaub meterhoch liegt und die Kinder mit voller Hose plärrend durch die Wohnung wetzen, hat garantiert eine Wasserfrau die Hände im Spiel. Nein, besser: die Hände im Schoß. Zupackend kann man(n) Wassermann-Hausfrauen nicht eben nennen.

Die Stärken der Wasserfrauen liegen auf ganz anderen Gebieten. So sind sie zum Beispiel absolute Spitze in Sachen Einladungen. Ständig hängen irgendwelche Freundinnen und Freunde der Wasserfrau in der Wohnung herum, trinken Kaffee oder härtere Sachen, kauen sich gegenseitig ein Ohr ab und scheren sich den Teufel um das blockierte Familienleben. Die Hausfrau hat sie ja schließlich eingeladen. Wasserfrauen-Kaffeekränzchen dauern oft Wochen und Monate, und unter ihrer gastgeberischen Führung wird der Alltag zur endlosen Cocktailparty. Wassermann-Frauen haben überhaupt eine Neigung, die Öffentlichkeit zu suchen. Sie sind sozusagen das personifizierte öffentliche Leben. Eheprobleme werden in aller Öffentlichkeit dramatisiert - nur zu gern diskutieren sie ihre Orgasmusschwierigkeiten oder die Potenz bzw. Impotenz ihrer Partner im großen Kreise. Da Wassermann-Frauen so immer

über genügend neuen Gesprächsstoff verfügen, wirken sie lebhaft anziehend auf alle Tratsch- und Waschweiber der weiteren Umgebung.
Wenn gerade einmal keine große Fete im Haus der Wasserfrau steigt, geht Madame aus. Wasserfrauen pflegen Beziehungen zu Männern in Unzahl, und wenn ihr Partner zu Eifersucht tendiert, ist ihm ein Leben in stetem Dauerstreß sicher. Er kann gar nicht so schnell eifersüchtig sein, wie sie ihm Anlaß dazu gibt.
Sollte aber umgekehrt er der Dame seines Herzen Anlaß zum großen Totentanz gegeben haben, so ist eines so gut wie sicher: Die Wassermann-Dame fackelt nicht lange, sondern zieht augenblicklich aus. Das hat nicht nur schlechte Seiten, denn der so geschädigte Wasserfrauen-Partner kann wenigstens eine Nacht lang ruhig und ungestört schlafen. Zudem kann er davon ausgehen, daß Wasserfrauen ihre Meinung schnell ändern. Am nächsten Morgen sieht meist alles wieder ganz anders aus.

Besonders lästig bei Wassermann-Frauen:

1. Sie wollen immer das letzte Wort haben und in jeder Schlacht des Ehekrieges siegen. Es kann leicht ein Dreißigjähriger Krieg daraus werden!
2. Sie markieren ungemein gern die Dame von Welt. Bei ihrem Körperbau und ihrer quasselstrippigen Art wirkt diese Rolle mehr als daneben! Nehmen Sie ihr also einfach das lange Abendkleid von Dior weg, in dem sie aussieht wie ein Rollbraten!

Der Wassermann-Mann
Was andere Unabhängigkeit nennen, müssen wir im Falle des Wassermannes als schlüpfrig begreifen. Der Wassermann ist derart versessen auf seine Freiheit, daß er schon Hochzeit riecht und augenblicklich abreist, wenn ihn nur eine Frau nach der ersten Nacht zum Bleiben einlädt. Fühlt er sich gar in die Enge gedrängt oder von der Verwandtschaft in die Pflicht genommen, greift er zu brutalen Mitteln und beendet auch die zärtlichste Romanze mit einem unschönen Knall.
Auf der anderen Seite ist er ein pflegeleichter Weggefährte, wenn sie ihm nur seine Freiheit läßt. Eifersucht kennt er nicht -

Wassermänner leben nach dem Prinzip: Besser an einer guten Firma beteiligt sein als Alleininhaber einer schlechten...

Bei aller Freizügigkeit - Lügen hassen Wassermänner wie die Pest. Kein Problem, wenn ihre Gefährtin brühwarm und wahrheitsgemäß berichtet, daß sie soeben die gesamte Fußball-Nationalmannschaft vernascht hat. Aber wehe, sie verschweigt, daß sie es war, die die Beule im Kotflügel des neuen Wagens verschuldet hat...

Gefürchtet sind Wassermann-Männer wegen ihres manchmal abseitigen Humors. Wenn ihnen der Schalk im Nacken sitzt, treiben sie wüsten Schabernack, der häufig auf Kosten ihrer Partner geht. Da bleibt so manches Nervenkostüm auf der Strecke, denn Wassermänner schrecken auch vor Schock und Horror nicht zurück.

Besonders schwach ausgeprägt sind bei Wassermännern die verbalen Liebesdrüsen. Bevor ein Wassermann seiner Partnerin gegenüber sich einmal einen Satz wie „Ich liebe dich!" abquetscht, hat Wolf Wondratschek Alice Schwarzer geheiratet. Witz und Charme, ihre stärksten Waffen, nutzen Wassermänner leider nur außerhalb ihrer eigenen Wände - dort allerdings exzessiv. Überhaupt sind Wassermänner, einmal verheiratet, nur selten zu Hause anzutreffen. Sie haben stets anderenorts zu tun - besonders dann, wenn man sie zu Hause dringend braucht....

Die typische Anbagger-Szene
Mann quatscht Frau die Ohren so lange voll, bis Frau ermattet vom Barhocker sinkt. Mann trägt Frau nach Hause und labert unentwegt weiter. Frau küßt Mann, damit das Gerede endlich einmal ein Ende hat...

Bevorzugte Stellungen
1. Alle originellen Stellungen: Wenn man sich beim Liebesakt nicht zumindest eine Schulter auskugelt, war es nix - meinen zumindest Wassermänner.
2. Alle Stellungen, in denen man während des Liebesaktes weiterreden kann. Wer allerdings annimmt, Wassermänner brächten erotisierendes Liebesgestammel hervor, ist auf dem Holzweg. Auch beim Bumsen

reden Wassermänner nichts als Blech...

Die Idealpartner des Wassermannes

Kaum zu glauben, zu wem so abgeflogene Vögel wie diese Wassermänner passen sollen... Zwillinge und Waagen sind glänzende Eroberungen, und mit Fisch, Widder, Steinbock und Schütze sollen absolut traumhafte Ehen entstehen. Wer's glaubt...

Aber es klappt auch nicht immer. Verbindungen mit Stieren, Krebsen und Jungfrauen können ziemlich schnell den Bach runtergehen. Wassermänner sind für diese Verbindungen entweder zu flippig, zu redselig oder zu unordentlich. Die meisten Löwen gehen in der feuchten Baracke, die Wassermänner Wohnung nennen, augenblicklich ein. Was bleibt noch? Skorpione wirken auf Wassermänner viel zu finster. Das war's denn ja wohl.

Die schlüpfrigen Fische
20. Februar - 20. März

Das Element: Wasser
Das Gestirn: Neptun, Jupiter
Die Stärken:
Mitgefühl, Aufopferung, Universalität, Entsagungsbereitschaft
Die Schwächen:
Trägheit, Schwäche, Unentschlossenheit, Hilflosigkeit
Das Motto: „Ich fühle!"
Die magische Pflanze:
Wasserpest, Grünalge, Tang, Eiche, Ahorn, Enzian (48%!), Tomate, Birne(ngeist), Fingerhut, Silberzwiebel, Roggen
Die magische Farbe:
Rosa, Hellblau, Türkis
Die magische Zahl:
Drei, Zehn

Der ideale Wochentag:
Donnerstag
Der Vokal: „o" („Prost!")
Der edle Stein:
Korallen und Perlen
Der ideale Name: Männliche Fische heißen Heinz, Friedrich, Stefan oder Rudolf. Weibliche Exemplare nennen sich am besten Ursula, Elisabeth, Ilka oder Renate.

Der Standardtyp: Mit ihrem aufgedunsenen Körper, ihren viel zu kurzen Flossen, ihren wäßrigen Glupschaugen und ihrer blassen Haut wirken Fische nicht eben ansprechend - etwa wie ein zu heiß gewaschener Karpfen eben.

Der Charakter des Fisches
Ach, sind sie nicht niedlich? Schüchtern, empfindsam, sanft, dabei auch noch vorurteilsfrei und aufopferungsbereit flössen Fische durch ihr wässeriges Leben - die wahren Menschenfreunde. Wer's glaubt, wird selig. Wir sehen Fische eher als weltfremd, träge, hilflos und unentschlossen an - nur deshalb spielen sie die empfindsamen Samariter.

Auch mit der den Fischen nachgesagten großen Universalität ist es nicht mehr weit her. Denn der Hecht im Karpfenteich ist selten geworden; viele Fische sind heutzutage zu Fischstäbchen verkümmert und stellen alles andere dar als große Philosophen.

Immerhin haben sie von diesem Berufszweig noch etwas übrigbehalten: die kontemplative Ruhe. Während aber große Denker in diesem äußerlichen Zustand der Versenkung innerlich ihr Gedankengebäude um eine weitere Etage ausbauen, ruhen bei Fischen die Bauarbeiten - es spielt sich gar nichts ab. Aus geistdurchströmter Suche nach Tiefe wird hier süßes Nichtstun. Fische können stundenlang untätig herumhängen und absolut keinen Finger und keine graue Zelle rühren. Allenfalls suhlen sie sich noch in klebrig-süßer Melancholie.

Dieser angenehme Rausch der Trauer läßt sich noch durch gewisse romantische Accessoires steigern: Bei Kerzenlicht und Orgelklang vor dem offenen Kamin schmelzen fast alle Fische förmlich dahin und geraten emotional in einen Zustand gut durchgezogener Fischsuppe. Wer's mag...
Außer diesen romantischen Gefühlen entwickeln Fische nur zu gern weitere, ähnlich gelagerte Seelenzustände. Typisch für dieses Sternzeichen ist Mitgefühl bis zur Aufopferung. Ein Beispiel:
Wenn ein Fisch seinem Freund in einer alkoholischen Krise beistehen kann, tut er dies ohne jede Rücksicht auf seine eigene Person tatkräftig. Und wie hilft man einem Alkoholiker am besten? Klar - indem man ihm den Schnaps wegtrinkt! Ohne jede Rücksicht auf die eigene Gesundheit greift der Fisch zur Flasche und richtet sich in

beispielhafter Selbstlosigkeit für seinen Freund zugrunde. Entsagungsvoller geht's doch gar nicht...

Der Lebenslauf der Fische
Auch bei diesem Sternbild gilt die Regel aller Wasser-Zeichen: Es geht feucht zu im Leben. Allerdings im Falle der Fische nicht immer feuchtfröhlich - es kann durchaus auch zu ausgesprochen melancholisch-tragischen Abläufen kommen.

Schon das Fische-Kind ernährt sich mit besonderer Freude flüssig, allerdings ist es hier weniger das Vergnügen an der liebreizenden Verpackung der Muttermilch, die das Fischchen reizt, sondern eher der Stoff an sich. Fische sind auch schon in jungen Jahren ausgesprochene Suchtköpfe, die sich alles Erreichbare reinsaugen müssen. Der Umfang flüssiger Ernährung nimmt aber im Falle des Sternbildes Fisch mit den Jahren eher zu: Erwachsene Fische ernähren sich in vielen Fällen alkoholisch-flüssig, wobei sie lustige, schmutzige oder auch todtraurige Trinklieder absingen. Etwa 90% aller trinkfreudigen Russen sind z.B. Fische.

Fische, die nicht den alkoholischen Lebensweg einschlagen, haben oft auf andere Art und Weise mit flüssigen Substanzen zu tun. Sie haben ständig Tränen in den Augen, lieben feuchte Träume, aber sind nicht immer flüssig. Ihr Vermögen zerrinnt ihnen zwischen den Fingern, und die Lebensjahre plätschern so dahin wie das Wasser in einem Vorfluter. Sie sehen schon - es ist alles in allem kein sonderliches Vergnügen, ein Fisch zu sein.

Es sei denn, man ist ein Fisch von Format: Nach wild sprudelnden Jugendjahren nahe der Quelle folgen Zeiten im kühlen

Wasser eines breiten, tiefen Stromes, und schließlich mündet der Fluß - und mit ihm das glückliche Fischlein - in die unendliche Universalität des riesenhaften Meeres... Ist das nichts? Doch solches ist nur wenigen Fischen vergönnt. Und vermutlich wird gerade wieder irgend etwas verklappt, wenn das Fischlein in den Fluten des Meeres ankommt.

Die glücklichen Jahre
Zwischen dem 22. und dem 47. Lebensjahr stehen Fische als Wasser-Zeichen voll im Saft. Später geht es meist trockener zu - schon wegen der Gesundheit. Damit läßt bei den Fischen auch der Spaß am Leben nach.

Fische im Beruf
Entweder wählen Fische den aufopfernd-selbstlosen Weg und werden Lehrer, Krankenpfleger, Assistenzarzt, Fürsorger, Seelsorger oder Anstaltsleiter. Oder sie beschreiten die andere Straßenseite als lebenslange Schüler, Anstaltsinsassen, Fürsorgeempfänger, Patienten. Auch die feinsinnig-künstlerische Straße ist unter ihnen gefragt. Dichter, Schauspieler, Drehbuchautoren, Maler und Musiker sind häufig Fische, weil sie sich in diesen Berufen jedwede Entgleisung erlauben können. So abgesichert, schadet ihr labiles Seelenleben weder ihnen selbst noch ihrem „guten" Ruf: Ein gewöhnlicher Mensch, der ausflippt, landet in der Anstalt; einen Regisseur, Schauspieler oder Sänger mit derselben Macke treffen Sie in Cannes auf den Filmfestspielen. Nur deshalb kam z.B. Tina Siegen an der Klapse vorbei.

Wenn Parapsychologie ein Handwerk wäre, würden Fische an jeder Straßenecke eine Werkstatt aufmachen. Das Geheimnisvolle, Dunkle zieht Fische ganz besonders an. Deshalb sind sie auch in Bank-, Börsen- und Devisengeschäften tätig, vor allem dort, wo Gelder in dunklen Kanälen versickern.

Vermutlich sind es ebenso finstere Verließe, in denen Fische ihr Seelenheil suchen; ein weiterer typischer Fische-Beruf ist Anhänger eines obskuren Kultes. In der Tat betreiben Fische diese Tätigkeit mit demselben Feuereifer, den andere Sternzeichen auf ihre

Berufskarriere anwenden. Psychisches Chaos und geschwollenes Herumsalbadern halten Fische für Tiefe. Wer unverständliches, mystisches Zeug vor sich hinbrabbelt, ist der ideale mentale Führer für einen Fisch. Vermutlich landen die tierischen Kollegen der menschlichen Fische auch immer wieder in Konservendosen, weil sie demselben unheilvollen Führerbild anhängen.

In denselben dunklen Kanälen, in denen ihre tierischen Kollegen am Umweltdreck verrecken, suchen menschliche Fische als Detektive, Kriminalisten (vor allem im Morddezernat) nach den finsteren Hintergründen schwerster Kapitalverbrechen. Es sind Fische, die mit Vorliebe Wasserleichen zutage fördern. Und es sind Fische, die mit Vorliebe als Wasserleiche gefunden werden. Kalt und stumm im Wasser treiben ist für einen Fisch einfach der großartigste Tod.

Mit der Feuchtigkeit haben es die Fische überhaupt: Bademeister, Kapitäne, Getränkehändler, Matrosen, Gastwirte, Reeder, Spülmaschinenhersteller und Barbesitzer, die in ihren Etablissements den Sekt und Weinhändler, die in ihren Kellereien den Wein verwässern, sind Fische.

Als Drogenhändler sind Fische selbst ihre besten Kunden, als Mönche, Nonnen, Sektenanhänger, Mystiker oder Okkultisten erreichen Fische einen nie gekannten Grad an Verstiegenheit.

Wenn Fische eine Karriere machen, dann meist eine Drogenkarriere. Einem beruflichen Fortkommen stehen einfach zu viele Hindernisse im Weg - genauer gesagt, eigentlich nur eines: die Person des Fisches selbst.
Statt an ihrem beruflichen Fortkommen zu arbeiten, geben sich Fische Fantasien, Hirngespinsten und Wachträumen hin. Einmal auf den rechten Weg gebracht, zermartern sie sich mit Selbstzweifeln, erkranken an Depressionen oder Neurosen, leiden unter Versagensängsten und verfallen in tiefe Melancholie. Fische haben keine Ellbogen, sondern Flos-

sen. Sie paddeln, flösseln, zaudern und zögern einfach zuviel. Einzelne Exemplare dieses seltsamen Sternzeichens kommen zwar mit einer gewissen Schritt-für-Schritt-Taktik ein Stückchen auf der Leiter nach oben - mehr aber auch nicht.

Die Ausnahme bestätigt allerdings auch hier die Regel: Gelegentlich soll es unter Fischen doch noch den bereits erwähnten Hecht im Karpfenteich geben. Der lauert gefährlich still irgendwo im betriebswirtschaftlichen Schilf, wartet auf einen günstigen Moment und schnappt dann zu. Meist erwischt er seinesgleichen: kleine Fische, an denen er sich fettfrißt.

Fische und das Geld
Eigentlich ist der schnöde Mammon dem echten Fisch völlig schnuppe. Entsprechend gehen Fische auch mit dem Geld um. Barmittel zerfließen ihnen - wie sollte es bei einem Wasser-Zeichen anders sein - zwischen den Fingern. Wenn Fische sich nicht zu genauer Buchführung über ihre Ausgaben durchringen, sind sie ständig pleite. Irgendein Blutsauger ist immer in der Nähe eines Fisches, der ihm die Kohle abzapft. Wenn nicht, richten sich Fische häufig auch ganz allein finanziell zugrunde. Sie geben mit überzogen großzügigen Geschenken an oder werfen ihr Geld in einer Aufwallung von Mitgefühl für die darbende Menschheit mit vollen Händen aus dem Fenster. Reich werden Fische nur durch Glücksfälle. Da sie zu den Hauptkunden im Kasino gehören und auch die staatlichen Lotterie-Annahmestellen an Freitagen in der Hauptsache von Fischen gestürmt werden, kommen Haupttreffer unter diesem Sternzeichen gar nicht einmal so selten vor. Allerdings hat der durchschnittliche Fische-Spieler bereits zwei Millionen investiert, bevor er eine gewinnt....

Das Fische-Automobil
Fische gehen offensichtlich nicht gern zu Fuß. Das läßt sich aus der Tatsache folgern, daß sowohl Gottlieb Daimler (* 17.3.1834) als auch Rudolf Diesel (* 18.3.1858) Fische waren. Weiter folgert der akribische Astrologe, daß vermutlich alle Fahrer eines Heizöl-Maseratis Fische sein müssen.
Typisch Fisch war Rudolf Diesel allerdings auch in der rätselhaften Art und Weise, in der er sein Leben beendete: Er verschwand in der Nacht vom 29. auf den 30. September 1913 auf dem Weg von Calais nach Dover von Bord eines Schiffes auf Nimmerwiedersehen.
Neben Dieselfahrzeugen fahren Fische am liebsten Aquamobile und voll hochseetüchtige Schwimmautos, deren Herstellerfirmen aber wegen der katastrophalen finanziellen Situation aller Fische längst pleite gegangen sind.
Klar, daß das Fahrzeug des Fisches auch in glitschigen Situationen beherrschbar sein muß. Allrad-Antrieb ist daher

ein Muß, ebenso wasserfeste Sitzbezüge und ein ausreichend großer Frischwassertank.

Die Schokoladenseiten
Mit menschlichen Fischen im Haus kann man sich ein Aquarium sparen. Sie unterhalten ihre Lebensgefährten mit allerbestem Herz-Schmerz-Theater der Strickart Arztroman oder Heimatschinken.

Die Schattenseiten
Damit Sie es gleich wissen: Alle Fische sind launenhaft wie eine Diva vor der Premiere. Eben noch wiegen sie ihren Mitmenschen im Gefühl ungetrübten Einverständnisses, überall Friede, Freude, Eierkuchen... doch schon eine Sekunde später kippt die trügerische Harmonie ins Chaos um. Melancholie, apathisches Nichtstun oder rätselhaftes, irres Gelächter... Lassen Sie es sich gesagt sein: Nervenzusammenbrüche von Fischen sind unwidersprochen die besten unter den Tierkreiszeichen.
Weiter fegen Fische ihren Kehrricht im Wohnzimmer ebenso unter den Teppich wie ihre seelischen Probleme in ihrem Psychokeller. Die liegen dann oft jahrelang auf Eis und werden nicht frischer. An langen, zweisamen Winterabenden kramen echte Fische dann so einiges hervor und beginnen mit der Aufarbeitung.

Der große Horror
im Sternzeichen Fisch: die Angst zu versagen. Kleine Fische, die Prüfung? Von wegen! Kein Angehöriger anderer Sternzeichen hat einen solchen Horror davor, irgend etwas nicht geregelt zu bekommen. Und im Regelfall verläuft die Sache dann auch so, wie sie verlaufen muß - schon wegen der sich selbst erfüllenden Prophezeihung in einem solchen Angstzustand:
- Der Fisch versagt, wie er es erwartet hat, beim Autofahren und brettert gegen das geschlossene Garagentor.
- Der Fisch versagt, wie er es erwartet hat, in der Prüfung und verplappert sich, kommt aus dem Konzept und bleibt hoffnungslos stecken.
- Der Fisch versagt, wie er es erwartet hat, als Buchhalter und verrechnet sich um ein, zwei Milliönchen, die er noch nicht einmal in die eigene Tasche expediert hat.

- Der Fisch versagt, wie er es erwartet hat, beim Geschlechtsakt, bricht sich aber auf dem Weg ins Bad den Penis, weil er über seine Unterhose stolpert.
- Der Fisch versagt, wie er es erwartet hat, beim ersten Rendezvous mit seiner neuen Flamme, weil er ständig knallrot wird (ein Rotbarsch?), feuchte Hände hat und vor lauter Nervosität wie ein Auerochs schwitzt.
- Der Fisch versagt, wie er es erwartet hat, beim ersten Besuch bei den Schwiegereltern, erzählt schmutzige Witze, säuft sich die Hucke voll und nennt Schwiegermutter schließlich beim Abschied eine „bekloppte Spinatwachtel".

Es sieht so aus, als ob Fische die großen Versager der Astrologie seien.
Außer diesen Versagensängsten plagen Fische noch Visionen von einem Ende in der Sardinendose. Auch Gewässerverunreinigungen sind bei Fischen äußerst unbeliebt.

Die Gesundheit des Fisches
Trotz des exzessiven Krisensuffs, den Fische immer wieder betreiben, ist nicht die Leber ihr gesundheitlicher Schwachpunkt. Die weitaus größten Gesundheitsgefahren für Fische gehen von medizinischer Literatur aus. Fische, die derartige Werke in die Flossen kriegen, verfallen augenblicklich in tiefste Hypochondrie und fantasieren sich die schlimm-

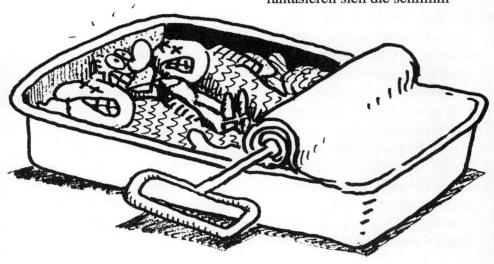

sten Krankheiten an den Hals. Der sicherste Schutz dagegen: Meiden Sie, lieber Fisch, alle Bücher, deren Verfasser ein „Dr. med." ist, wie die Pest - sonst kriegen Sie womöglich dieselbe. Hüten Sie sich auch vor Selbstheilungsversuchen oder den Therapien fragwürdiger Wunderheiler! So mancher Fisch ist schon an seinem Mißtrauen der herkömmlichen Medizin gegenüber verstorben! Mit allen übrigen echten oder eingebildeten Krankheiten und Wehwehchen - Blutarmut, Durchblutungsstörungen, Schilddrüsenerkrankungen, Schlaf- und Appetitlosigkeit, Gicht, Rheuma, Fuß- und Hüftgelenksbeschwerden - werden Fische spielend fertig - wenn sie den richtigen Arzt haben. Fische brauchen den Guru in Weiß, der ihnen auch bei Fußpilz oder Schnupfen Mut zuspricht und ihnen versichert, daß sie noch einmal davonkommen werden. Dann läuft alles wie geschmiert. Ein medizinisches Kuriosum: Fische vertragen keine Feuchtigkeit! Nasse Füße, feuchte Räume, Nebel, tauender Schnee oder überschwemmte Wohnzimmer nehmen ihnen zuerst die gute Laune und führen dann zu schweren Erkältungen - wie bei allen Angehörigen anderer Sternzeichen übrigens auch.
Anders als diese haben Fische eine rätselhafte Neigung zu Gemütskrankheiten und vereinen oft eine interessante Mischung von Neurosen, Psychosen, Depressionen und Bewußtseinsstörungen in ihrer Person. Ohne diese selbstlose Aufopferung zahlloser Fische wären Tausende von Nervenärzten, Psychiatern und Psychologen längst arbeitslos.
Gegen die ausgeprägte Drogenanfälligkeit der Fische soll übrigens regelmäßiges Beten, viel Gymnastik im Bett (nicht, was Sie schon wieder denken! Ferkel!) und gepfefferter Tomatensaft helfen.
Wer's glaubt...

Das Lieblingsgetränk
Ob heiß oder kalt, süß oder sauer, trübe oder klar - Hauptsache alkoholisch.
Wasser - innerlich angewendet - meiden Fische, soweit es irgend geht. Vermutlich deshalb, weil sie lange erdgeschichtliche Perioden darin herumgepaddelt sind und es nun irgendwie überhaben.

Die Lieblingsspeise
Mit Vorliebe essen Fische japanisch: Algen und Tang gehören zu ihren Leibgerichten. Der Zwiespalt in der Person der Fische wird besonders offensichtlich, wenn man sich vor Augen führt, daß dieselbe Küche *lebend frische Fische roh* anbietet!
Weiter neigen Fische zu Süßspeisen und vor allem zu Schokolade in allen Formen. Sie fressen davon so viel, daß sie Karies, unreine Haut und unschöne Schwimmringe am Bauch kriegen - wie übrigens Angehörige anderer Sternzeichen auch.
Zu Frisch- und Rohkost sowie Reform- und Vollwertkost, die Fischen besonders bekommt, haben sie eine sehr zwiespältige Meinung. Ja, die Fische spalten sich gar in zwei Lager: Die einen hassen den Öko-Fraß wie die Pest. Die anderen kämpfen wie Furien für dessen bundesweite Zwangseinführung und ernähren sich ausschließlich von Müsli oder Grünkern. So prophetisch sie diese Kost auch vertreten: Man erkennt Fische-Vegetarier und -Ernährungsapostel leicht an ihrem säuerlich-asketischen Gesichtsausdruck. Alle Kochrezepte, die durchschnittliche Fische im allgemeinen mögen, sollten etwa einen halben Liter Cognac oder Whiskey enthalten. Weincreme ist mit Weinbrand, Biersuppe mit Korn aufzuwerten.
Welche anderen Gewürze eine Speise enthält, ist Fischen im Grunde egal. Guten Appetit - oder besser: Prost!

Das bevorzugte Lokal
Gemütlich gekachelte Restaurants in Schwimmbädern liegen Fischen besonders. Da kann man so schön ins Wasser abtauchen, wenn der Kellner mit der Rechnung kommt. Fische hassen: Fischbrathallen, Fischrestaurants, Kaschemmen mit Goldfisch-Glas, Fast-Food-Filialen mit Fishburgern und Pommes-Buden mit Fischfrikadellen. Immer wieder besuchen Fische Tierhandlungen irrtümlich als Speiselokal, weil dort die von ihnen hochgeschätzen Wasserflöhe serviert werden.

Das Lieblingstier
Das Lieblingstier des Fische ist, wie gesagt, häufig der Wasserfloh. Ihn hat der Fisch zum

Fressen gern. Andere Fische schätzen den Regenwurm über alles, den sie schon fast zum Wappentier hochstilisieren. Fische mit weniger tierischen Zügen halten sich Fische im Aquarium - vermutlich um sich die Begrenztheit der eigenen Existenz deutlich vor Augen zu führen: Ein Flossenschlag, und schon knallst du vor die Scheibe...

Fische hassen Katzen. Ebenso unbeliebt sind Fischreiher, Gerichtsvollzieher und Drogenberater.

Die typische Sportart

des Fisches ist - na, da kommen Sie nie drauf. Nein, nicht Schwimmen: Abtauchen! Kein anderes Sternzeichen versteht es so perfekt und zielbewußt, die Biege zu machen. Weitere Disziplinen, in denen Fische wirklich gut sind:

- 100-Stunden-Problem-Verdrängen.
- Alkoholischer Marathon.
- Fluchtweltumsegelung.
- Formations-Traumtanzen.
- 10-Kilometer-Langstrecken-Zögern.

Und zahllose ähnliche Sportarten. Für ihre Fitness unternehmen Fische meist kurze Spaziergänge. Sehr kurze Spaziergänge... Viel zu kurze Spaziergänge...

Das Lieblingsbuch

Nr. 1 der Fische-Seller-Liste: „Der alte Mann und das Meer"; auf Platz 2 irrtümlicherweise oft auch „Moby Dick" (Typisch Fische! So kommt es, wenn es an biologischem Grundwissen fehlt! Wale sind keine Fische, sondern in Wirklichkeit Reptilien!) Allgemein läßt sich sagen, daß Fische alles Sentimentale lieben - Arztromane, Hochgebirgsschinken à la Ganghofer, Lehrerinnen-Lyrik und Sülzschinken jeder Preislage und jeden Kalibers.

Der Lieblingsfilm

Der absolute Hammer-Film aller Fische ist „Casablanca". In welchem Streifen sonst sagt der Hecht im Karpfenteich seiner Geliebten einen so unvergleichlich unvergeßlichen Satz: „Ich hau' dir was hinter die Kiemen, Kleines...!"

Weitere Film-Hits: „Der Fluß und der Tod"; „Die Forelle"; „Der weiße Hai" I, II und III (in 3-D!); irrtümlicherweise oft

auch Verfilmungen des Romans „Moby Dick" (Typisch Fische! So kommt es, wenn es an biologischem Grundwissen fehlt! Wale sind keine Fische, sondern in Wirklichkeit Vögel!) Außerdem stark gefragt: Liebesschnulzen, Eifersuchtsdramen, Menschen (Fische) in ausweglosen Ehekrisen, Alkoholikerdramen und Familien-Sagas - je kitschiger, desto mehr Fische glotzen sich die Augen aus.

Die Lieblingsmusik
Ob Pop, Rock, Jazz, Oper oder Klavierkonzert - Hauptsache es tönt romantisch. Angehörige anderer Sternzeichen rennen schreiend aus der Sporthalle und zeigen alle Anzeichen einer schweren Kitschvergiftung, wenn Fische sich richtig wohlfühlen. Schwülstige Klangteppiche, schluchzende Geigen oder Synthesizer, jammernde Margarinestimmen oder Heldentenöre Marke Karel Gotthelf, überbordende Tastenläufe à la Richard Clayderschränk machen Fische glücklich.
Gönnen wir ihnen den Spaß - schließlich lebt eine ganze Armee von Komponisten, Interpreten und Plattenproduzenten (oder besser „platten Produzenten"?) davon.
Aus der Mode ist die Band

"Country Joe & the Fish", weil Country Joe sich einfach zu sehr in den Vordergrund gedrängt hat.

Das bevorzugte Reiseziel
Fische reisen am liebsten auf dem Wasser. Kreuzfahrten auf Luxuslinern mit gut sortierter Bar liegen ihnen besonders. Wenn das Geld fehlt, tut es auch ein Motorboot oder der geliehene Kahn auf dem Baggerloch.
Typische Reiseziele von Fischen sind wasserreiche Gegenden: Seenplatten, Inseln, Meeresküsten oder Flußtäler. Im Hochgebirge fühlt sich der Fisch nur wohl, wenn ein See oder ein Wasserwerk in der Nähe ist.

Die typischen Drogen
Typische Droge? Alles ist eine typische Droge für Fische - alles, was irgendwie *reinturnt*. Alkohol, Koks, Crack, Heroin, Mescalin, Terpentin, Ice, Ecstasy, STP, LSD, CDU, PVC; FCKW, 1.FC, Kamillentee, BMW...

Die typische Ausrede
"Du, ich hatte gestern wieder eine schwere seelische Krise und konnte deshalb das Treppenhaus nicht putzen/ den Abwasch nicht machen."

Die Leiche im Keller
Gegen irgendein klitzekleines Drogengesetz hat garantiert jeder Fisch mit dem Besitz eines klitzekleinen Bißchens irgendeiner Droge verstoßen.

Außerdem benutzen Fische illegale Anrufbeantworter und Mikrowellengeräte (weiß der große Kabeljau, wie der Autor auf diese Schwachsinnsbehauptung gekommen ist.)

Die Glanztat
Um wie vieles ärmer wäre die Welt, hätte nicht der Fisch Robert Baden-Powell (* 22.2.1857) die Pfadfinderbewegung ins Leben gerufen. Hunderttausende von Jungen (und Mädchen) hätten auf die prägende Erfahrung feuchtkühler Nächte in zugigen Zelten verzichten müssen, Tausende verstimmte Gitarren hätten geschwiegen, Tausende Lagerfeuer nicht lodern dürfen und Tausende ätzende Pfadfinderlieder wären niemals erklungen. Bravo, Robert Baden-Powell!

Die ganz große Niederlage
erlitt der Fisch und französische Naturforscher René Antoine de Réaumur (* 28.2.1683), der auf die Schnapsidee kam, das Thermometer zwischen Gefrier- und Siedepunkt des Wassers in 80 Grade zu teilen. Die 100-Grad-Version von Anders Celsius verdrängte Reaumurs Hitzemesser bald von der Hitliste, und Reaumur entschloß sich stocksauer, den Alkohol aus seiner Version des Thermometers auszutrinken und so beflügelt eine zwölfbändige Abhandlung über die Insekten zu schreiben. Was er auch tat - sehr zum Leidwesen der zahllosen Fliegen, Ameisen, Schaben, Käfer, Engerlinge, Raupen und Schmetterlinge, die er zu Studienzwecken um die Ecke brachte.

Eine andere Fische-Glanztat: Die absolut nervendste Formel des Physikunterrichts brütete der zugegeben geniale Fisch und Physiker Albert Einstein (* 14.3.1879) mit seiner Relativitätstheorie („Egleichemmaquadrat") aus, die zwar unbestritten die moderne Physik revolutionierte, aber Hunderttausende von Schülern Fünfen und Sechsen in Physik bescherte und womöglich ihr berufliches Fortkommen behinderte. Nicht nett von dir, Albert! Wär's nicht auch einfacher gegangen?

Der ganz große Hammer
Seiner eigenen Hinrichtung wegen Aufruhrs und Landesverrats entzog sich der lebenskluge Fisch Graf Julius Andrassy (* 3.3.1823) durch die Flucht - dennoch hing er am 22. September 1850 am Galgen - auf einem Bildnis in Öl, das der Henker in Ermangelung eines Delinquenten aufknüpfte. Doch die Zeiten ändern sich schnell: 1871 wurde derselbe gräfliche Staatsfeind und Aufrührer unter neuen politischen Verhältnissen Außenminister der Habsburger Monarchie.

Fische und die Liebe
Kaum ein anderes Sternzeichen braucht Liebe und Zuwendung so sehr wie der schwache, gefühlsbetonte Fisch. Und kaum ein Angehöriger eines anderen Sternzeichens versteht es so glänzend, aus einem wohlmeinenden, bis über beide Ohren verliebten Partner eine tobende Furie oder ein seelisches Wrack zu machen.

Wie solches vor sich geht?
Lesen Sie selbst:

Die Fische-Frau
Ein wahres Wunderweib, die Fische-Frau, sollte man(n) meinen! Anschmiegsam, gefühlvoll, zärtlich, romantisch, verträumt und anpassungsfähig soll sie sein, großzügig bis zur Selbstaufopferung und dabei auch noch voller wunderbarer Gemütsruhe. Fische-Frauen suchen Wärme, Liebe und Geborgenheit, heißt es. Zu allem Überfluß behaupten Astrologen auch noch, Fische-Frauen würden ihren Partner anhimmeln oder gleich anbeten und vergöttern. Und schließlich und endlich soll unter dem Deckmantel des sanften Weibchens irgendwo auch noch wilde Leidenschaft lodern. Alles reinste Fiktion! Pustekuchen ist es mit der Super-Frau!
Fische-Frauen können Männer in den Wahnsinn treiben. Sie sind mißtrauisch, neigen zum absoluten *Clinch* und übertreffen selbst Klammeraffen, wenn es darum geht, sich die Nähe ihres Partners zu sichern. Zudem sind Fische-Frauen psychisch labil und besonders erotisch äußerst wankelmütig. Sie lassen sich von jedem hergelaufenen Weiberhelden anbaggern und sind ohne Schwierigkeiten zu ganzen Serien von Seitensprüngen

(„Dreifacher Bumsberger") zu überreden. Wen wundert es noch, daß sie wie gedruckt lügen können. Sie erfinden dank ihrer ausufernden Fantasie geradezu wolkenkratzerhafte Rechtfertigungsgebäude und hören auch dann nicht mit ihren unglaublichen Ammenmärchen und Geschichten auf, wenn sie von ihrem Liebhaber bereits im sechsten Monat schwanger sind.

Wenn Sie also schnell eifersüchtig werden und wild ausufernde Dramen lieben - suchen Sie die Nähe einer Fische-Frau.

Der Fische-Mann
Wenn man der Astrologie Glauben schenken will (wer tut das schon?), sind Fische-Männer die absoluten *Super-Cracks*. Sie umgarnen ihre Partnerinnen mit Geduld, überbringen ihnen fantasievolle Liebesbeweise, zeigen Verständnis, Sanftmut und Empfindsamkeit, durchschauen ihre Liebste vom ersten Augenblick an mit einem rätselhaften sechsten Sinn und lesen ihr die Wünsche von den Augen ab...
Pustekuchen! In Wirklichkeit kommen Fische-Männer erotisch nicht aus dem Quark, schieben Entscheidungen und vor allem Taten auf die ganz lange Bank, wollen nicht, wenn SIE will, und können nicht, wenn sie selbst endlich wollen. Bei Beziehungskrisen machen Fische-Männer den großen leidenden Schweiger, praktizieren Liebesentzug und Sexualstreik, statt sich mal mit einem lauten Fluch Luft zu machen. Längst anstehende Trennungen schieben sie aus Mitleid (mit wem?) bis zum St. Nimmerleinstag hinaus. Hinter dem Image des einfühlsamen Frauentrösters steckt nur allzu oft der pantoffelige Spießer, der im gemütlichen Heim hinter dem Ofen verschimmeln würde, wenn seine Partnerin ihm nicht gelegentlich Feuer unterm Hintern anfachen würde.
Eine weitere und besonders ruinöse Eigenschaft des Fische-Mannes: Er ist der geborene Traumtänzer. Ständig brütet er die unglaublichsten Zukunftspläne aus, ohne auch nur den geringsten Ansatz für ihre Realisierung zu machen. Während er seine Luftschlösser entwirft, kann sie die Kohle für den vollen Kühlschrank ranschaffen. Wenn Sie als eman-

zipierte Frau auf soften Hausmännern stehen, für die Sie sorgen können - schaffen Sie sich einen Fische-Mann an! Nur glauben Sie ja nicht, daß er freiwillig den Abwasch oder sonst etwas im Haushalt erledigt! Und nehmen Sie den Schlüssel der Hausbar mit, wenn Sie sich in den harten Acht-Stunden-Alltag stürzen! Sonst finden Sie Hering in Madeira vor, wenn Sie abends abgekämpft nach Hause kommen...

Die typische Anbagger-Szene
Fische reißen ihre Partner mit Vorliebe im feuchten Element auf. Sie umflösseln sie ein, zwei Stündchen und holen dann zum entscheidenden Flossenschlag aus. Manche lauern auch wie der Hecht versteckt im Schwimmbad zwischen den Wasserpflanzen oder in der Disco zwischen den Töpfen der Hydrokultur.

Bevorzugte Stellungen
Jüngere Fische treiben es in jeder Lebenslage. Das feuchte Element, aus dem sie kommen, hat ihnen das Gespür für die Belastungen der Schwerkraft genommen, und so versuchen sie alles bis hin zur halsbrecherischen Akrobatik. Später werden Fische ruhiger und vollziehen auch den Liebesakt entsprechend - irgendwie dümpelnd zwischen den Wasserpflanzen...

Idealpartner
Krebs und Skorpion sollen mit Fische-Partnern förmlich den siebten Himmel erreichen. Auch Widder, Stier, Steinbock und Wassermann laufen mit Fischen zu erotischer Hochform auf, wenn auch so manche Gewässerverschmutzung die Freuden trüben kann. Jungfrauen sind für Fische viel zu sachlich und erotisch viel zu computergesteuert; Zwillinge nerven den Fisch mit ihrem ständigen Gelaber. Mit Löwe und Waage kommen Fische gelegentlich gut aus; mitunter gibt es aber auch Heringssalat oder Forelle blau bis vollstramm.

Mehr Spaß am Hobby:

nur 9,80 DM

Endlich gibt's das Geschenk für alle, denen ihr Hobby sowieso das Liebste ist, und denen außer etwas Witz eigentlich kaum ein Zubehör mehr fehlt. Denn jetzt gibt's zwölf farbige Bände für mehr Hobbyspaß: Ryba's Hobbytheke. - Auch als Anregung sehr zu empfehlen.

Heimwerker: 3-8218-2312-7

Außerdem:
Fotografieren 2310-0
Malen 2311-9
Reisen 2313-5
Bodyfit 2314-3
Garten 2315-1

Kochen & Backen 2317-8
TV und Video 2321-6
Haustiere 2318-6
Partnersuche 2316-X
Musik machen und hören 2320-8
Auto 2319-4

EICHBORN. FRANKFURT.

Kaiserstraße 66 · 60329 Frankfurt am Main
Telefon (0 69) 25 60 03-0 · Fax (0 69) 25 60 03-30

Noch mehr Horoskope:

nur 5,- DM

Schmusehoroskop für
den verknallten Krebs: 3-8218-2333-X

Außerdem:
Widder 2330-5   Skorpion 2337-2
Stier 2331-3   Schütze 2338-0
Zwilling 2332-1   Steinbock 2339-9
Löwe 2334-8   Wassermann 2340-2
Jungfrau 2335-6   Fisch 2341-0
Waage 2336-4

EICHBORN. FRANKFURT.

Kaiserstraße 66 • 60329 Frankfurt am Main
Telefon (0 69) 25 60 03-0 • Fax (0 69) 25 60 03-30

Noch mehr Quatsch:

Ausreden für's Büro

Mein Wecker hat verpennt!

Eichborn

nur 5,- DM

Ausreden fürs Büro: 3-8218-1993-6

Außerdem Ausreden für:
- 18-jährige 1997-9
- 30-jährige 1998-7
- 50-jährige 2416-6
- Autofahrer 1994-4
- Biertrinker 1995-2
- Computerfreaks 2012-8
- Egoisten 2013-6
- Frauen 1990-1
- Fußballfans 2415-8
- Hausfrauen 2015-2
- Herren mit Bäuchlein 2017-9
- Langschläfer 1999-5
- Lehrer 2016-0
- Männer 1991-X
- Montagmorgen 2014-4
- Mütter 2006-3
- Raucher 1996-0
- Schüler 1992-8
- Studenten 2099-8
- Urlauber 2011-X
- Väter 2007-1
- Verliebte 2018-7
- Weihnachten 2008-X

EICHBORN. FRANKFURT.

Kaiserstraße 66 • 60329 Frankfurt am Main
Telefon (0 69) 25 60 03-0 • Fax (0 69) 25 60 03-30